KB122880

# 언캐니 밸리

UNCANNY VALLEY

실리콘 밸리, 그 기이한 세계 속으로

언캐니 밸리

UNCANNY VALLEY

애나 위너 송예슬 옮김

# 차례

# 1부

# 유니콘

기억하는 사람마다 다르겠지만, 그때는 실리콘 밸리 스타트업계의 정점, 변곡점, 혹은 끝물이었다. 그것을 가리켜 비관론자는 거품이라고, 낙관론자는 미래라고 불렀다. 훗날 내 직장 동료가 된 사람들은 다시 없을 대박의 꿈에 취해 그것을 생태계라고 단언했다. 다들 싫다고 말하면서도 끊지 못하는 소셜 네트워크[1]가 1000억 달러에 이르는 기업 가치를 인정받으며 상장했다. 환하게 웃는 얼굴의 그 회사 창업자가 온라인으로 중계된 타종 행사에 등장해 주식 거래 개시를 알리는 종을 울렸다. 그 무렵부터 샌프란시스코의 임대료는 감당할 수 없게 치솟았다. 유명인

---

1. 페이스북을 가리킨다. 2012년 5월, 나스닥에 상장했다.

은 물론이고 현실에서라면 질색할 낯선 사람과도 가까워진 기분이 들게 하는 마이크로블로그 플랫폼[2]에는 무려 2억 명이 가입했다. 인공 지능과 가상 현실이 다시 유행하기 시작했다. 자율 주행 자동차가 당연한 미래가 되었다. 모든 것이 모바일로 옮겨 갔고 클라우드에 담겼다. 클라우드는 미국 텍사스 중부나 아일랜드의 코크 또는 독일 바이에른에 위치한, 간판도 달리지 않은 데이터 센터에 불과했으나 그런 건 아무도 신경 쓰지 않았다. 사람들은 어쨌거나 그것을 신뢰했다.

　　새삼 모든 게 잘될 것 같던 때였다. 장애물이나 한계, 버릴 아이디어 하나 없이 모든 일이 술술 풀릴 것만 같던 시기, 자본과 권력과 기회가 넘쳐나던 시기였다. 돈이 도는 곳마다 기술 창업가와 MBA 출신이 몰렸다. '파괴DISRUPTION'라는 말이 유행하면서 모든 것이 기회 아니면 위기를 맞았다. 악보 보기, 택시도 대여, 요리하기, 부동산 계약, 결혼 준비, 은행 업무, 면도, 대출, 드라이클리닝, 배란일 계산까지, 무엇이든 파괴의 대상이 되었다. 유휴 주차 공간을 임대할 수 있게 해주는 웹사이트가 샌드힐 로드[3]의 유력 회사들로부터 400만 달러를 투자받았다. 반려견 돌봄·산책 앱으로 반려동물 시장에 뛰어들어 동네 꼬마들의 용돈벌이를 파괴해버린 웹사이트는 1000만 달러를 유치했다. 할인 쿠폰 앱은 따분한 일상에서 흥밋거리를 찾는 도시인들을 부추

---

2. 트위터를 가리킨다.
3. 실리콘 밸리 서쪽으로 난 도로. 근방에 벤처 캐피털 회사들이 밀집해 있다.

거 그들이 필요하다고 생각해본 적 없는 서비스에 돈을 쓰도록 만들었다. 한동안 사람들은 단지 할인이 된다는 이유만으로 계획에 없던 보톡스 주사를 맞고, 플라잉 요가 수업을 듣고, 사타구니 미백 시술을 받았다.

바야흐로 유니콘의 시대가 열리고 있었다. 사람들은 투자자들로부터 10억 달러 이상의 기업 가치를 인정받은 스타트업을 유니콘이라고 불렀다. 어느 유명한 벤처 캐피털리스트는 세계적인 경제지에 칼럼을 실어 '소프트웨어가 세상을 씹어 먹고 있다'고 선언했다.[4] 이후로 그 표현은 투자 유치 행사와 기업 보도자료, 구인 공고에 수없이 등장했다. 마치 그 말이 무언가를 보증해주기라도 하듯. 투박하고 멋없는 비유가 아니라 사실의 증거인 것처럼.

한편 실리콘 밸리 바깥에 사는 사람들은 별생각이 없어 보였다. 이번 거품도 지난번[5]처럼 지나가겠거니 여기는 분위기가 지배적이었다. 그러는 사이 테크 산업은 미래학자와 하드웨어 예찬론자의 전유물을 뛰어넘어 모두의 일상을 지탱하고 보조하는 버팀목이 되었다.

그 당시 나는 이러한 내용을 전혀 알지 못했고 관심조차 없

4. 넷스케이프 창업자로도 유명한 마크 앤드리슨을 가리킨다.
5. 1990년대 후반, IT 회사들의 주가가 가파른 상승세를 이어가며 이른바 '닷컴 버블' 현상이 생겨났다. 그러다 2000년부터 주가가 곤두박질쳐 거품의 붕괴가 시작되었다. 이로 인해 많은 기업이 파산하거나 구조조정을 겪었고, 그 후 이 시기를 버텨 살아남은 기업들을 중심으로 실리콘 밸리 투자 붐이 다시 일어났다.

었다. 내 휴대폰에는 이렇다 할 앱도 깔려 있지 않았다. 그 시절
의 나는 스물다섯을 갓 넘긴 나이에 뉴욕 브루클린 변두리에서
잘 모르는 사람과 집을 나눠 쓰면서 닳고 닳은 중고 가구로 집
안을 채우고 사는 사람이었다. 내 삶은 위태로웠지만 그럭저럭
괜찮았다. 맨해튼에 있는 작은 출판 에이전시의 직원으로 일했
고, 몇 안 되는 좋은 친구들을 사귀었으며, 간혹 잠수를 타는 것
으로 사회생활에서 느끼는 불안을 표출하곤 했다.

　　하지만 곧 막다른 길이 나타날 것만 같았다. 인생의 바퀴가
덜컹거리고 있었다. 하루도 빼먹지 않고 대학원 진학을 고민했
다. 출판계와의 인연이 다해가는 듯했다. 더 성장할 여지가 보이
지 않았고, 다른 직원인 척 전화를 받으며 느꼈던 관음증적 짜릿
함도 3년이 지나자 시들해졌다. 산더미같이 쌓인 원고를 검토하
는 일이 지겨웠고, 계약서와 인세 정산서 같은 문서를 둘 곳이
없어 내 책상 서랍에 보관해야 하는 것도 지긋지긋했다. 소규모
출판사가 외주로 맡기던 교정·교열 일은 뜸해지고 있었는데, 그
일을 의뢰하던 편집자가 하필 얼마 전 헤어진 남자친구였기 때
문이었다. 그 사람과의 연애는 피로했으며 소모적이었다. 몇 살
연상이던 그는 결혼을 운운해놓고도 줄곧 한눈을 팔았다. 그가
일주일간 내 노트북을 빌려 갔다가 메신저 로그아웃을 깜빡한
채로 돌려주었고, 그 바람에 요염하게 생긴 포크 가수와 주고받
은 낯부끄러운 메시지를 내게 들키면서 그의 바람기는 들통이
났다. 그해 나는, 모두가 싫어하는 그 소셜 네트워크를 더욱더

싫어하게 되었다.

나는 실리콘 밸리에 문외한이었고, 그런 나 자신에게 만족했다. 디지털 기술에 반감이 있다거나 한 것은 아니었다. 어쨌거나 나도 마우스를 클릭해 글을 읽었다. 다만 산업면을 클릭하지 않았을 뿐. 사무직 노동자가 다들 그러듯 나도 일하는 대부분의 시간 동안 컴퓨터 화면을 들여다보며 키보드를 두드렸고, 인터넷 창을 바꿔가며 틈틈이 딴짓을 했다. 집에 가면 휴대폰을 붙들고서 진즉에 남이 된 사람들의 사진과 글을 쓸데없이 염탐했다. 친구들과 이메일로 시시콜콜 연락하며 일과 연애에 관한 어설픈 조언을 주고받았다. 폐간된 문예지의 온라인 아카이브에 접속해 글을 읽었고, 살 수 없는 비싼 옷을 온라인으로나마 구경했다. '의미 있는 삶'과 같은 야심 찬 제목으로 개인 블로그를 개설했다가 없애기를 반복했다. 그런 이름을 가진 블로그를 운영하면 정말로 그런 인생을 살게 될 줄 알았지만 어림도 없었다. 이때만 해도, 언젠가 내가 인터넷 세상 뒤편에서 일하게 되리라고는 꿈에도 생각지 못했다. 인터넷 세계 뒤에 사람이 존재한다는 생각 자체를 하지 않았으니까.

수제 초콜릿 가게가 맛집으로 인기를 끌고 도시 정주 정책[6]이 사람들 입에 진지하게 오르내리던 그 시기, 나는 북부 브루클린에 사는 여느 20대처럼 아날로그식 생활에 심취했다. 할아버

6. urban homesteading. 사람들이 도시에서 지속 가능하게 살아가도록 장려하는 정책. 뉴욕시는 적정 가격의 주택을 공급하는 방식으로 이 정책을 추진해왔다.

지가 쓰던 낡은 중형 카메라로 사진을 찍었고, 내부 팬이 요란하게 돌아가는 고물 노트북에 그 사진을 옮겨 블로그에 올렸다. 부시위크[7]에 있는 밴드 연습실에 놀러 가 고장 난 앰프와 방열기에 걸터앉아 유명 잡지의 과월호를 훑어보았고, 직접 만 담배를 피우며 드럼 스틱과 기타 줄을 만지작거리는 사람들을 구경했다. 누군가 의견을 물어봐주길 내심 기다리면서 그들의 연주를 유심히 관찰했지만, 아무도 내 생각을 궁금해하진 않았다. 나는 독립출판을 한다는 남자, 원목 가구를 제작하는 남자, 실험정신이 돋보이는 제빵사 등과 데이트했다. 할 일 목록에는 거의 틀지 않는 턴테이블의 바늘 또는 매번 차고 나가기를 깜빡하는 손목시계의 건전지를 사는 것처럼 예스러운 일이 언제나 포함되었다. 나는 심지어 집에 전자레인지도 두지 않았다.

　테크 산업이 내 삶에 중요한 의미를 갖는다면 그건 내가 몸담은 출판계의 걱정스러운 상황 때문이지, 다른 이유는 없었다. 책에는 별 애정이 없으나 소비자들이 효율적으로 돈을 쓰게 하는 것에는 관심이 많던 한 남자가 1990년대에 온라인 서점을 차렸다.[8] 이내 그 서점은 가전제품, 전자기기, 식료품, 옷, 장난감, 식기, 다양한 중국산 잡동사니까지 모든 물건을 싸게 파는 디지털 할인 창고로 몸집이 커졌다. 유통 업계를 장악한 그 온라인

7. 북부 브루클린에 있는 동네로, 과거에는 노동자 계층이 밀집한 곳이었으나 재개발이 시작된 2000년대 이후로 예술과 젊음의 공간이 되었다.
8. 제프 베조스와 아마존을 가리킨다.

쇼핑몰은 다시 출판계로 눈을 돌렸다. 그런데 어찌 된 영문인지 온갖 방법을 동원해 출판계를 파괴하려 들었다. 급기야 직접 출판 사업을 시작했다. 주변의 출판계 친구들은 그것을 두고 천박하고 파렴치하다며 콧방귀를 뀌었다. 하지만 사실 우리는 여러모로 그 쇼핑몰에 고마워해야 했다. 그곳의 자가출판 전자책 시장에서 발굴한 SM물과 뱀파이어 연애물이 베스트셀러로 거듭나 출판계를 먹여 살렸으니 말이다. 몇 년이 지나지 않아 헤지펀드 경영인 출신에 거북이를 닮은 상이던 그 쇼핑몰 창업자는 세계 제일가는 부자가 되었고 몰라보게 멋있어졌다. 그러나 우리의 관심사는 그 사람이 아니었다. 우리에게 중요한 것은 그의 쇼핑몰에서 전체 책 판매량의 절반이 만들어지고 있으며, 따라서 가격 책정과 유통이라는 핵심 지렛대를 그 쇼핑몰이 모조리 움켜쥐었다는 사실이었다. 출판계마저 그 쇼핑몰의 손아귀에 놓인 것이다.

몰랐던 사실이지만, 테크 업계는 숨 막히는 경쟁을 지향하고 모든 것을 데이터로 평가하는 그 쇼핑몰의 기업 문화를 숭배했다. 가족 문제를 다룬 소설 옆에 청소기 먼지 봉투와 기저귀를 나란히 추천하는 그 쇼핑몰 특유의 추천 알고리즘이 참신하고 대단한 기술이며 응용 머신러닝의 첨단이라는 사실도 나는 몰랐다. 그 쇼핑몰이 클라우드 컴퓨팅 서비스 사업을 병행하여 쏠쏠하게 수익을 올리고 있으며 서버팜[9]의 어마어마한 네트워크 공간을 할당하는 그 사업으로 다른 기업의 웹사이트와 앱에 백엔드[10] 인프라를 제공하고 있는 줄도 몰랐다. 그 쇼핑몰과 창업자에게 돈을 갖다 바치지 않고서는 인터넷을 이용하기가 사실상 불가능하다는 것도 알 리 없었다. 내가 아는 거라곤 그 쇼핑몰과 창업자를 당장이라도 싫어하게 되리라는 것, 그리고 그게 아주 당연하다는 것뿐이었다.

내게 테크 업계는 멀고도 흐릿한 세상이었다. 그해 가을, 출판계는 1·2위 출판사 간의 합병 소식으로 뒤숭숭했다.[11] 두 회사를 합친 직원 수는 1만 명에 달했고 기업 가치는 20억 달러가 넘었다. 20억 달러짜리 회사. 그것이 얼마나 대단한 권력과 자본을 뜻하는지 가늠조차 되지 않았다. 그 쇼핑몰로부터 우리를 지켜줄 방패막이가 있다면, 그건 다름 아닌 20억 달러짜리 회사일 거라고 나는 생각했다. 직원이 열두 명밖에 되지 않는 유니콘 스타트업이 존재한다는 사실은 까마득히 모른 채.

샌프란시스코로 이사한 후에야 알게 된 사실이지만, 내가 출판계 친구들과 허름한 술집에서 막막한 미래를 푸념하던 바로 그 순간, 미래의 내 동료들은 빠르고 조용하게 거액을 손에 넣었다. 20대 중반밖에 되지 않은 그들이 자기 회사를 차리고 2년

9. server farm. 컴퓨터 서버를 집단으로 모아놓은 물리적 공간.
10. back-end. 사용자에게 노출되는 인터페이스를 개발하는 것이 프론트엔드 front-end 업무라면, 그것이 제대로 작동하도록 서버, 응용 프로그램, 데이터베이스 등을 개발하고 관리하는 것이 백엔드 업무이다.
11. 2012년 10월 랜덤하우스와 펭귄 그룹이 합병에 합의했고, 이후 펭귄랜덤하우스가 설립되었다.

간 안식년을 보내는 사이, 나는 상사 사무실 바깥에 놓인 좁은 책상 앞에 앉아 회사의 지출 내역을 대조해야 했고 내 연봉으로 살 수 있는 것들을 셈하여 내 몸값을 따져보았다. 지난겨울에 2만 9000달러였던 연봉은 막 3만 달러로 오른 터였다. 그렇다면 내 몸값은 사무실에 새로 들인 소파를 다섯 개 사고 맞춤 제작 문구류를 스무 번 주문할 수 있는 정도였다. 미래의 동료들이 자산관리사를 고용하고 자아실현을 하겠다며 발리로 명상 여행을 떠나는 동안, 나는 월세 아파트 벽에 붙은 바퀴벌레를 청소기로 빨아들이고, 대마초를 피우고, 밴드 공연을 보러 자전거로 이스트 리버를 지나면서 마음속에 차오르는 두려움을 애써 떨쳐냈다.

그 시절은 약속과 풍요, 자신감과 추진력, 그리고 희망이 가득하던 때였다. 다만 그것들은 다른 어느 도시, 어느 업계, 어느 누군가의 삶에서만 일어나고 있었다.

# 전자책

숙취가 다 가시지 않은 어느 오후, 회사에 출근해 흐물흐물한 샐러드를 먹다가 출판계에 혁명을 일으키겠다는 포부로 투자금 300만 달러를 모았다는 한 스타트업에 관한 기사를 읽었다. 기사 상단에는 그 스타트업의 공동 창업자 세 명의 사진이 떡하니 실려 있었다. 풀밭에서 환히 웃고 있는 모습이 마치 졸업식 날 기념사진을 찍는 남자 대학생들 같았다. 세 남자 모두 셔츠 차림에 웃는 입 모양이 비슷했다. 다들 여유롭고 자신감이 넘치는 듯했다. 전동 칫솔만을 쓰고 할인 매장에는 얼씬하지 않는, 주식 시장 동향에 훤하고 쓰고 난 휴지를 탁자 위에 아무렇게나 두지 않는 남자들처럼 보였다. 언제나 나를 주눅 들게 하는 유형의 남자들이었다.

기사에 따르면, 이들이 말하는 혁명은 구독 모델로 운영되는 모바일 전자책 앱을 통해 현실화될 예정이었다. 꽤 괜찮게 들렸다. 다달이 적정 수준의 구독료를 내면 방대한 전자책 도서관을 이용할 수 있다는 주장이었는데, 여러 조건이 따라붙겠다는 생각이 들긴 했으나 발상 자체는 매력적이었다.

새로운 발상이 흔하지 않을뿐더러 제대로 보상받지도 못하는 출판계에서, 전자책 앱 사업은 확실히 참신해 보였다. 출판계는 항상 위기감에 시달렸다. 온라인 쇼핑몰의 독재와 20억 달러짜리 합병이 출판인들의 불안감을 더욱 자극하고는 있었으나, 사실 위기의식은 출판계의 고질병이었다. 출판계에서 성공한 직업인으로 살아남으려면 집이 부자이거나, 부자와 결혼하거나, 그게 아니면 동료들이 알아서 나가떨어지기를 기다리는 수밖에 없는 듯했다.

회사에서 대리급 정도인 나와 친구들은 갈수록 쪼그라드는 출판계의 앞날에 과연 우리의 자리가 있을지 진지하게 고민했다. 연봉 3만 달러 정도면 뉴욕에서 그럭저럭 생활할 수는 있었다. 그보다 적은 돈으로 사는 사람도 많았다. 하지만 월 1700달러쯤 되는 실수령액으로 출판계가 요구하는 고상한 사교 생활을 감당하기란 벅찼다. 인맥을 쌓기 위해 회식과 파티에 참석하고, 그럴 때 입을 300달러짜리 원피스를 장만하고, 포트 그린이나 브루클린 하이츠에 빌트인 책장이 있는 방을 구해 살아야 했다. 새 책을 공짜로 얻는 것은 좋았지만, 책을 마음껏 살 수 있을 만큼 돈이 넉넉하다면 더 좋을 것 같았다.

주변의 대리급 친구들은 퇴근 후에 외주 교열자나 바텐더, 웨이트리스로 일했고 가족에게 손을 벌리기도 하면서 조용히 부수입원에 의지했다. 부수입원의 존재는 우리끼리만 아는 비밀이었다. 점심으로 데친 연어 요리에 로제 와인을 마시면서 저임금을 당연한 통과의례로 여기는 사람들이 우리의 상사였으니, 직장에서 돈 얘기를 꺼내는 건 없어 보이는 짓이었다. 그들에게 저임금은 우리와의 연대를 느끼게 하는 제도적 착취가 아니었다.

우리는 소모품이었다. 자기 생계를 책임져야 하는 국문학 전공자들과 무급 수습 자리는 차고 넘쳤지만, 에이전시와 출판사의 채용 인원은 늘 그보다 부족했다. 따라서 출판계는 구인난을 겪지 않았다. 베이지색 가죽 신발을 신은 남자들과 겨자색 카디건을 입은 여자들이 크림색 종이에 뽑은 이력서를 들고 줄줄이 출판계의 문을 두드렸다. 어떻게 보면, 높은 이직률이 출판계를 지탱하고 있었다.

나와 친구들은 진득하게 버텼다. 책을 가까이하는 일이 좋았고, 우리가 가진 문화 자본을 포기하고 싶지 않았다. 왜 우린 사서 고생을 하고 있느냐고 허구한 날 투덜대면서도, 속으로는 그 고생을 기꺼이 치르고자 했다. 출판계가 시대의 흐름을 발 빠르게 따라가지 못한 것은 사실이지만 인간의 자유로운 표현을 열렬히 사랑하고 수호하는 우리 출판인들이 책의 가치도 모르는 장사꾼들에게 넘어갈 일은 없다는, 우리 스스로 선택한 이 도덕적 논리가 업계에 활력을 불어넣었다. 우리는 삶의 맛과 온전함을 아는 사람들이었다. 동시에 과민하며 돈에 쪼들리는 사람들이기도 했다.

나는 정말로 돈에 쪼들렸다. 물론 빈곤하다고는 할 수 없었고, 오히려 어떤 면에선 혜택을 누리며 자란 쪽이었다. 다만 점점 아래 계층으로 내려가고 있다는 사실은 분명했다. 동료들 대부분이 그랬듯, 내가 출판계에 붙어 있을 수 있는 것은 그나마 믿을 구석이 있기 때문이었다. 일단 나는 학자금 대출 없이 대학을 졸업했다. 스스로 노력해서가 아니었다. 내가 초음파 사진 속 점박이일 때부터 부모와 조부모가 차근차근 내 학비를 모아둔 덕분이었다. 게다가 내게는 부양해야 할 사람이 없었다. 그러나 나는 약간의 신용카드 빚을 몰래 지고 있었다. 물론 누구에게도 도와달라고 말하진 않았다. 월세와 병원비를 내고 충동에 못 이겨 원피스를 사느라 빚을 내는 내 모습을 마주할 때면 나 자신이 여러모로 형편없게 느껴졌다. 나 하나 제대로 책임지지 못하는 현실이 부끄러웠고, 너그러운 엄마 아빠가 사실상 우리 회사가 잘 굴러갈 수 있도록 나를 밀어주고 있는 셈이라는 사실에 가책을 느꼈다. 1년 뒤면 더 이상 피부양자 자격으로 부모의 의료보험 혜택을 함께 받을 수도 없었다. 이대로 두고 볼 순 없었다. 내 삶을 이렇게 그냥 나둘 수 없었다.

엄마와 아빠는 내가 의료계나 법조계에서 안정적인 직업을 갖기를 바랐다. 엄마는 작가로 비영리기관들과 일했고, 아빠는 금융계에 종사했다. 두 분 모두 안정적인 생활을 유지했지만 그래도 자녀가 경제적으로 독립하는 것을 중요하게 여겼다. 금융 위기 전에 대학을 졸업한 오빠는 내 나이 즈음 이미 안정 궤도에 올라선 후였다. 셋 중 누구도 출판계 내부의 위계질서라든가 초라한 현실 속에서 과거의 영광을 붙들며 고상한 척하는 일이 얼마나 사람 속을 은근히 뒤집어놓는지 이해하지 못했다. 엄마는 왜 스물다섯 살인 내가 여전히 직장에서 커피를 내리고 남의 외투를 받아주는 잡일을 하는지 조심스레 묻곤 했다. 그런 상황을 있게 만드는 구조적 문제에 대해선 묻지 않았다.

내가 이루고 싶은 것들은 막연했다. 이 세계에서 내 자리를 찾고 싶었고, 독립적인 사람, 쓸모 있는 사람, 좋은 사람이 되고 싶었다. 돈을 벌어 인정받고, 당당해지고, 대접받고 싶었다. 영향력 있는 사람이 되고 싶었다. 무엇보다 누구에게도 폐를 끼치고 싶지 않았다.

기사로 접한 전자책 스타트업의 세 공동 창업자들이 엉뚱한 위치에서, 그러니까 이미 혼자 다 해 먹고 있는 온라인 쇼핑몰 편에 서서 출판사, 작가, 에이전시를 희생시키고 자기들 몫만 챙기려는 게 아닐까 하는 의심을 말끔히 지워낼 수는 없었지만, 그래도 미래를 자신의 것이라 당당하게 말하는 그들의 자신감이 부러웠다. 업계가 나아갈 방향을 제시하고 그 미래를 건설할 자격을 부여받은 사람들에게는 뭔가 낯설면서도 특별한 매력이 있었다.

자금 조달 라운드에서 300만 달러가 모인 것은 사실 그리 대단한 일이 아니었으나, 그때의 내가 그런 것을 알 턱이 없었다. 스타트업 회사 대부분이 자금 조달 라운드를 한 번 이상씩 진행하며, 300만 달러면 푼돈을 살짝 맛본 정도라는 것도 당연히 몰랐다. 내겐 그 정도 돈이면 대단한 성과였고, 영원한 성공의 표식이었으며, 뭐든 다 할 수 있는 백지수표였다. 나는 출판계의 미래가 바로 그들에게 있다고 결론 내렸다. 그들과 함께하고 싶었다.

두리뭉실하고 격식 없는 분위기에서 몇 차례 면접을 본 후, 2013년 초엽 그 전자책 스타트업에 합류했다. 평소 나는 '테키'[12]라고 하면 사회성이 다소 떨어지고, 궁상맞고, 연애 경험이 부족하며, 어딘가 괴짜일 것이란 편견을 가지고 있었다. 그러나 그 회사의 공동 창업자들은, 물론 스스로를 테키라고 부르지도 않겠지만, 그런 편견이 무색하리만치 멀끔했다. 최고경영자CEO는 시원시원하고 자신감이 넘쳤으며 생김새도 번듯했다. 최고기술책임자CTO는 무엇이든 체계화해 사고할 줄 아는 사람이었는데, 말씨가 다정했고 겸손했으며 침착했다. 최고제품기획책임자CPO라고 자신을 이름 붙인 마지막 창업자는 두루 인기 있을 유형이

---

12. techie. 테크 분야, 특히 IT와 컴퓨터 기술 쪽에 해박한 전문가를 격식 없이 부르는 말.

었다. 동부 지역의 예술 학교를 나온 그는 딱 달라붙는 청바지를 입고 다녔다. 내 대학 친구들이 입고 다니던 것과 똑같은 바지였다. 그 사람이 내 친구들과 다른 점은 성공했다는 사실이었다. 세 사람은 모두 나보다 나이가 어렸다.

　　그들은 대화하기에 무척 편안한 상대였다. 취조당하는 것 같은 딱딱한 분위기에서 식은땀을 흘려야 했던 과거의 면접들과는 달리, 그들과 진행한 면접은 친구와 가볍게 커피를 마시는 일에 가까웠다. 혹시 그냥 말동무가 필요했던 건 아닌지 의아할 정도였다. 세 사람은 얼마 전 뉴욕으로 이사를 왔다고 했다. 뉴욕에 살고 싶어서 온 눈치는 아니었다. 확실히 그들은 서부의 분위기를 더 좋아했다. 뉴욕에는 자신들이 혁신하고자 하는 업계와 가까이 지내면서 파트너십을 쌓으러 온 것이었다. 나는 엉뚱한 동정심이 발동하여 세 사람이 외로워하지는 않을까 내심 걱정했다.

　　하지만 당연하게도, 그들은 외롭지 않았고 일에 열중했으며 자기들 삶에 만족했다. 늘 깔끔히 면도했고 피부도 매끈했다. 쇄골까지 단추를 채운 셔츠는 언제나 빳빳했다. 세 사람 모두에게는 오래 만난 여자친구가 있었는데, 그녀들은 하나같이 잘나갔고 헤어스타일이 근사했다. 세 사람은 각자 여자친구와 함께 운동을 한 후 예약이 필수인 식당에서 식사를 했다. 맨해튼 시내에서 거실과 침실이 분리된 아파트에 살았고, 심리 상담은 전혀 필요해 보이지 않았다. 세 사람은 하나의 목표와 계획을 공유했다. 그리고 그것을 이야기하고 야심을 드러내는 데 부끄러움이 없었다. 베이 에어리어[13]에 있는 테크 대기업에서 여름 인턴십을 나고 굵직한 업무를 잠깐 해본 게 다였지만 몇십 년 경험을 쌓은 전문가처럼 썰을 풀었다. 묻지도 않았는데 사업적 조언을 술술 들려주었다. 말만 들으면 1~2년이 아니라 평생을 이 업계에서 일한 사람들 같았다. 그들은 성공을 꿈꿨다. 나도 그들처럼 되고 싶었다. 그리고 그들 마음에 들고 싶었다.

내 직책은 특별히 내게 맞춰 만들어진 것이었으므로 일단은 석 달만 함께 일해보는 것으로 결론이 났다. 사실 누구도 내가 어떤 일을 어디까지 해야 하는지 명확히 알지 못했다. 먼저 나는 앱에 넣을 책들을 선정하고, 홍보 문구를 작성하고, 그 밖의 여러 비서 업무를 맡았다. 풀타임 계약직이었으므로 시간당 20달러를 받되 보험 혜택은 받지 못했다. 내가 이쪽 업계에서 돈을 많이 받는 축에 속한 것은 아닌 듯 보였으나, 계산 결과 연봉으로 4만 달러를 받게 되었음을 알았을 때는 만족스러웠다.

출판계 친구들에게 이직 소식을 알리자 다들 꺼림칙하게 반응했다. 친구들은 불편한 질문을 던졌다. 구독 모델이 작가에게 돌아갈 인세를 깎아 먹진 않을까? 공공도서관 시스템을 얌체같이 베껴서 이익을 챙기려는 거네? 그런 앱은 잘되어봤자 단독으로는 아무것도 아니잖아? 온라인 서점과 뭐가 달라? 출판문화

13. 샌프란시스코, 오클랜드, 산호세 등으로 이뤄진 캘리포니아주의 광역 대도시권.

와 출판계만 피해 보는 것 아냐? 나는 이런 질문들에 제대로 답변하지 못했다. 되도록 그런 고민에 빠지고 싶지도 않았다. 우쭐함과 자기만족에 젖은 채 '그러는 우리는?'이라고 속으로 반문할 뿐이었다.

회사 사무실은 커낼 스트리트[14]에서 한 블록 떨어진 동네에 있었다. CEO는 그 동네를 놀리타라고 불렀지만 CTO는 리틀 이털리, CPO는 차이나타운이라 불렀다. 회사 주변은 평일에도 관광객들로 시끌벅적했다. 크림이 가득한 카놀리[15]와 에스프레소 종이컵을 들고 다니는 사람들이 여기저기서 불쑥 튀어나왔고, 아이들은 휘둥그런 눈으로 파르메산 치즈 가게 안을 구경했다. 엄밀히 말해 우리 사무실은 한 유명 스타트업 건물의 꼭대기 층에 테이블 하나만 덩그러니 놓아둔 공간이었다. 그 유명한 스타트업은 온라인 경매로 예술품을 사고팔도록 하는 사업 모델로 성공했는데,[16] 나는 그 모델을 좀체 이해할 수 없었다. 내가 생각하는 경매의 재미란, 부를 과시하고 열띠게 경쟁하는 데 있었다. 하지만 테크 업계 사람들은 그렇게 부를 표현하는 것을 촌스럽고 투박하다고 여겼다. 그들에게 돈이란 웹브라우저 뒤에 숨겨

---

14. 뉴욕 로어 맨해튼의 번화가. 차이나타운, 소호, 리틀 이털리, 놀리타 등의 상권과 이어진다.

15. cannoli. 이탈리아 시칠리아에서 유래한 디저트.

16. 한국에도 잘 알려진 아트 플랫폼 아트시Artsy를 가리킨다.

야 세련된 것이었다.

나무 바닥이 삐걱거리는 사무실의 한쪽 벽면에는 주방용 조리대가 길게 설치되어 있었다. 벽 선반에는 커피 내리는 기구와 동네 로스터리에서 사 온 원두 봉지가 가득했다. 화장실에는 샤워실이 딸려 있었다. 출근 첫날, 회사는 내게 입사 선물을 주었다. 기술 분야에 관한 책들이었는데, 창업자들의 서명과 함께 회사 로고 문양으로 된 밀랍 인장이 찍혀 있었다. 회사 로고는 완벽한 진주를 품은 굴 모양이었으나 아무리 보아도 여성의 생식기 같았다.

회사는 수백만 달러의 투자금을 보유했고, 구성원의 직책명만 보면 탄탄하고 체계적인 조직을 연상시켰다. 그러나 회사가 개발한 앱은 아직 시범 운영 단계로, 소수의 지인과 가족, 투자자들만 사용하고 있었다. 회사에는 나를 제외하고 직원이 한 명 더 있었다. 모바일 엔지니어인 캠은 회사 창업자들이 큰맘 먹고 사진 편집 앱 회사에서 데려온 사람이었다. 우리 다섯 명은 온종일 이사진 회의를 하는 사람들처럼 적갈색 원목 테이블에 둘러앉아 커피를 마셨다.

나는 직장인이 되고 처음으로 전문가 대접을 받았다. 회사 사람들은 내게 앱의 가독성과 보유 서적의 수준, 온라인 독서 커뮤니티에 접근하는 전략에 관해 의견을 물었고 내 말을 귀담아들었다. 나는 기술 문제나 경영 전략에 대해서는 잘 알지 못했지만 그래도 쓸모 있는 존재가 된 기분이었다. 사업이 자리를 잡아가는 모습을 지켜보면서 그것에 보탬이 된다고 느끼는 일은 짜릿한 경험이었다.

CTO의 생일을 축하할 겸 우리는 미드타운으로 나가 대테러반 요원들이 나오는 영화를 보기로 했다. 영화는 2001년 9월 11일 세계무역센터에 갇힌 사람들의 신고 전화 음성을 편집해 들려주는 장면으로 시작되었다. 나는 곧장 자리를 뜨고 싶었으나 그럴 수 없었다. 9·11 테러 당일 그 건물로부터 네 블록 떨어진 학교에서 스페인어 수업을 듣던 열네 살의 내가 모든 참상을 두 눈으로 목격했음을 고백하지 않고서는 우아하게 도망칠 방법이 떠오르지 않았다.

가짜로 위장병이나 생리통을 앓는 것처럼 꾀병을 부릴까, 아니면 그냥 말없이 사라질까 고민했다. 영화 내용을 미리 알아보지 않은 것이 후회되었다. 외상 후 스트레스 장애를 여태껏 해결하지 못해 동료들과 액션 영화 보는 것과 같은 평범한 일을 하는 순간에조차 평범한 사람이 되지 못하는 나 자신이 한심했다. 영화를 보는 내내 몸을 심하게 움찔거리는 바람에 귀걸이 한쪽이 빠져버렸다. 영화가 끝나고 조명이 켜졌을 때 CTO가 귀걸이를 찾아주겠다며 무릎을 꿇어 바닥을 살폈고 나머지 세 사람에게도 같이 찾아보자고 손짓했다. 이 남정네들이 날 위해 끈적이는 인조 카펫을 헤집는 모습은 조금 낯부끄러웠지만 살짝 감동적이기도 했다. 나는 몇 초 만에 귀걸이를 찾았다고 소리쳤다.

그 말에 그들은 몸을 일으켜 외투의 단추를 잠근 후 각자 가방을 챙겼다. 내가 남아 있던 귀걸이를 슬쩍 빼서 주머니 속 깊숙이 찔러 넣었다는 사실은 다행히 아무도 눈치채지 못했다.

조명이 화려한 늦겨울의 거리로 나온 우리는 모퉁이를 돌면 보이는 일본 디저트 바에 갔다. 나는 이제껏 일본 디저트는커녕 디저트 바에도 가본 적이 없었다. 그들은 바에 가면 이것저것을 맛볼 수 있어 좋다고 했다. 바에 도착해서는 법인 카드를 쓸 생각에 들떠 다 못 먹을 만큼 푸짐한 양을 주문했다. 다 함께 둘러앉아 디저트를 먹는 동안, 나는 그들이 각자 사용하던 숟가락으로 서로의 디저트를 퍼먹는 모습을 지켜보았고, 내게도 맛보라며 그릇을 내밀었을 땐 완곡히 거절해야 했다. 투자자들이 이 모습을 보면 어떻게 생각할까 궁금해졌다. 나는 보모, 보조 바퀴, 보호자, 여동생, 족쇄, 첩이 된 기분이었다. 한편으로는 내가 참 운이 좋다는 생각도 들었다. 그날 밤, 나는 입 안에 감도는 뒷맛을 음미하며 멀리 떨어진 지하철역으로 혼자 걸어갔다.

나는 창업자가 아닌 유일한 직원 캠과 붙어 다녔다. 점심시간에 우리 둘은 근방으로 나가 샌드위치나 베트남 음식을 포장해 돌아오고는 했다. 사 온 음식은 회의실에서 먹었는데, 식사를 하는 동안 내가 프론트엔드 개발과 백엔드 프로그래밍의 차이 같은 것을 물으면 그는 참을성 있게 설명해주었다. 출시한 제품이 없음에도 기대를 한 몸에 받는 스타트업의 직원 1·2호로서 감당해야 하는 부담감과 책임감에 대해서도 이야기를 나눴다. "회사에 합류한 시기가 아주 좋았다고 봐." 그는 이렇게 말했다. "우리 둘 다 자리를 아주 잘 잡은 것 같아." 그는 내가 계약직이 란 사실을 몰랐거나, 알았더라도 수습 기간 후 정직원으로 전환 될 것이라 확신했던 것 같다.

캠은 온화하고 차분했다. 여자친구와 여자친구네 고양이를 무척 좋아해서 그들 이야기를 자주 들려주었고 나도 그런 얘기 를 재밌어했다. 그가 자기 의견을 강하게 내세운 적은 딱 한 번, 사내 독서 모임을 만들자는 내 제안이 무시당했을 때였다. 창업 자들은 앱을 만드느라 너무 바쁘다고 했다. 정신없어 죽겠는데 웬 독서 모임? 일리 있는 말이었기에 나도 더는 마음을 쓰지 않 았다. 그런데 캠이 단체 채팅방에서 창업자들의 반응을 지적하 며 내 편을 들어주었다. 그들이 무례했으며 생각이 짧았다는 것 이었다. 캠은 내가 사내 문화를 조성하느라 엄청나게 노력하고 있다는 말도 덧붙였다.

그의 말은 절반만 사실이었다. 처음 몇 주 동안 나는 웹사이 트 문구를 작성하고, 명문대 출신 엔지니어의 채용을 돕고, 개인 정보 처리 방침에 쓰인 법률 용어를 친근하게 다듬는 일을 맡았 지만, 그 후로 했던 일은 월급이 과분하게 느껴질 정도였다. 장기 로 임차할 사무실을 물색하고, 한입에 먹을 수 있는 치즈 크래 커, 초콜릿 바, 블루베리 요거트 따위를 주문하는 게 전부였다.

나는 회사에서 군것질한다는 생각을 해본 적이 없었다. 출판 에이전시에서 점심시간이 아닌 시간에 뭔가를 먹는다는 건 꽤나 창피한 짓이었다. 베이글을 몰래 뜯어 먹거나 프레츨 봉지를 바스락거리면 나태하거나 프로페셔널하지 못한 사람으로 보일 거라 생각했다. 참지 못하고 점심시간 전에 도시락을 까먹는 건 부족한 자기 절제의 증거이자 출산도 안 했는데 얼굴이 부어 있는 이유가 되었다. 그런데 알고 보니 이곳에선 그런 내가 순진했던 거였다. 이 회사 사람들은 온종일 뭔가를 집어 먹으며 일했다. 컴퓨터 앞에서 연신 휴지에 손을 닦아가며 과자를 먹었고, 탄산수 캔을 까 마신 후 키보드 옆에 아무렇게나 쌓아뒀다. 나는 그들이 뭘 좋아하는지 꼼꼼히 살폈고 가끔은 새로운 시도를 했다. 어떤 때는 귤 한 상자를 시키고, 다음번에는 체더치즈 맛 팝콘을 주문하는 식으로.

내 기를 살려준 캠에게 보답하고자, 나는 정말로 사내 문화를 가꾸는 일에 앞장섰다. 창업자들의 시큰둥한 태도에도 끝까지 독서 모임을 추진했다. 단체 답사를 기획하기도 했다. 한번은 19세기 금융계의 거물이었던 어느 자본가가 세운 호화 도서관[17]을 단체로 방문했다. 천장부터 바닥까지 들어선 책장과 나선형 계단, 금박 천장은 감탄을 자아냈다. 우리는 부지런히 사진을 찍어 소셜 미디어에 올렸다. 우리의 앱도 그곳 같은 느낌을 줘야 한다는 것이 우리가 내린 결론이었다. 우아하되 부담스럽지 않

17. 모건 라이브러리 & 뮤지엄을 가리킨다.

게 무한함을 담은 공간.

　도서관 방문은 성공적이었다. 그러나 20대 초반에 벌써 수백만 달러를 벌어들인 세 남자는 굳이 내가 없더라도 도서관 답사를 다닐 수 있었다. 그들에게는 차라리 내가 과자 주문이나 하는 편이 비용 면에서 나았다. 캠이 힘을 실어주었는데도, 결국 그들은 사내 문화를 만들고자 하는 나를 필요로 하지 않았다. 사실은 그 어떤 면에서도 나를 필요로 하지 않았다. 작디작은 이 회사에 문화라는 게 존재한다면, 그건 창업자들이 만드는 것이었다. 그들은 서로 말다툼을 하다가도 회의실을 나서기 전에는 뒤끝 없이 갈등을 풀었다. 두툼한 소파에 누워 쉬거나 다 함께 비디오 게임을 하거나 맥주를 마실 때 가장 행복해 보였다. 굳이 협동 의식을 다지거나 유대감을 형성하려고 하지 않았다. 우리는 그러려고 모인 게 아니라 회사를 만들고 있었으니까. 아니, 실상은 그들이 회사를 만들고 나는 그걸 구경만 하고 있었지만.

　웨스트 20번대 거리의 노른자 땅에 새 사무실을 구했다. 그 블록을 가리켜 어떤 사람들은 '실리콘 앨리SILICON ALLEY'라는 거창한 이름을 붙였다. 새 사무실도 다른 스타트업이 임대로 내놓은 공간이었는데 이번에는 상황이 조금 달랐다. 임대차 사업을 하는 그 스타트업은 미디어 분야에 막 뛰어든 참이어서 직원 규모가 고무줄처럼 늘었다 줄기를 반복했다. 우리 내부 회의에서 CEO는 그 회사가 '피벗PIVOT'을 수차례 했다는 점을 강조했다.

그게 무슨 뜻이냐고 묻자 네 남자는 동시에 나를 의아하다는 듯 쳐다봤다. 피벗이란, 수익을 만들려고 사업 모델을 바꾸는 것을 의미했다. 회사가 앞으로 나아갈 길을 걱정하는 상황이라는 얘기, 즉 경고 신호였다. 돈이 바닥나자마자 그 스타트업의 창업자 둘만 남고 나머지는 모두 해고된 터였다.

해고당한 직원들의 망령이 어른거리는 사무실에서 우리는 일에 더욱더 몰두했다. 휑한 사무실 책상에 머리를 처박고서 바로 맞은편에 앉은 상대와 열심히 메시지를 주고받았다. 모두 같은 시간에 모여 점심을 먹으며 전략에 대해 토의했다. 그리고 다시 컴퓨터 앞에 앉아 일을 했다. 파트너십과 디자인에 관해 길고 열띤 회의가 이어졌고 날이 저물어서도 끝나지 않으면 피자를 주문했다. 모든 게 당장 해결해야 할 중대한 문제 같았다.

어느 날 오후, CEO가 회의실로 전원을 불러놓고 출판사 관계자들 앞에서 선보일 발표를 시연했다. 그는 우리가 공유경제의 시대를 살고 있다는 말로 발표를 시작했다. 마치 남 얘기를 하듯, 이른바 밀레니얼 세대는 소유보다 경험에 가치를 두는 사람들이라고 이야기했다. 우리의 사업은 단순히 새로운 시장 전략이 아니라 이 시대의 문화 이념과 닿아 있었다. 공유경제와 구독경제를 견인하는 디지털 플랫폼 덕에 사람들이 언제든 영화와 음악과 비디오 게임을 소비하고, 드레스와 정장을 빌리고, 모르는 사람의 침실을 예약해 사용하고, 차를 얻어 탈 수 있게 되었다. 음악, 영화, 방송, 유통, 교통, 모든 것이 혁신의 대상이 된 것이다. 이제는 책을 혁신할 차례였다. CEO가 슬라이드를 넘기자 중앙에 박힌 우리 회사 로고를 중심으로 유명 구독형 플랫폼들의 로고가 배치된 화면이 등장했다.

이제 기술 제품은 생필품과 같다고 CEO는 말을 이었다. 그의 말을 듣다 보니 생각이 차츰 정리되었다. 전자책 앱의 효용은 독서 자체에 있다기보다 자신이 책 읽기를 좋아하는 사람임을, 그리고 새로운 독서 경험을 선사하는 혁신적이고 직관적인 앱의 사용자임을 티 내는 것에 있었다. 그러니까 이 앱의 이상적인 사용자는, 스스로를 독자라고 여기지만 정작 책을 읽진 않는 사람이었다. 한 달에 몇 권씩 책을 읽는 사람은 구독료 이상의 저작권료를 발생시킬 수 있었다. 내가 이해한 바에 따르면, 책은 세상에 나오고 나면 그게 끝인 물건이 아니라 기회였다. 단순히 어떠한 내용물을 담고 있는 작품이 아니라, 시작점을 의미했다. 진짜 승부는 그것을 어떻게 '확장'하느냐에 달린 것 같았다. 나는 회의실 안의 사람들이 결국엔 그 해답을 찾아낼 거라고 생각했다.

CEO는, 밀레니얼 세대가 평생 소유하지 못할 무언가를 빌려 쓰듯 소유보다 경험에 치중하는 까닭이 학자금 대출 혹은 불경기 때문이라거나 디지털 유통의 시대에 창작물의 가치가 하락한 현상과 관련이 있다는 사실에는 무관심했다. 그가 제시한 미래상에는 위기가 말끔히 지워져 있었다. 오로지 기회뿐이었다.

나는 그의 말을 과연 내가 진심으로 받아들일 수 있을지 따져보았다. 그는 매력적인 사람이었고 회사와 회사의 미래에 헌신적이었다. 어찌 보면 그와 나머지 두 창업자 모두 정말 대단하다고 할 수 있었다. 실리콘 밸리의 투자자들도 그렇게 생각했을 것이다. 그러나 이 사람들은 이 사업에서 내가 가장 중요하게 생각했던 부분, 바로 책에 대해서는 일말의 애정도 없어 보였다. CEO의 발표 자료에는 '헤밍웨이'가 '헴밍웨이'로 잘못 적혀 있었다.

　게다가 책을 시작점 정도로 바라보는 이 앱의 사업 모델은, 서점으로 출발했던 그 온라인 쇼핑몰의 모델과 너무나도 유사했다. 이 사람들이 도대체 왜 나를 고용한 건지 슬슬 의아해졌다. 어이없게도 나는 책에 대해 조금 안다는 이유만으로 옛것과 새로운 것 사이를 이을 수 있는 존재로 여겨진 것이었다. 나도 나 자신이 일종의 통역가이자 회사에서 없어서는 안 될 존재라고 착각하고 있었다. 뒤늦게야 테크 회사들이 사내 조직, 하다못해 회사 홍보 자료에 왜 여성을 내세우는지 그 이유를 확실히 깨친 뒤부터는 내가 회사에 꼭 필요한 사람이 아니라 구색을 갖추기 위한 존재에 가까웠음을 알게 되었지만.


　일일이 지시하지 않더라도 알아서 할 일을 하는 게 창업자들이 내게 바라던 모습이란 것을 당시에는 알지 못했다. 알아서 일하는 적극성이야말로 진정한 스타트업 정신에 걸맞았으며 쓸모없는 자리도 꼭 필요한 것처럼 보이게 했다. 이러한 전략은 테크 업계가 스스로 존재하는 방식이기도 했는데, 내게는 영 어색하기만 했다. 내 상상력의 한계는 여전히 출판업계에 맞춰져 있었다. 그래서 나는 전자책 스타트업으로서 독서 모임을 열어 독자들과 직접 만나볼 것을 제안했다. 독서 블로그를 운영하는 건 어떨까 혼자 생각하기도 했다. 그러나 회사는 요즘 유행하는 커피 트럭을 출판 관련 행사장에 보내 공짜 에스프레소와 빵을 나눠 주는 선택을 했다. 보통 그런 행사에서는 증정용 에코백이나 소설가의 데뷔작 비매 판본만 나눠 줘도 반응이 뜨거웠다. 나는 큰 그림을 바라보며 전략을 짜지 못하고 있었다.

　'애나는 배우려고만 하고 행동하질 않아.' CEO가 뜬금없이 단체 채팅방에 이런 메시지를 띄웠다. 창업자들끼리만 있는 채팅방에 쓰려던 걸 잘못 보낸 사고였다. CEO는 곧바로 회의를 열어 내게 진심으로 사과했다. 나는 그가 한 말을 곱씹었다. 나는 언제나 뭔가를 배우고 싶어 했고 그에 대한 보상을 받아왔다. 배우는 것은 내가 가장 잘하는 일이었다. 그러나 창업자들처럼 뭐든 거리낌 없이 저지르는 담력이 내게는 없었다. 그들이 지닌 자신감과 권리 의식도 없기는 마찬가지였다. 뭐든지 시도하고 '소유'하는 것이 스타트업계의 불문율이란 것도 나는 미처 몰랐다. 테크 업계 사람이면 누구나 알고 있는 '허락이 아닌 용서를 구하라'라는 명언도 들어본 적이 없었다.

　공부하는 심정으로 스타트업 정신에 관한 블로그 글들을 읽고 그대로 따라 하려 노력도 해보았다. 알고 보니 CEO도 1년 전 자기 블로그에 〈스타트업에서 한 달 만에 존재감 남기는 법〉

이라는 글을 올린 적이 있었다. 사무실 벽에 붙어 있던 그 글을 이제껏 발견하지 못한 게 후회스러웠다. 그의 조언은 다음과 같았다. 주인 의식을 가질 것, 긍정적으로 행동할 것, 그리고 자기 의견을 낼 것.

그리하여 나는, 뜬금없고 궁상맞지만, 독서에 대한 내 열정을 구구절절 설명한 이메일을 창업자들에게 돌렸다. 전자책 앱 회사라면 나처럼 책을 사랑하는 독자가 한 명쯤 있어야 한다고 나는 믿어 의심치 않았다. 유능한 스타트업 직원이 될 자신이 지금 당장은 없지만, 나와 계속 함께하는 것이 그들에게 유익하리라고 생각했다. 고객의 입장을 대변하는 직원이 한 명쯤은 있으면 좋을 테니까. 이후로 나는 창업자들로부터 진심 어린 장문의 답신을 몇 통 받았고, 회의실에서 고통스러운 일대일 면담을 진행한 후에야, 내가 이 회사에 남을 수 없다는 결론이 분명해졌다. 현 상황에서는 나 같은 사람이 회사의 속도에 맞춰 일하기가 힘들다는 게 그들의 공통된 의견이었다. 내가 가치를 더할 수 있는 업무 영역이 한동안은 필요하지 않다고도 했다.

창업자들은 내게 새로운 일자리를 연결해주려고 노력했다. 다들 내가 테크 업계에서 계속 일하려 한다고 어림짐작하는 분위기였다. 나는 굳이 아니라고 말하지 않았다. 사실 출판계로 돌아가기가 망설여졌다. 제 발로 걸어 나가 보기 좋게 실패했으니 말이다. 게다가 출판계를 뒤흔들려고 작정한 전자책 스타트업에 들어갔다는 점에서 나는 반역자인 셈이었다. 돌아갔을 때 아무도 날 반기지 않는 불상사를 피하고도 싶었다.

어느새 나는 테크 업계의 빠르고 개방적인 문화에 물들어 있었고 그 안에 깃든 낙관과 가능성에 취해 있었다. 출판계에서는 아무도 승진을 자축하지 않았다. 내 또래 누구도 앞날을 기대하지 않았다. 반면 테크 업계는 장밋빛 미래를 약속했다. 그럴 수 있는 업계나 회사는 극히 드물었다.

창업자들의 업계 인맥은 그들에게 투자한 벤처 캐피털리스트의 또 다른 투자처들이 대부분이었다. 그 스타트업들은 거의 다 베이 에어리어에 있었다. "젊은 사람이 살기에 샌프란시스코만 한 곳이 없죠." CPO가 캘리포니아를 그리워하며 말했다. "너무 늦기 전에 그쪽에 가서 살아보는 걸 진지하게 고민해봐요." 나는 내가 아직 어리다고 생각했다. 고작 스물다섯밖에 안 됐는데. 하지만 그에게는 고민해보겠다고 대답했다.

# 면접

샌프란시스코에 살던 친구들은 모두 떠나고 없었다. 우리
는 졸업하자마자 불경기의 한복판에 던져졌다. 대다수가 무급
인턴십이나 변변치 않은 일자리라도 구하러 뉴욕 또는 보스턴
에 남았지만, 몇몇은 희망을 찾아 서부로 향했다. 그들은 한동안
몸을 웅크린 채 창작에만 전념했다. 채광 좋은 아파트에 살면서
서비스직 알바로 생계를 유지했다. 복잡하고도 격정적인 사교
생활을 즐겼다. 환각제와 폴리아모리[18]를 경험했고, 대마초를
피웠고, 실컷 늦잠을 잤고, 낮술을 마셨다. BDSM[19] 파티에 갔다
가 부리또를 게걸스럽게 먹어 치우고 돌아가는 날도 있었다. 밴

---

18. polyamory. 상대를 독점하지 않는 다자간 연애.

19. 결박·구속·사디즘·마조히즘으로 대표되는 특이 성향의 성행위를 총칭하는 용어.

드를 결성했고, 이따금 성노동을 하기도 했다. 주말에는 산이나 숲이나 해변으로 가 캠핑과 하이킹을 즐겼고, 뉴욕에 살 때는 비웃었던 건전한 활동들을 하며 지냈다.

그러나 그들의 유토피아는 오래가지 못했다. 친구들 말로는 그곳이 언제부턴가 후기 자본주의가 판치는 소굴이 되어버렸다고 했다. 집값이 말도 안 되게 치솟았다. 갤러리와 공연장이 문을 닫았다. 대기업 로고가 박힌 티셔츠 차림의 20대 청년들이 술집을 가득 메웠다. 그들은 절대로 취할 때까지 술을 마시지 않았고, 누군가 출입문 바로 앞에서 담배를 피우면 곧장 불만을 제기했다. 그 남자들은 투박한 러닝화를 신고 나이트클럽엘 갔다. 숫자 '1000' 대신 'K'라는 표현을 썼다.

데이트 웹사이트에는 시답잖은 남자들이 줄을 섰다. 좋아하는 책 목록에 경영 교과서 이름을 진지하게 써넣고, 데이트 장소에 자기 회사 로고가 박힌 배낭을 메고 나오는 사람들이었다. 젊은 CEO들은 비슷한 부류를 만나 재미를 볼 작정으로 섹스 파티를 기웃거렸다. 반짝이를 뒤집어쓰고 팬티만 한 바지 차림으로 엑스터시를 찾던 내 친구들은 언젠가부터 퀴어 퍼레이드에 나가면 특정 브랜드 이름이 사방에 둘린, 누구에게나 위화감 없도록 꾸며진 원색의 행진 차량을 목격했다. 그 브랜드의 마케팅 책임자가 이성애자인 것만은 분명했다.

도시는 대학을 갓 졸업한 부자들의 욕망에 충실한 곳으로 변해갔다. 요가 강사나 식료품 점원으로 틈틈이 일하던 예술가

혹은 작가가 집값을 감당하기에는 오클랜드[20]마저 부담스러운 동네가 되었다. 친구들 말로는 테크 회사에 취직하지 않고선 일자리를 구할 수 없다고 했다. 물론 그중 테크 회사에서 일하고 싶어 하는 이는 아무도 없었다. 얼마 지나지 않아 친구들은 뉴올리언스나 로스앤젤레스로 하나둘 밀려났다. 아니면 대학원에 입학했다. 자동차와 비행기를 타고 전국으로 뿔뿔이 흩어진 친구들의 방랑길은, 그들이 사랑했으나 사라져버린 도시를 애도하는 추모의 행진이었다.

봄이 되고, 나는 한 데이터 분석 스타트업의 고객지원직 면접을 보러 샌프란시스코로 향했다. 베이 에어리어에 살았던 친구들에게는 비밀로 했다. 내가 테크 업계에서 일하려 한다는 걸 친구들이 알면 어떻게 반응할지 생각만 해도 겁이 났다. 나는 그들을 내쫓고 그들의 재미난 일상을 망친 사람들과 함께하려 하고 있었다. 공항에 도착해 열차를 타고 이동하는 내내, 옛 친구들을 배신하고 그들과 멀어지고 있다는 느낌에 시달렸다.

모르는 사람의 침실을 빌려 쓰는 밀레니얼 친화적 플랫폼을 이용해 미션 디스트릭트[21]에 있는 방 한 칸을 예약했다. 50대 부부가 소유한 집이었다. 그 앱을 생전 처음 써본 나는 화려한 빅토리아풍 건물 앞 계단에 서서 19세기 소설 속 고아 주인공이 된 것 같은 기분에 사로잡혔다. 새로운 모험을 눈앞에 둔 꼬마 아이 같았달까. '집에 온 걸 환영해요!' 화사하고 알록달록하게 꾸며진 집 공유 플랫폼²²의 이용 안내 책자는 가족처럼 정다운 분위기를 풍겼다. 하지만 그 플랫폼이 공동체와 안락함, 새로운 만남과 낯선 경험으로 풍성해지는 삶의 모습을 강조한 것이 무색하게, 그 집의 호스트 부부는 나를 사무적으로 맞이했다. 우리는 거래 관계일 뿐 그 이상은 아니라는 듯이.

　부부 중 남편이 내가 묵을 방으로 나를 안내했다. 혼수로 들였을 서랍장에 손님용 수건이 들어 있었고, 창밖 뒤뜰로 레몬 나무가 한 그루 보였다. 그는 내게 이 동네에 온 이유를 물었다. 나는 살짝 주눅 든 목소리로 스타트업 면접을 보러 왔노라고 대답했다. 이 동네는 오래전부터 예술가와 시민 활동가, 그 밖에 소송 비용을 부담하면서까지 거주권을 주장하기에는 형편이 넉넉지 않은 사람들이 모여 살던 곳이었다. 나는 행여 그들의 상처를 건들까 조심스러웠다. 그러나 그는 아무렇지 않게 고개를 끄덕이곤 어깨를 으쓱했다. "우리는 여기서 풀타임으로 손님을 받아요. 그러니까, 우리도 스타트업을 위해 일한다고 말할 수 있겠네요."

　그런가? 그와 그의 아내는 비영리기관에서 일하다가 이제

22. 에어비앤비를 가리킨다.

는 퇴직하여 관광객이나 나 같은 외지인에게 조금 이색적이면서 적당히 안락한 공간을 내어줌으로써 진정한 도시 생활을 맛보이는 것으로 돈을 벌고 있었다. 부부는 지하실에서 잠을 잔다고 했다. 그들은 스타트업 직원은 아니었지만 스타트업 상품의 일부라 할 수 있었다.

　돈을 내고 모르는 사람의 집에 머문 것은 이때가 처음이었다. 아파트는 단정하고 아늑했다. 어딜 둘러봐도 물건들로 가득한 가구가 눈에 들어왔고 과일 그릇이 여기저기 놓여 있었다. 거실 소파에 앉아 책을 읽거나 주방 도구를 꺼내 복숭아를 잘라 먹는 것이 규정 위반에 해당하는지는 긴가민가했다. 어쨌거나 내가 예약한 것은 방 한 칸이었으니까. 집 공유 플랫폼의 정책은 회사의 법적 책임을 장황하게 다루고 있었으나 소비자의 행동 양식에 관해서는 아무 언급이 없었다. 나는 괜한 문제를 일으키지 않도록 침실과 화장실만 조심히 오갔다. 마치 집 안 복도에 선이 그어져 있어서 그걸 넘었다가는 남의 사생활을 침범하기라도 하는 것처럼.

　면접은 전자책 스타트업 CEO가 주선해준 것이었다. 그는 빅데이터가 요즘 뜨는 분야라고 귀띔했다. 내가 지원한 데이터 분석 스타트업은 대학 중퇴자들이 모여 만든 회사였는데, 생긴 지 4년밖에 되지 않았음에도 성장 속도와 규모가 엄청나 이쪽 바닥에선 모르는 사람이 없었다. 벤처 펀딩으로 1200만 달러를 모았고, 고객사가 수천 곳에 이르며, 직원도 열일곱 명이나 되었다. "투자자들 말로는 거기가 다음 유니콘이 될 거래요." 전자책 스타트업 CEO는 의자에서 몸을 뒤로 젖히며 진지한 눈빛으로 말했다. "로켓선에 가깝죠." 나로 하여금 무언가를 원하도록 만드는 건 무척 쉬운 일이었다.

　고객지원 업무에 딱히 끌리지는 않았으나 프로그래밍 비전공자가 지원할 수 있는 신입직은 그것뿐이었다. 사회학을 전공해 출판계에서 일했고 석 달 정도 사내 간식 구매를 담당했던 사람으로서, 나는 자리를 가릴 처지가 아니었다. 전자책 스타트업 창업자들은 고객지원 업무를 발판으로 삼으라고 단호하게 조언했다. 내가 열심히 일하면 좀 더 재밌고 자율적이며 중요한 업무를 맡게 되리라고 그들은 당연하게 생각했다. 몰랐던 사실이지만, 테크 업계에서 학벌이나 이력 같은 전통적 의미의 스펙은 개인의 의지에 비하면 별것 아니었다. 나는 그것도 모른 채, 여전히 고생도 값진 경험이라 말하는 세상의 사회 초년생처럼 굴고 있었다.

　초라한 경력을 포장해야겠다 싶어 엉성하게나마 말을 만들기 시작했다. 말하자면, 데이터 분석학이 내가 배운 인문학의 확장판이라는 것. 내가 다닌 전자책 스타트업은 데이터 분석 소프트웨어를 활용해 시범 사용자들의 활동을 추적했는데, 나는 그 데이터를 들여다보며 사용자들이 어떤 책을 선택하는지 파악하는 일에 흥미를 느꼈다. 우리는 도서 보유량을 늘리기 위해 저작권이 만료된 책들을 가져와 CPO가 직접 만든 표지를 입혀 앱에 등록시켰고, 분석된 데이터를 통해 사용자들이 그런 책들을 선택하는지 확인했다. 어찌 보면 비즈니스 데이터 분석은 응용 사회학의 한 형태라고도 볼 수 있었다. 적어도 나는 그렇게 믿고 싶었다.

　면접 전날 밤, 혼자 방에 틀어박혀 내일 만날 스타트업 공동 창업자들의 인터뷰와 그들에 대한 극찬 일색인 기사들을 찾아 읽었다. 두 창업자는 각각 스물네 살, 스물다섯 살이었다. 테크 블로그에 실린 글에 따르면, 두 사람은 실리콘 밸리에서 인턴십을 하다가 서로를 알게 되었고 처음 만났을 때 둘 다 미성년자였으며 빅데이터가 이끄는 세상을 스마트하고 실용적이고 유연하게 만들어가자는 목표로 뭉쳤다. 두 사람의 계획에 마운틴 뷰[23]에 있는 한 유명 시드 액셀러레이터[24]의 스카우터들이 지대한 관심을 보였다. 스타트업 지분 7퍼센트를 갖는 대가로 자금과 인맥을 대준 그 시드 액셀러레이터는, 사람들에게 필요한 것이 아니라 원하는 것을 주자는 구호를 내세우는 곳이었다. 그곳을 거쳐 성공한 스타트업으로는 식료품 배달 앱, 음악 스트리밍 사이트, 집 공유 플랫폼 등이 있었다. 물론 실패 사례는 그보다 더 많았다. 각자 경영과 기술을 책임진 두 창업자는 남서부에 있는

23. 샌타클래라 카운티에 속한 도시로, 실리콘 밸리의 핵심 지역이다.
24. seed accelerator. 창업 초기의 스타트업에 주로 투자하는 기관, 기업, 프로그램 등을 뜻한다.

대학을 떠나 그 액셀러레이터에 합류했고, 그곳에서 풀타임으로 사업을 구상했다.

몇 달 전 한 테크 블로그에 올라온 글에 따르면, 이 스타트업은 첫 대규모 자금 조달 라운드에서 1000만 달러를 모았다. 새로 모인 돈을 어디에 투자하겠느냐는 질문에 CEO는 확실하게 우선순위를 제시했다. 먼저 첫 직원 100명에게 업계 평균을 훨씬 웃도는 연봉을 줄 계획이며, 직원들이 이직 생각을 안 하게끔 아쉽지 않게 대접하겠다는 것이었다. 고객을 끌어모으려는 일종의 홍보 전략이었지만, 내가 그런 걸 알 리 없었다. 직원 계층화의 문제라든가 101번째 직원이 느낄 박탈감에 대해서도 나는 미처 생각하지 못했다. 여태껏 나는 직원 100명은커녕 20명이 있는 회사도 다녀본 적이 없었다. 직원들에게 아쉽지 않은 대접을 해주려 하고 그만큼의 자본력이 있는 회사에 다녀본 적도 당연히 없었다. 따라서 나는 이 회사가 아주 관대하다는 결론에 이르렀다. 이 회사에 들어가고 싶은 마음이 더욱더 커졌다.

회사 건물은 생각보다 훨씬 아담한 규모였다. 그래도 사무실 공간은 200평 가까이 되어 널찍했다. 광택이 나는 콘크리트가 바닥에 깔려 있고 가구가 많지 않아 전반적으로 휑했다. 사무실 저편에 열다섯 명 정도 되는 직원들이 모여 앉아 책상 위의 모니터를 들여다보고 있었다. 몇몇은 스탠딩 데스크 앞에 다리를 떡하니 벌린 채 서서 일하고 있었다. 그들의 발밑에는 폭신한 고무 매트가 깔려 있었다. 각자의 자리에는 저마다 다양한 잡동 사니가 널려 있었다. 다육식물과 그 밖에 시들어버린 식물 화분, 만화 캐릭터 피규어, 책더미, 비싼 술병 같은 것들. 어떤 책상에 서는 똑같은 종류의 고카페인 음료를 마신 후 빈 캔으로 쌓아 올 린 탑이 눈에 띄었다. 가림막 없이 트인 공간은 꼭 교실 같았다. 직원 중에 서른 살이 넘은 사람은 없어 보였다.

나는 문가에 서서 여자 직원을 세어보았다. 세 명이었다. 모 두 청바지와 운동화, 펑퍼짐한 카디건과 티셔츠 차림이었다. 반 면 나는 잔뜩 신경 쓴 사람처럼 푸른색 원피스와 굽 있는 부츠, 정장 재킷까지 걸치고 있었다. 면접을 보러 갈 때면 늘 이렇게 차려입었다. 그게 나의 전문성과 진정성을 보여준다고 생각했 다. 출판계에서 이런 옷차림은 점잖으면서도 부담스럽지 않아 제격이었지만, 스타트업에 옮겨다 놓으니 마치 나 홀로 마약 단 속 경찰이 된 기분이었다. 나는 슬그머니 재킷을 벗어 가방에 쑤 셔 넣었다.

1차 면접에 들어온 사람은 고객지원 업무를 담당하는 솔루 션 팀의 팀장이었다. 털이 덥수룩한 그는 쾌활했다. 물 빠진 청 바지와 '나는 데이터 주도 형I AM DATA DRIVEN'이라고 적힌 회사 티 셔츠를 입고 있었다. '주도'와 '형'을 붙여 써야 한다고 지적하고 싶었지만 꾹 참았다. 그는 인체공학적으로 만들어진 의자에 등 을 기대고 앉아 아기처럼 몸을 들썩였다. 손글씨로 '펜타곤'[25]이 라고 쓰인 표지판이 붙은 회의실 유리문 너머로, 깐깐해 보이는 인상에 체크무늬 셔츠 차림의 남성이 립스틱[26] 보드를 타고 천천히 지나갔다. 쭉 뻗은 한쪽 팔로 균형을 잡으면서 다른 손으로는 금색 수화기를 들고 통화 상대에게 무어라 열심히 떠들고 있었다.

솔루션 팀장은 책상에 팔을 괸 자세로 내 쪽으로 몸을 숙이더니 문제 해결 능력을 알아보기 위해 몇 가지 질문을 던지겠다고 말했다. 그는 비밀을 캐내려는 사람처럼 의미심장하게 물었다. "자, 그럼 미국우정공사의 직원 수를 계산해볼래요?" 잠시 침묵이 흘렀다. 못하겠는데, 라고 나는 생각했다. 그냥 인터넷에 검색하면 되잖아. 혹시 내가 어디까지 헛소리와 헛짓거리를 참아낼 수 있는지 시험하려는 건가. 아니면 그냥 난센스 문제일까. 솔루션 팀장이 도대체 무슨 의도로 묻는 건지 갈피가 잡히지 않았다. 그때 그가 펜을 건네며 화이트보드를 가리켰다. "저기에다 설명해보겠어요?" 그는 진심이었다.

이후 장장 네 시간에 걸쳐, 솔루션 팀장과 유리문 너머로 지나가던 깐깐한 인상의 남자가 내게 온갖 질문과 수수께끼를 던졌다. 깐깐한 인상의 남자는 세일즈 엔지니어였고 내 또래로 보였는데, 말은 느릿느릿해도 에너지가 대단했다. 말할 때는 격 없는 표현을 자주 썼다. 내가 필요 이상으로 큼지막한 그의 허리띠

---

25. 미국 국방부 건물. 건물 외관이 오각형을 이루고 있어 붙여진 이름이다.
26. RipStik. 바퀴가 달린 두 발판에 발을 하나씩 올려놓고 서서 S자를 그려가며 주행하는 보드의 대표 브랜드명.

버클을 가리켜 멋지다고 칭찬하자 그는 "말에 영혼이 없다"며 받아쳤고, 프로그래밍에서 문자열 뒤집는 방법을 내게 설명한 뒤에는 "이게 바로 신문물"이라며 거들먹거렸다.

세일즈 엔지니어와 솔루션 팀장은 데이터 분석 소프트웨어를 '툴'이라고만 지칭했다. 두 사람은 답하기 난감한 질문을 던지기도 했다. 솔루션 팀장은 자신의 결혼반지를 만지작거리며 "살면서 가장 고생한 때가 언제예요?", "할머니에게 이 툴을 뭐라고 설명하겠어요?"라고 물었다.

세일즈 엔지니어는 한쪽 손으로 자기 옆구리를 짚고 다른 손으로 셔츠에 달린 진주색 똑딱단추를 여닫으며 "중세 시대 농부에게 인터넷을 어떻게 소개할래요?"와 같은 질문을 던졌다.

전자책 스타트업과의 면접이 산뜻하고 편안했었기에, 나는 데이터 분석 회사와의 면접도 당연히 그럴 줄 알았다. 샌프란시스코와 실리콘 밸리에서는 면접이란 것이 사실상 벌주기와 같으며, 숨 막히는 심사보다는 짓궂게 골려 먹는 신고식에 가깝다는 걸 미리 알려준 사람은 없었다. 마운틴 뷰에 있는 거대 검색 엔진 회사[27]는 면접 때 난해한 문제를 내는 것으로 악명이 높았다. 그런 질문이 실제 업무 능력을 가늠하는 데 아무 쓸모도 없음이 밝혀진 후로 그 관행은 사라졌지만, 다른 회사들은 여전히 그것을 전통처럼 받들었다. 남의 실수에서 교훈을 얻자고 말할

---

27. 구글을 가리킨다.

때, 그 실수가 돈 잘 버는 남이 저지른 짓인 경우에는 의미가 조금 달라졌다. 베이 에어리어에 있는 회사들은 '매해 미국인들이 먹는 피자의 면적을 제곱피트로 계산하면?', '비행기 한 대에 채울 수 있는 탁구공의 개수는?' 같은 질문을 지원자들에게 툭툭 던졌다. 어떤 질문은 지원자가 사내 문화와 어울리는지 확인하기 위한 장치였는데, 그 내용은 중학생들이나 할 법하게 유치했다. '슈퍼 히어로가 된다면 어떤 힘을 갖겠는가?' 회사의 인사 담당자들은 웃음기 하나 없는 얼굴로 이런 질문을 건넸다. '낯선 방에 들어갈 때 머릿속에 떠오르는 주제가는?' 이날 오후, 내 주제가는 단연 장송곡이었다.

몇 시간이 흐른 뒤에야 기술 쪽을 총괄하는 공동 창업자가 회의실로 들어왔다. 딱 봐도 아무런 준비가 되어 있지 않았지만 당당했다. 그는 미안하다는 말과 함께 면접 경험이 많지 않으며 준비해 온 질문도 없다고 솔직히 털어놓았다. 그런데도 직원이 면접 시간을 한 시간이나 빼두었다는 것이었다.

나는 아무래도 상관없었다. 수업이 끝나길 기다리는 초등학생의 심정으로 회사에 관한 이야기를 나누고 으레 하는 질문을 몇 개 주고받다 보면 언젠간 여기서 나갈 수 있을 테니까. 밖으로 나가면 이 도시가 나와 내 수치심을 가려줄 테니까. 공동 창업자는 대뜸 자신의 여자친구 얘기를 꺼냈다. 여자친구가 곧 로스쿨에 지원한다며 요즘 자기가 여자친구의 수험 공부를 돕는다고 했다. 그러면서 내게 면접 대신 로스쿨 입학시험 모의 문제를 일부분 풀어보면 좋겠다고 제안했다. 나는 잘못 들었나 싶어 풋내 나는 그의 얼굴을 빤히 바라봤다.

"괜찮으면 나는 여기서 메일을 좀 확인할게요." 그는 시험지를 내게 내밀고는 노트북을 열었다. 그리고 휴대폰 타이머를 맞췄다.

모범생 버릇을 못 버린 나는 주어진 시간보다 일찍 풀이를 마쳤고 답안도 두 번이나 확인했다. 나는 태어나 로스쿨 진학과 가장 가까웠던 순간이라며 엄마가 이 사실을 알면 자랑스러워할 것 같다고 농담했다. 공동 창업자는 피식 웃더니 시험지를 챙겨 회의실을 나갔다.

잠시 멍하게 앉아 있던 나는 퍼뜩 정신이 들었다. 탈락하리란 것은 보나 마나 뻔했다. 내가 직원으로서 역량이 부족함을 여실히 증명했을 뿐 아니라 별나고 소심한 인문학도의 전형을 보여줬다는 점에 의심의 여지가 없었다. 내 모습은 테크 업계가 바라는 인재상과 정반대였다.

그래도 면접을 망친 경험은 나를 자극했다. 어찌 보면 성격적 결함이라고도 할 수 있겠지만, 나는 안 좋은 평가를 받으면 오히려 분발해 더 성실해지는 버릇이 있었다.

뜻밖에도 결과는 합격이었다. 나는 이후 몇 년 동안, 혹시 그때 그 면접에서 내가 회사 직원이자 고객지원 담당자로서 갖춰야 할 고분고분함을 증명했기 때문에, 아니면 내가 충성심 높고 통제하기 쉬운 호구 같다는 사실을 그들이 간파했기 때문에 합격한 것인지를 여러 번 고민했다. 그러나 내가 합격한 진짜 이유는 그때 풀었던 로스쿨 입학시험 문제를 모두 맞혔기 때문이었다. 그걸 알게 되었을 때, 나는 우쭐해지는 동시에 주눅이 들었다. 지능만 높은 바보가 된 기분이었다. 나는 내심 그들이 내 안의 독특한 잠재력을 보았기를 바랐었다. 그런 아쉬움이 두고 두고 남았다.

회사는 치과 진료를 포함한 의료보험 혜택과 4000달러의 이사 지원비, 6만 5000달러의 연봉을 제안했다. 담당 직원은 제안된 연봉이 업계 평균보다 높으므로 협상은 불가능하다고 못 박았다. 나는 내가 그 정도로 돈을 버는 사람이 되리라고 애초에 생각해본 적이 없었기에 감히 더 달라고 협상할 엄두조차 내지 못했다. 능력이 부족한 내게 그렇게 많은 돈을 주겠다는 회사가 있다니 얼떨떨할 따름이었다.

솔루션 팀장은 자사 주식에 대해선 한마디 말도 하지 않았고, 나 역시 그에 관해 묻지 않았다. 사람들이 비상장 스타트업에 입사하는 이유 중 하나가 일찌감치 자사 주식을 확보하기 위해서라는 것을 그때의 나는 알지 못했다. 스톡옵션은 실리콘 밸리 세계에서 벤처 캐피털리스트도 아니고 창업자도 아닌 사람이 부자가 될 수 있는 유일한 방법이었다. 사실 나는 내 몫의 주식을 요구할 수 있다는 사실조차 몰랐다. 결국에는 사내 채용 담당자가 나서서 소량이라도 지분을 받는 쪽으로 협상을 권유했다. 이유는 간단했다. 다른 직원들 모두 그렇게 하니까. 하지만 아무도 내게 그것의 가치와 규모를 말해주지 않았다. 그러니 나는 내 몫을 요구해도 되는지조차 몰랐던 것이다.

날 원하는 회사가 있다는 사실에 기고만장해진 나는, 솔루션 팀장에게 조금만 더 고민해보겠다고 답을 보냈다.

회사는 3주의 시간을 주었다. 브루클린으로 돌아간 나는 이삿짐을 싸면서 친구들을 집에 초대했다. 어느 날 저녁, 술을 몇 잔 마신 친구가 후회하지 않을 자신이 있느냐고 물었다. 멍하게 뽁뽁이를 터뜨리던 그 친구는 나더러 출판 일을 좋아하지 않느냐고도 했다. 벌써 포기해버리는 건 너무 빠른 게 아닐까? 또 친구는 내가 이제라도 마음을 바꿔 실리콘 밸리에 가지 않더라도 놀리지 않겠다고 약속했다. 그러면서 내가 한창 방황하던 시절에 샀던 빈티지 구두를 자기가 신어보았다. "모바일 분석이랬나? 그게 도대체 뭔데? 그런 걸 네가 언제 신경 쓰기나 했어? 그리고 고객지원이라니, 영혼을 갉아먹는 일이면 어떡해?"

물론 나도 여러 가지를 걱정하고는 있었다. 이를테면 외로움과 실패, 그리고 지진 같은 것들. 하지만 내 영혼이 무너질 걱정은 하지 않았다. 내 성격에는 언제나 두 가지 면이 존재했다. 한편으로는 합리적이고 체계적이며 셈에 능하고 질서와 성취, 권위와 규칙을 중요하게 생각했지만, 다른 한편으로는 그 모든 걸 무시하려는 경향이 내 안에 있었다. 나는 첫 번째 성격의 지배를 받는 것처럼 행동했지만, 실은 아니었다. 그래도 그렇게 되기를 바랐다. 나의 현실적인 측면이 실패로부터 나를 보호해주기를. 현실 감각을 잃지 않는다면, 세상을 조금 더 수월하게 헤쳐 나갈 수 있을 것 같았다.

다만, 스타트업에서 일하려고 이 나라의 반대편으로 이사한다는 사실을 주변 사람들 앞에서 인정하기란 쉽지 않았다. 내가 얼마나 기대에 부풀었는지를 표현하는 일도 부끄러웠다. 반체제적이며 예술가 성향이 충만한 내 친구들은 비즈니스 세계를 기웃거리는 것을 대놓고 경멸했다. 그들 눈에 나는 돈에 넘어간 변절자였다. 하지만, 미처 깨닫지 못한 사이에 세상은 변하고 있었다. 이 시대의 문화적 흐름을 포착한 사람들 눈에는, 대기업에 취직하거나 기업과 협업하는 것 또는 기업의 후원을 받는 것과 같이 자신을 파는 행위야말로 우리 세대가 가장 바라는 목표이자 돈을 벌 수 있는 최고의 방법이 되어 있었다.

그러나 당시에는 기술이니 인터넷이니 하는 것에 대놓고 열광하는 것이 촌스럽게만 느껴졌다. 내 친구들은 대부분 신기술을 느지막이, 그것도 마지못해 받아들이는 부류였다. 모두가 싫어하는 소셜 네트워크에 가입해서도 딱히 관심 없는 시 낭독회와 소규모 공연의 참석 여부를 전하는 용도로만 계정을 이용했다. 몇몇은 보란 듯 인터넷 연결이 안 되는 구식 휴대폰을 고집했고, 길을 가다가 어디로 가야 할지 모를 때면 사무실에서 일하는 친구에게 전화를 걸어 도움을 요청했다. 전자책 리더기를 쓰는 사람은 아무도 없었다. 온 세상이 디지털로 옮겨가고 있는데, 여전히 내 주변 세계는 구체적으로 만질 수 있는 것들에만 단단히 뿌리 내리고 있었다.

나는 새로운 도전을 하러 떠난다는 말로 내 선택을 정당화했다. 평생 뉴욕·뉴저지·코네티컷 일대를 벗어나 살아본 적이 없으니까. 샌프란시스코 음악은 알아주니까. 거기서는 의료용 마리화나가 합법이니까. 누가 묻지도 않았는데 이런 말들을 주섬주섬 늘어놓았다. 데이터 분석 업계에서 일하는 경험은 내 일과 일상을 분리하는 실험이 될 것이었다. 내가 취직한 스타트업은 그저 직장에 불과하며 내가 개인 작업에 집중할 수 있도록 날 부양하는 수단일 뿐이었다. 늘 써보고 싶었던 단편선 작업을 이참에 시작해볼 수도 있었다. 아니면 도자기 공예나 베이스 기타를 배울 수도 있었다.

이렇듯 나는 절호의 기회를 잡아 인생의 속도를 내보려고 하는 내 안의 야망을 쉽게 인정하지 못해, 어떻게든 그걸 낭만으로 꾸며보려 애썼다.

## 빅데이터

산뜻하게 머리를 자르고 낡은 천 가방 두 개를 들고서 샌프란시스코로 돌아왔을 때, 나는 무서울 것 없는 개척자가 된 기분이었다. 이미 몇 년 전부터 수많은 사람이 새로운 아메리칸 드림을 좇아 이곳 서부로 밀려들어 왔다는 걸 미처 알지 못한 채. 나는 여러모로 늦깎이였다.

기업들이 온갖 감언이설로 청년들을 모셔 가던 시절이었다. 테크 회사들은 외국에서 갓 졸업한 컴퓨터 공학 전공자들을 데리고 왔다. 그들에게 풀옵션 아파트를 제공했고, 텔레비전과 인터넷, 휴대폰 비용을 지원했으며, 입사에 대한 고마움의 표시로 10만 달러가 넘는 보너스를 두둑이 챙겨 주었다. 프로그래머 무리에 뒤이어, 기술을 전공하지 않았으나 한몫 잡아보려는 뜨내기들도 이 동네를 기웃거렸다. 전직 대학원생, 중학교 교사, 국선 변호사, 성악가, 금융 분석가, 공장 생산직 노동자, 그리고 나 같은 사람들.

집 공유 플랫폼을 통해 이번에는 회사에서 몇 블록 떨어진 소마 지역에 방을 빌렸다. 복층 집의 아래층 방을 썼는데, 집은 콘크리트로 된 테라스와 바로 이어져 분리수거함이 모여 있는 샛길을 통해 드나들 수 있었다. 내부는 브루클린 친구들의 방마다 있던, 직접 조립해 쓰는 가벼운 가구들로 꾸며져 있었다. 집 주인은 재생 에너지 회사를 차린 창업가였는데 집에 있는 날이 거의 없다고 했다.

책과 이불, 옷이 들어 있는 이삿짐 상자들은 회사 창고에 먼저 보내둔 터였다. 나는 회삿돈을 아껴야겠다는 생각에 이사 지원비를 함부로 쓰는 것을 스스로 경계하고 있었다. 자칫 너무 많이 썼다가 입사가 취소되면 어떡하나 걱정도 되었다. 상사에게 경솔한 사람으로 비치고 싶지 않았다. 다른 신입 직원들은 그 돈으로 가구와 음식을 사고 집세를 냈지만 나는 감히 그러지 못했다. 여전히 출판계의 엄격함에 붙들려 있었던 것이다.

집 공유 플랫폼은 타인의 삶을 대신 살아보는 판타지를 현실로 만들었다. 세계 곳곳에서 사람들이 낯선 이의 치약을 짜서 쓰고, 낯선 이의 비누로 몸을 씻고, 낯선 이의 베갯잇에 코를 파묻었다. 나 또한 낯선 이의 침대에서 잠을 청하고, 낯선 이의 화장실 휴지를 갈고, 낯선 이의 와이파이를 이용해 온라인으로 스웨터를 주문했다. 나는 타인의 물건을 구경하며 그 사람의 취향을 파악해보는 일이 즐거웠다. 집 공유 플랫폼이 집세를 높여 세입자들을 내쫓고 있으며, 그것이 상품으로 내세우는 진정성을 되레 해치고 있다는 점에 대해서는 고민하지 않았다. 내게는 그저 이 플랫폼이 작동한다는 사실, 그리고 내가 이 플랫폼에서 살인자를 만나지 않았다는 사실이 기적처럼 느껴질 뿐이었다.

첫 출근 날까지는 며칠 여유가 있었다. 나는 아침마다 코인세탁소에서 파는 커피를 사 마셨고, 식당 리뷰 앱으로 근처에 괜찮은 곳을 검색했으며, 다시 방으로 돌아와서는 온종일 분석 소프트웨어에 관한 글들을 읽으며 미리 겁을 먹었다. 내게 그 글들은 외계어였다. API가 뭔지, 그걸 어떻게 사용한다는 건지 도통 이해할 수가 없었다. 앞으로 내가 엔지니어들을 상대로 어떻게 기술 상담을 할 수 있을지 감이 잡히질 않았다. 그러는 척을 할 수조차 없을 것 같았다.

첫 출근 전날, 들뜬 마음에 잠이 오지 않았다. 그래서 휴대폰으로 이 방에 묵었던 손님들의 후기를 살피다 집 공유 플랫폼의 창업자 중 한 명이 이 방에 살았었다는 정보를 접했다. 그의 이름을 검색해 인터뷰 기사를 읽기 시작했다. 디자이너 출신인 그는 자신과 같은 사람을 '디자이너 창업가DESIGNPRENEUR'라고 부르며 디자이너들에게 창업을 권했다. 또 어떤 영상에서는 테크 컨퍼런스의 기조연설자로 나와 마이크를 잡고 열변을 토했다. 그와 나머지 두 창업자는 지금껏 1억 달러가 넘는 투자금을 받았는데, 투자자들은 그들에게 더 투자하려고 안달이었다.

그가 남기고 간 성공의 흔적이 있을까 싶어 방 안의 휑한 벽과, 경첩에서 빠져나와 기우뚱한 벽장문과, 창문 빗장 등을 찬찬히 둘러보았다. 그러나 그 디자이너 창업가는 이미 수년 전에 이 집을 떠난 터였다. 이제는 사무실 근처 창고를 개조해 휘황찬란하고 비싼 예술품이 가득한 집에 살고 있었다. 이곳에는 아무 흔적도 남기지 않은 채.

내가 입사한 데이터 분석 스타트업[28]의 상품은 골드러시 시대에 금을 캐는 곡괭이와 같았다. 너그러운 벤처 캐피털리스트들이 기꺼이 돈을 대겠다며 나섰다. 지난날의 골드러시는 뼈아픈 교훈을 남겼지만, 자신들이 올바른 일을 한다고 믿는 실리콘밸리 사람들은 그 비유를 자랑스럽게 갖다 썼다. 이 시대의 곡괭이란, 대부분 기업에 파는 상품을 뜻했다. 소비자에게 파는 서비스가 아니라 기업에 파는 인프라 상품이 곡괭이 노릇을 했다. 뉴욕의 스타트업들이 미디어와 금융 서비스를 출시하고 더 흔하게는 소비에 드는 시간과 돈, 에너지와 정성을 절약해주는 세련된 인터페이스를 제공하여 도시의 기존 문화를 위협한 것과 같은 이치로, 베이 에어리어의 소프트웨어 엔지니어들은 다른 엔지니어들을 위한 도구를 개발하여 기존 테크 기업들의 자리를

28. 사용자 행동분석 플랫폼으로 잘 알려진 믹스패널Mixpanel이다.

노렸다.

이제는 빅데이터의 시대였다. 처리 능력이 기하급수적으로 빨라진 컴퓨터가 복잡한 데이터를 처리하면, 클라우드가 그것을 말끔하게 저장했다. 빅데이터는 과학, 의료, 농업, 교육, 경찰, 보안 등 다양한 산업군에 쓰였다. 그 데이터를 분석한 결과가 신상품 개발에 아이디어를 주고, 소비자 심리를 꿰뚫어 보고, 참신한 맞춤형 홍보 전략을 세우는 데 알맞게 쓰인다면, 데이터는 황금과 같은 값어치를 인정받을 수 있었다.

빅데이터로 뭘 얻고 싶은지 생각해보지 않은 사람도 일단 빅데이터의 필요성은 인정했다. 전망이 밝다는 이유만으로 제품 관리자부터 홍보 담당자, 주식 투기꾼까지 일제히 빅데이터를 열망했다. 데이터는 아무런 규제 없이 수집하고 보관할 수 있었다. 투자자들은 미래를 예측하는 분석 기술, 패턴 매칭 기법의 어마어마한 수익 잠재력, 그리고 머신러닝 알고리즘의 대중화 혹은 적어도 그것을 《포춘》선정 500대 기업에 팔 수 있을지도 모르는 사업적 가능성 같은 것들에 군침을 흘렸다. 그러나 대중에게 모든 걸 투명하게 공개하는 것은 곤란했다. 데이터 업계가 어디까지 알고 있는지 대중은 몰라야 했다.

내가 들어간 데이터 분석 스타트업은 무엇보다 기존 빅데이터 대기업들의 자리를 차지했다는 점에서 혁신적이었다. 변화에 굼뜬 대기업들의 상품은 기술적으로 정교하지 못했고 인터페이스 수준은 1990년대에 머물렀다. 이 데이터 분석 스타트업은 복잡한 코드를 입력하거나 별도의 저장 공간을 구매하지 않아도 소비자 행동에 관한 데이터를 맞춤형으로 수집할 수 있도록 고객을 지원했고, 데이터 분석 결과를 다채롭고 역동적인 대시보드 화면에 노출시켰다. 공동 창업자들은 인터페이스의 심미성을 중요하게 생각해, 회사를 차리자마자 그래픽 디자이너 둘을 고용했다. 두 남성 디자이너는 머리 모양이 독특했고, 소셜 네트워크에서 웹 화면의 글꼴 크기나 대표 이미지 같은 것에 관심이 많은 자칭 크리에이터 무리를 팔로워로 대거 거느렸다. 두 디자이너가 출근해서 무슨 일을 하는지는 대체로 알 수 없었으나, 그들이 디자인한 인터페이스가 사용하기에 쉽고 세련되어 보인다는 점은 분명했다. 그 덕에 회사의 소프트웨어는 깔끔하고 믿음직스러우며 빈틈이 없다는 인상을 주었다. 디자인이 훌륭한 인터페이스는 사람들의 불신을 말끔히 지워버린다는 점에서 마법 또는 종교와 같았다.

　나는 빅데이터 분야를 선점한 기업들을 교란하는 일에 일말의 거리낌이 없었다. 그쪽 사업에 대한 향수라거나 애정이 있는 것도 아니었다. 게다가 나는 언더독 편에 서는 것을 원체 좋아했다. 나보다 어리고 대학을 중퇴한, 성공 각본의 전형을 뒤집은 두 청년과 일하게 된 것이 좋았다. 스물 몇 살짜리 남자애 둘이서 업계의 중년 기업가들과 맞서는 모습을 본다고 생각하니 짜릿했다. 심지어 승리는 그 둘에게 이미 기울어져 있었다.

　나는 회사의 스무 번째 직원이자 네 번째 여성 직원이었다. 내가 입사하기 전까지 솔루션 팀은 팀장을 포함해 남자만 넷이었다. 팀원들은 고객의 불만을 직접 처리했다. 매일 한 명씩 교대로 고객 문의 글에 답변을 달았다. 모두가 매일 야근하지 않으려면 그렇게 책임을 돌아가며 떠안아야 했다. 그 방법은 한동안 효과를 발휘했으나 고객 수가 불어난 후로는 소용이 없었다. 그들에게는 그것 말고도 해야 할 일이 있었다. 내가 처음 출근한 날, 그들은 책상 위에 널브러진 물건들을 치워 내가 일할 공간을 만들어주었다.

　솔루션 팀 남자들은 이전의 전자책 스타트업 남자들과는 다른 부류였다. 조금 더 괴짜스러웠고, 거칠고 웃긴 구석이 있었으며, 어울리기가 한결 까다로웠다. 그들은 끈 없는 부츠에 플란넬 셔츠, 재활용 폴리에스테르 소재로 만든 편한 조끼 차림으로 회사에 나왔다. 늦은 오후에 에너지 음료를 마시고, 아침에는 비타민 D를 섭취해 정신을 깨웠다. 스웨덴제 씹는담배를 껌에 붙여 온종일 질겅거렸다. 헤드폰 밖으로 다 들리게 딥 하우스와 EDM 음악을 들었다. 회의 때는 아무것도 타지 않은 위스키를 마셨고, 다음 날 아침 숙취에 시달리며 설사병에 걸린 아기들이 마시는 전해질 용액을 들이켰다. 모두 명문 사립대를 나와 언론학이나 문학 용어에 익숙한 편이었다. 샌프란시스코를 떠나야 했던 내 친구들과 비슷했지만, 그들보다 적응력이 좋고 타협할 줄 알았으며 더 행복한 생활을 누렸다.

팀장이 내게 붙여준 사수는 스물여섯 살의 노아였다. 곱슬머리의 노아는 한쪽 팔뚝에 산스크리트어로 된 타투가 있었고 부드러운 스웨터에 편한 외투를 입고 다녔다. 그는 마음씨가 곱고 수다스러우며 활달했다. 외모도 훤칠했다. 왠지 여자를 집에 초대해 함께 술을 마시며 밤새도록 예술 서적을 읽고 브라이언 이노[29]의 음악을 들을 것만 같은 남자였다. 나는 그런 남자들과 대학을 같이 다녔다. 침대에 등을 기댄 채 스스럼없이 바닥에 앉는 남자들, 스스로를 페미니스트로 정체화하며 절대로 먼저 진도를 나가지 않는 남자들. 노아가 식물성 고기를 요리해 먹고 비 오는 날 하이킹을 가자고 말하는 모습이 눈에 선했다. 큰일이 터지더라도 노아라면 뭘 해야 하는지 정확히 알고 있을 것만 같았다. 평소에 그는 확신에 찬 정신분석가처럼 말했다. 그리고 누구에게나 명확한 답을 제시했다. 나는 그의 말이라면 자전거로 미대륙을 횡단하자거나 사이비 종교에 들어가자는 황당무계한 제안도 덜컥 받아들일지 모른다는 불안함을 느끼기도 했다.

노아와 나는 몇 주 동안 수북한 간식 그릇과 바퀴 달린 화이트보드를 이리저리 갖고 다니며 교육을 진행했다. 그는 화이트보드에 다이어그램을 그려가며 쿠키 추적이 작동하는 방식과 데이터가 서버로 보내지는 방식에 대해, 또 HTTP 요청을 보내는 방법과 프로세스 충돌을 막는 방법에 대해 끈기 있게 설명했

29. Brian Eno. 영국 출신의 뮤지션으로, 몽환적이고 명상적인 앰비언트 음악 장르의 창시자로 평가받는다.

다. 노아는 참을성이 많았고 칭찬에 후했다. 소프트웨어가, 아니, 좀 더 현실적으로 말해 고객의 멘탈이 붕괴했을 때와 같은 상황을 가상으로 만들어 그에 대처하는 법을 연습할 때는 내 눈을 똑바로 바라보며 아주 몰입해주었다.

우리 회사의 소프트웨어는 사용하기 편리하다고 홍보되었지만 실은 고도로 기술적이었다. 내가 고객을 도울 수 있도록 최소한으로라도 알아야 하는 지식의 양은 실로 어마어마했다. 학습 곡선이 어찌나 가파른지 도무지 따라잡을 수 있을 것 같지 않았다. 노아는 내게 숙제를 내주었고 걱정하지 말라며 응원을 아끼지 않았다. 팀원들은 오후 느지막이 맥주를 건네며 언젠가 다 따라잡을 수 있을 것이라고 격려했다. 나는 그들의 말을 전적으로 신뢰했다.

나는 무언가를 배운다는 사실에 만족했다. 직장인이 되고 처음으로 남에게 커피를 내려주지 않아도 된다는 점 또한 좋았다. 이제 나는 문제를 해결하는 사람이 되었다. 내 업무는 고객들의 코드 베이스를 살펴 그들이 그쪽 시스템에 우리 소프트웨어를 적용하는 과정에서 어떤 오류를 저질렀는지 알려주는 것이었다. 생전 처음으로 코드를 읽고 이해할 수 있게 되었을 때는, 내가 말 그대로 천재가 된 기분이었다.

사람들이 왜 그토록 빅데이터에 열광하는지 이해하기까지는 오랜 시간이 걸리지 않았다. 데이터는 실로 대단했다. 인간 행동의 디지털 판이자 풀지 못한 문제의 해답이었다. 매 순간순간 데이터가 쌓였다. 멈출 수 없는 이 변화의 흐름을 우리 회사의 서버와 계좌는 착실하게 흡수했다.

우리 회사의 주 매출은 소비자의 참여ENGAGEMENT, 즉 사람들이 특정 회사 제품에 반응하고 있음을 증명하는 행위에서 비롯되었다. 이는 방문 횟수나 머문 시간을 주요 지표로 여기던 기존 업체들과 확연히 다른 지점이었다. CEO는 그러한 기준을 헛소리로 치부했다. 소비자의 참여에 관한 데이터는 실행에 옮길 수 있다는 점에서 특별했다. 소비자의 참여는 기업과 소비자 사이에 일종의 피드백 루프를 만든다. 소비자의 행위가 회사 제품 관리자의 의사 결정에 영향을 미치고, 그 결정이 앱 또는 웹사이트에 반영되어 다시 소비자의 행위 변화를 유도하거나 예측하는 식으로 말이다.

회사의 소프트웨어는 피트니스 트래커와 결제 기기, 사진 편집과 차량 공유 앱 등 그 무엇과도 간편히 연동되도록 유연하게 기능했다. 작은 규모의 온라인 상점부터 대형 온라인 쇼핑몰, 은행, 소셜 네트워크, 스트리밍과 게임 사이트까지 다양한 업체가 우리의 소프트웨어를 이용할 수 있었다. 항공권, 호텔 객실, 레스토랑, 결혼식 장소를 예약해주는 플랫폼, 부동산 계약 및 청소부 고용 플랫폼 등이 우리 회사의 소프트웨어를 이용해 데이터를 수집했다. 고객사의 엔지니어와 데이터 과학자, 제품 관리자가 자신들의 코드 베이스에 우리 회사의 코드를 집어넣고 구체적으로 어떠한 소비자 행위를 추적하고 싶은지 입력하면 즉시 그 데이터를 얻을 수 있었다. 앱 또는 웹사이트의 가입자가 하는 모든 행위, 예컨대 버튼을 누르고, 사진을 찍고, 비용을 결제하고, 화면을 오른쪽으로 넘기고, 문자를 입력하는 행위가 실시간으로 기록되어 한데 저장되었다. 데이터의 분석 결과는 보기 좋은 대시보드 화면에 나타났다. 친구들에게 이걸 설명할 때면 내가 꼭 팟캐스트 광고를 하는 사람 같았다.

메타데이터에 따라 다르겠지만, 소비자의 행위는 아주 낱낱이 파헤쳐졌다. 앱이 수집하는 가입자의 나이, 성별, 정치 성향, 머리 색, 식습관, 몸무게, 소득 수준, 좋아하는 영화, 최종 학력, 성적 취향, 기타 성향에 따라 데이터를 나누거나 IP 주소에 기반해 국가와 도시, 통신사와 장비 유형, 장비의 고유 식별 부호를 구분하는 것도 가능했다. 만약 보이시[30]에 사는 어느 여성이 한 달에 한 번, 대부분 일요일 오전 9시부터 11시 사이에 운동 앱을 켜서 평균 29분간 사용하고 있다면 소프트웨어는 그 데이터를 정확히 잡아냈다. 데이트 웹사이트의 가입자들이 한동네에 살면서 요가를 취미로 하는 회원들에게 일괄로 메시지를 보내고, 주기적으로 브라질리언 왁싱을 하고, 일대일 관계를 주로 선호하되 뉴올리언스에 방문했을 때는 쓰리썸에 관심을 보이기도 한다면 소프트웨어는 그런 데이터까지도 도출해냈다. 고객사는

---

30. Boise. 미국 북서부 아이다호주의 주도.

궁금한 걸 묻고 보고서를 생성하기만 하면 되었다.

　회사는 소비자 분석 툴을 보조 상품으로 팔았다. 일부 고객사는 추가로 비용을 내서 그 툴을 이용했다. 툴은 고객사 플랫폼에 가입한 소비자들의 데이터를 모아 저장했다. 저마다 다른 소비 기록과 개개인을 식별하는 메타데이터가 그것에 포함되었다. 툴의 목적은 소비자 행위에 맞춰 마케팅을 활성화하고 재참여를 촉진하는 데 있었다. 예를 들어 온라인 쇼핑몰이 그 툴을 이용한다고 치면, 면도날과 수염 보습 오일을 장바구니에 담기만 하고 결제하지 않은 남성 회원을 자체 데이터베이스에서 추린 다음 그들에게만 따로 광고 메일을 보내 면도 제품 할인을 알리거나 면도 제품을 새로 장만할 때가 되지 않았느냐며 넌지시 소비를 유도했다. 음식 배달 앱의 경우에는, 엿새 연속으로 저탄수화물 메뉴를 주문한 회원이 앱을 다시 켰을 때 탄수화물 메뉴를 추천하는 팝업 광고를 띄웠다. 또는 운동 앱이 버피[31] 동작을 하다가 앱을 끈 회원을 골라내 살아 있느냐고 묻는 푸시 알림을 회원의 휴대폰에 자동으로 보낼 수도 있었다.

　소비자 분석 툴은 처음에는 무료지만 일정 기간이 지나면 데이터의 양에 따라 이용료를 매겼다. 고객사 플랫폼의 사용자 수가 늘면 자연스레 데이터의 양이 늘고, 그러면 우리가 고객사에 청구하는 이용료도 덩달아 불어났다. 어떤 회사든 성장을 좇

31. burpee. 전신을 써서 연속 동작을 반복하는 근력 겸 유산소 운동.

는다는 점에서 이 툴은 돈을 벌 수밖에 없는 구조였다. 이 사업 모델에 깔린 전제는, 고객사가 사용자를 많이 보유할수록 돈을 더 벌게 된다는 것, 따라서 고객사가 매출에 비례해 우리의 소프트웨어를 애용하리라는 것이었다.

나중에 알고 보니 이렇게 수익 모델을 세운 것 자체가 대단한 일이었다. 수익 모델 없이 출발하는 스타트업이 태반이었다. 그러한 회사들은 시장 점유율을 높이는 편을 택했다. 그 회사들의 수익은 사실상 벤처 캐피털이 메웠다. 회사들은 수익 창출을 포기한 채 일단 사용자를 확보했다. 지출은 투자자의 돈으로 해결하면 된다는 듯이. 반면 내가 일하는 회사의 수익 구조는 꼬인 것 없이 단순했고 동시에 영리했다. 벤처 캐피털이 지탱하는 스타트업 생태계에 기본적인 경제 논리가 조금이라도 작동했더라면, 우리 회사의 수익 구조는 지극히 합당하게 비춰졌을 것이다.

내가 맡은 일을 잘 해내려면, 고객사의 코드와 대시보드를 직접 볼 수 있어야 했다. 고객 상담을 하려면 당연했다. 고객이 겪는 문제를 직접 확인하지 않고서 해결하기란 불가능에 가까우니까. 회사가 선택할 수 있는 가장 간편한 방법은 솔루션 팀에게 모든 고객사 데이터에 접근할 권한을 주는 것이었다. 그래야 고객사 계정으로 로그인한 것처럼 툴을 볼 수 있었고, 고객의 눈으로 우리의 제품을 경험할 수 있었다.

어떤 사람들은 이것을 '갓 모드GOD MODE'라고 불렀다. 우리는 고객사의 거래 내역이나 연락처, 조직망 같은 정보를 필요하다면 언제든 열람할 수 있었고, 고객사가 수집한 회원들의 정보도 통째로 볼 수 있었다. 말하자면, 우리는 테크 업계를 관찰하기에 좋은 위치에 있었다. 우리는 우리가 본 정보에 대해 되도록 말을 아꼈다. 노아는 말했다. "우리는 광부한테 청바지만 파는 게 아냐. 세탁까지 해주고 있어."

갓 모드로 접속하는 것은 유익한 경영 수업이기도 했다. 고객사의 소비자 참여율 지표를 들여다보면 한 스타트업의 생애가 눈앞에 그려졌다. 로켓선으로 소문 난 스타트업들이 실은 시작부터 탈탈거리고 있었다. 게임 앱들이 불과 몇 주 만에 반짝했다가 사라졌다. 벤처 캐피털이라는 완충 장치 덕에 곧장 도태되는 불상사는 드물었지만, 우리는 한 스타트업의 미래가 어느 방향으로 흘러갈지 훤히 내다볼 수 있었다.

언젠가는 회사 내부적으로 고객사 데이터 열람을 제한하는 방침이 세워지리라고 다들 예상했다. 그러나 적어도 당분간은 그것이 회사의 우선순위가 아니란 것도 알았다. 직원에게 이 정도로 데이터 열람 권한을 주는 것은 테크 업계에서 예삿일이었다. 규모가 작아 엔지니어들이 여러 업무에 두루 관여하는 신생 회사일수록 특히 그랬다. 차량 공유 스타트업의 직원들은 플랫폼 사용자의 승차 이력을 조회해 유명 연예인이나 정치인의 이동 경로를 캐낼 수 있다고 했다. 모두가 싫어하는 그 소셜 네트워크에도 갓 모드가 존재했다. 초창기 직원들은 회원의 개인 활동과 비밀번호에 접근할 권한을 부여받았다. 직원에게 고객 데이터에 대한 접근 권한을 허용하는 것은 말하자면 일종의 통과의례, 회사가 성장하기 위해 어쩔 수 없이 타협해야 하는 부분이었다.

게다가 초창기 직원들은 가족처럼 절대적인 신뢰를 받았다. 직원이 고객 데이터를 열람하는 것은 필요와 요청에 의해서만 일어나는 일로 여겨졌다. 데이트 앱이나 쇼핑 서비스, 피트니스 트래커, 여행 예약 사이트에 저장된 연인, 가족, 동료의 개인정보를 훔쳐보는 것은 당연히 말도 안 되는 일이었다. 동네 안전지킴이 플랫폼이나 크리스천 남성을 위한 자위 끊기 프로그램의 데이터를 구경하는 것도 마찬가지였다. 직원이 고객의 정보를 염탐하는 것은 있을 수 없는 일이었다.

이전 회사가 자기 없이도 얼마나 잘 굴러가는지 몰래 알아보는 직원이 있다거나, 평판 좋은 스타트업의 실체가 아주 딴판이더라고 우리끼리 수군대는 것도 공식적으로는 있을 수 없는 일로 여겨졌다. 내부를 들여다보면 사실 엉망진창인 스타트업을 찬양하는 블로그 기사를 접하더라도 다들 묵묵히 넘기겠거니 여겨졌다. 상장한 회사가 우리의 고객사가 되어 우리가 데이터에 근거해 그 회사의 건전성을 파악하거나 주가 등락을 예측할 수 있게 되더라도, 그 정보를 이용해 그 회사 주식을 거래하는 일은 없으리라고 여겨졌다.

회사는 스무 명 남짓한 직원들을 신뢰했다. 물론 신뢰를 저버린 일이 벌어졌을 때는 전 직원의 업무 기록을 철저히 검사했다. 창업자들은 백엔드에서 소프트웨어를 실행해 직원들이 고객사 데이터에서 무엇을 열람했으며 어떤 내용의 보고서를 생성했는지 직접 확인했다. 그러나 '내부자 거래'를 입 밖으로 꺼내는 사람은 단 한 명도 없었다. 언론에 그런 말을 흘리는 사람도 없었다. 정보 유출에 관한 내부 정책이 있는 것도 아니었고, 그런 게 필요하다고 생각하지도 않았다. CEO가 입버릇처럼 하던 말대로, 우리는 모두 다 같이 '목적을 받드는 사람들'이었으니까.

# 샌프란시스코

본래 비주류의 도시였던 샌프란시스코는 야망 넘치는 주류의 행렬을 마지못해 꾸역꾸역 받아들였다. 샌프란시스코는 오랫동안 히피와 퀴어의 안식처였고 예술가와 활동가, 마약 중독자, 게이 커플, 소외 계층, 부적응자의 보금자리였다. 그러나 역사적으로 샌프란시스코 시 정부는 부도덕하기로 악명이 자자했다. 인종 차별적인 도시 재생 정책과 그것을 토대로 조성된 부동산 시장도 문제투성이였다. 과거의 흑백 분리 구역과 전시 강제 수용소가 그랬던 것처럼, 빈민 지역을 지정하는 관행이 부동산 업자들의 배를 불렸다. 그리고 이러한 문제들은 과거 이 도시의 젊은 세대가 에이즈로 너무 빨리 꺾이고 말았다는 아픈 현실과 더불어, 자유롭고 별난 비주류의 도시라는 샌프란시스코의 명성을 흐렸다. 샌프란시스코는 좋았던 옛날이라는 실체 없는 환영을 덧없이 그리워하느라 테크 산업이 퍼뜨리기 시작한 어두운 자본과 권력 그리고 지나치게 딱딱하고 따분한 이성애 남성성의 속도에 쉽사리 적응하지 못했다.

샌프란시스코의 테크 업계는 인류의 진보를 믿는 젊은 부자들이 모인 기묘한 공간이었다. 확실한 문화 기반이 없는 이 업계의 오락거리는 운동이 전부인 듯했다. 사람들은 등산이나 하이킹을 하며 감탄할 대상을 찾았고, 마린 카운티에서 글램핑을 하거나 타호 호숫가의 오두막을 빌려 시간을 보냈다. 출근할 때는 고산 탐험을 떠나는 사람처럼 기능성 오리털 외투나 바람막이를 입고서 등반용 금속 고리를 장식처럼 달아놓은 배낭을 짊어졌다. 겉모습만 봐서는 당장이라도 모닥불을 피우고 천막을 세워도 이상하지 않았다. 그런 사람들이 덥지도 춥지도 않은 오픈 플랜 사무실에 앉아 고객과 통화하거나 코드 병합을 요청하는 업무를 한다고는 쉽사리 그려지지 않았다. 마치 주말의 자기 모습을 평일에 코스프레하는 사람들 같았다.

사람들은 라이프 스타일을 자신들의 문화로 추구했고 동시에 키워냈다. 그들은 새로 얻은 집을 평가함으로써 그 집과 관계를 맺었다. 누구나 참여할 수 있는 리뷰 앱들은 딤섬부터 유원지, 하이킹 경로까지 모든 것에 점수를 매겼다. 그 앱들의 창업자들은 맛집에 직접 찾아가 사람들이 남긴 후기가 진짜임을 증명했다. 예쁘게 담긴 애피타이저와 식당 내부 이곳저곳을 촬영

해 필요 이상으로 많은 사진을 함께 게시했다. 사람들이 좋는 것
은 '진정성'이었다. 그러나 이 시대, 이 도시에서 정작 누구보다
진정성 있는 존재는 바로 그들 자신이었다.

진보적이고 관대하면서도 수동 공격적인 이 도시의 정치인
들은 외지인을 못살게 구는 편이었는데, 자칭 테크 업계를 대표
한다는 사람들도 모두에게 이타적이지는 못했다. 이 도시에 막
발을 들인 몇몇 엔지니어와 사업가 들은 수익 모델 없는 한 블로
그 플랫폼[32]에다 장광설을 늘어놓았다. 그러한 일이 석 달에 한
번씩은 반복되었다. 그 사람들은 월세 상한 규제 때문에 도리어
콘도 가격이 오른다며 저소득층을 비난했고, 고속도로변 노숙
촌이 경관을 해친다며 노숙자들을 욕했다. 그러면서 노숙자들
을 인간 와이파이 핫스팟으로 활용해 돈을 벌자고도 제안했다.
또 성적이 부진한 현지 스포츠 구단을 욕했고, 시내에 자전거를
타고 다니는 사람이 너무 많으며 안개가 심하다고 불평했다. 한
크라우드 펀딩 플랫폼을 만든 스물세 살의 창업자는 샌프란시
스코 날씨에 대해 "매일 생리 전 증후군에 시달리는 여자와 같
다"라고 썼다. 일상적인 여성 혐오를 날씨에까지 갖다 붙인 것은
꽤나 창의적인 발상이라 할 수 있었다. 그런데 진짜 문제는 테크
업계를 대표하는 사람들이 현실에서도 여자를 썩 좋아하지 않는
듯 보인다는 것이었다. 그들은 샌프란시스코 여자는 10점 만점

---

32. 미디엄Medium을 가리킨다.

에 5점에 불과하며 그마저도 수가 너무 적다고 칭얼거렸다.

　　잔뼈가 굵은 하드웨어 대기업들과 마찬가지로 유명 소프트웨어 대기업들은 샌프란시스코에서 남쪽으로 50킬로미터 정도 떨어진 샌프란시스코 반도 외곽에 터를 잡았다. 본사 캠퍼스에는 매점부터 실내 암벽 등반 시설, 자전거 수리점, 의료실, 식품영양사가 관리하는 고급 구내식당, 어린이집 등이 들어섰다. 회사는 직원들이 퇴사 생각을 하지 않도록 모든 것을 제공했다. 회사 캠퍼스는 대중교통으로도 충분히 접근할 수 있었지만, 대중교통에서는 공짜 와이파이를 쓸 수 없었으므로 회사는 평일에 캠퍼스와 시내를 순환하는 셔틀버스를 운영했다. 버스는 시내 버스 정류장에 멈춰 출근하는 직원들을 태웠다.

　　직원들은 미아 방지 팔찌를 두른 아이들처럼 회사 배지를 바지의 벨트 고리나 외투 깃에 달고 다녔다. 배낭을 지고 손에는 텀블러를 든 채로 줄을 서서 버스를 기다렸다. 그중 몇몇은 빨랫감이 든 가방을 들고 있었다. 하나같이 피곤함에 찌들어 기력이 없었고, 낯을 가리며 휴대폰만 들여다봤다.

　　외지에서 온 스타트업 직원들은 샌프란시스코의 교통 인프라를 못마땅해했다. 샌프란시스코의 낡은 대중교통 시스템은 자정만 되면 모든 게 멈춰 무척 불편했다. 그래서 돈을 업계 평균 이상으로 버는 사람은 버스를 절대 이용하지 않았다. 샌프란시스코의 비좁은 전차와 신뢰할 수 없는 택시는 넘쳐나는 교통 서비스 앱에 자리를 내주었다. 그중 규모가 가장 큰 온디맨드ON-

DEMAND 차량 공유 스타트업[33]은 수익을 비롯해 모든 걸 포기하면서까지 시장을 장악하는 데 사활을 걸었다.

그 스타트업의 경쟁사[34]는 거의 똑같은 사업 모델을 따랐으나 브랜딩 전략은 훨씬 더 깜찍했다. 깜찍한 그 경쟁사와 계약을 맺어 자가용으로 돈을 버는 운전자들은 자동차 전면부에 콧수염 모양의 핫핑크색 인조털을 붙여야 했고 승객과는 주먹 인사를 해야 했다. 놀랍게도, 이러한 전략은 먹혀들었다. 회사가 고객층의 성향을 정확히 파악한 것이었다. 샌프란시스코의 가게들은 저마다 말장난을 해놓은 간판을 걸어놓곤 했다. 샌프란시스코 사람들은 유치한 장난을 좋아하는 구석이 있었다.

나는 도시란 자고로 이렇고 저래야 한다는 기대를 슬슬 내려놓게 되었다. 이곳의 술집과 카페는 늦게 열고 일찍 닫았다. 교통 사정은 날이 갈수록 나빠졌다. 이 도시에서는 아주 다채로운 형태의 관계가 만들어졌다. 이를테면, 원하는 만큼 수업료를 내는 요가 스튜디오와 암호화 통신 플랫폼의 본사가 허름한 건물을 나눠 썼다. 낱개비 담배를 파는 식료품 가게 위층에 아나키스트 해커 집단의 작업실이 있었다. 고풍스러운 대리석 바닥과 어수선하게 벗겨진 페인트 벽이 특징인 낡은 건물에 교정 전문 치과와 희귀본 전문 서점, 그리고 직원 관리를 게임화하고 명상을 상품화하는 4인 규모 회사들이 입주했다. 미션 디스트릭트의

33. 우버Uber를 가리킨다.
34. 리프트Lyft를 가리킨다.

돌로레스 공원에는 대마초를 피우는 데이터 과학자 무리, 훌라
후프를 돌리는 사람들, 약에 취한 젊은 사람들이 모였다. 독립영
화관에서는 1970년대의 컬트 명작을 틀어주기 전에 인터넷과
연결되는 가전제품이나 비투비 소프트웨어 광고가 흘러나왔다.
심지어 드라이클리닝 가게에도 도시의 변화상이 드러났다. 빳
빳하게 풀을 먹인 경찰복과 네온 색깔의 인조 모피 옷이 비닐에
쌓인 채로 맞춤 정장과 스웨터 옆에 나란히 내걸렸다.

　한편 쌓여가는 부의 그늘 속에서 노숙촌은 점점 커져갔다.
노숙인들은 지하철역에서 잠을 자고 용변을 보고 마약 주사를
놓았다. 패스트 패션 브랜드와 생산성 앱을 홍보하는 간판 바로
아래에 드러누운 그들을 출퇴근하는 직장인들은 우아하게 피해
다녔다. 하루는 이른 아침 누군가 도와달라고 울부짖는 소리에
잠에서 깬 적이 있다. 길모퉁이에서 한 여성이 걸어오고 있었다.
그녀는 한쪽 다리를 질질 끌며 고래고래 악을 썼다. 가전제품을
만드는 다국적 회사의 로고가 찍힌 찢어진 티셔츠 한 장만을 달
랑 걸친 채.

　타인의 고통을 가까이에서 보는 일은 낯설고 불편한 경험
이었다. 적나라한 고통과 넘쳐나는 희망이 이 정도로 딱 붙어 존
재하는 것을 나는 이제껏 본 적이 없었다. 이러한 격차를 익히
들어보았음에도 직접 목격하니 상상 이상이었다. 뉴요커였던
나는 당연히 이러한 일에 준비되어 있다고 믿었다. 볼 만큼 다
봤다고 생각했었다. 내가 얼마나 순진했는지를 알고 나자 겸허

함과 죄책감이 동시에 밀려왔다.

나는 캐스트로[35]에 있는 아파트로 이사했다. 그곳에 사는 20대 후반의 남녀 세입자가 재임대로 방을 내놓아 그들과 한집에 살게 됐다. 그들 또한 테크 업계에 종사했다. 여자는 모두가 싫어하는 소셜 네트워크의 중간급 제품 관리자였고, 남자는 한창 어려움을 겪고 있는 태양 에너지 스타트업의 데이터 과학자였다. 둘 다 꾸준히 장거리 달리기를 했으며, 남자는 자기 침실에 자전거를 보관했다. 두 사람 모두 군살 하나 없었다. 집에는 그림이나 장식품도 전혀 없었다. 냉장고에 완벽하게 열을 맞춰 붙어 있는 장식용 마그넷 컬렉션이 예술품의 전부였다.

복층으로 된 집은 거대했다. 거실이 두 개였고 창밖으로 바다가 내다보였다. 두 룸메이트는 집을 따로 장만할 생각도 있었지만 월세 상한 규제의 이점을 포기하기 어렵다고 했다. 여자 룸메이트가 보유한 회사 주식을 제외하더라도 거주자들의 소득을 합치면 40만 달러를 가뿐히 넘겼으므로 월세 상한 규제가 애초에 의도한 수혜 대상이 아니었지만, 어쨌거나 우리는 임대료 규제로 인한 혜택을 누릴 수 있었다. 내가 전대 계약을 맺고 집 열쇠를 받았을 때, 두 룸메이트는 내게 아주 좋은 기회를 잡은 것이라며 축하해주었다.

---

35. 샌프란시스코 유리카 밸리 인근의 지역으로, 성소수자 문화가 발달했다.

나는 남자보다는 여자 룸메이트와 더 자주 어울렸다. 물론 우리의 위치는 엄연히 달랐다. 나는 영원한 젊음의 땅인 스타트업 세계에 속해 있었으나, 그녀는 어엿한 어른으로 대기업의 세계에서 제 몫을 다했으며 그 안에서 자신의 자리를 확보했다. 그녀는 체호프 작품 속 인물처럼 바이올린으로 클래식을 연주했고 가죽으로 장정된 고서를 수집했다. 알록달록한 문고판 책을 주로 사고 야단스러운 인디록을 즐겨 듣는 나는 그에 비하면 교양이 없어 보였다. 그녀는 날 재밌어했다. 어떻게 보면 조금 불쌍하게 여긴 것도 같다. 나는 그녀를 보며 감탄했으나 완벽히 이해할 수는 없었다. 우리 둘의 대화 내용은 대부분 운동에 관한 것이었다.

내가 세 들어 살게 된 침실에는 공기를 주입한 매트리스가 있었고 밖으로 이어지는 비상 사다리가 있었다. 나는 회사 창고에 보관한 짐 상자를 한 번에 하나씩 집으로 옮겼다. 책은 맨바닥에 쌓아두었고, 침대에는 캠핑용 담요를 깔았다. 블라우스와 원피스는 옷장에 걸어놓았다. 내가 가져온 옷은 꼭 딴 사람 물건 같았다. 중고로 사들인 것이니 당연한 것인지도 몰랐다. 결국 나는 가져온 옷을 몇 주 만에 도로 상자에 넣어 뉴욕의 출판사에 다니는 친구에게 부쳤다. 그 친구는 사무실 분위기에 맞춰 여전히 옷을 잘 차려입고 출근했다.

비상 사다리를 통하면 옥상으로 올라갈 수 있었다. 나는 가끔 머리를 식히고 싶을 때 옥상으로 올라갔다. 그곳에서 파스텔

빛깔의 빅토리아풍 건물과 바람에 흔들리는 목련 나무들, 언덕 너머로 밀려드는 안개, 저 멀리 지나가는 화물선들을 구경했다. 그럴 때면 종종 샌프란시스코에 대한 애정이 샘솟았다. 아주 미약하게나마, 이곳이 내 진짜 고향이 될지도 모른다는 짜릿한 희망이 일었다.

여자 룸메이트가 서른 살 생일을 맞이해 집에서 와인과 치즈 파티를 열었다. 남자 룸메이트와 나도 초대를 받았다. 까먹을 일은 없었지만, 나는 달력에 그날을 표시해두었다.

그녀의 친구들이 제시간에 파티 복장으로 도착했다. 검은색 실크 원피스를 입은 룸메이트는 특히나 돋보였다. 수백 달러짜리 치즈가 등장했고, 클래식 음악이 집 안을 채웠다. 한 남자가 샴페인 병을 들어 프랑스산임을 확인시켜준 뒤 뚜껑을 땄다. 코르크 마개가 퐁 튀어 오르자 모두가 환호했다.

나는 부모님 파티에 따라온 아이가 된 기분을 느끼며 얼른 내 방으로 들어가, 출근할 때 입고 나갔던 헐렁한 스웨터와 하이 웨이스트 청바지를 벗어 던지고는 딱 달라붙는 원피스로 갈아입었다. 회사에서 매일 간식을 먹는 바람에 체중계에 오를 때마다 몸무게가 2킬로그램, 4킬로그램, 그다음 번엔 4.5킬로그램이 늘어나 있었다. 거실로 다시 나왔지만 말동무를 찾지 못해 배에 힘을 줘가며 사람들의 등짝 사이사이를 지나다녔다. 소파에서 정장 재킷을 입은 두 남자가 대마초를 피우며 사업 이야기에 열을 올리고 있었다. 다들 아주 느긋해 보였고 내게 말 걸 생각은 전혀 없는 듯했다. 그들은 아주 자연스러운 각도로 와인 잔을 기울인 채 손바닥에 묻은 음식 부스러기를 우아하게 털어냈다. 가장 많이 들리는 말은 '수익', '전략' 같은 단어들이었다.

이것이 바로 막 생겨나고 있는 신흥 부유층의 모습이었다. 아직 그렇게까지 부유하지는 않았으나 부자가 되는 코스를 정확히 밟고 있는 사람들. 우리 회사 동료들은 야심가이기는 해도 이들과는 조금 다른 부류였다. 내 동료들은 맞춤 정장을 입고 하우스 파티에 가는 것을 부끄러워할 사람들이었다.

나는 옥상에 있는 사람들 틈에 끼게 되었다. 저 멀리 캐스트로 스트리트에서 무지개 깃발이 나부끼고 있었다. 갑자기 집이 그리워졌다. 엄마와 5000킬로미터나 떨어져 있다는 사실에 숨이 막혔다.

"오클랜드에 집을 한 채 살까 봐." 한 남자가 말했다. "너무 위험해. 내 아내라면 반대할 거야." 다른 남자가 말했다. "당연히 그러겠지. 그런데 어차피 살려고 사는 건 아니니까." 앞의 남자는 와인 잔을 천천히 돌려가며 덧붙였다.

마지막 손님이 집에 갈 채비를 했을 때, 나는 이미 레깅스와 후드티로 갈아입은 뒤였고 살짝 알딸딸한 상태로 집을 치우는 중이었다. 먹고 남은 치즈 껍질을 주워 담고, 플라스틱 컵을 모아 헹구고, 젖은 손으로 초콜릿 케이크를 몰래 집어 먹었다. 잘 자라고 인사하는 여자 룸메이트는 아름다웠다. 술에 취했지만 인사불성까지는 아니었고 친구들의 축하를 듬뿍 받아 얼굴에서 빛이 났다. 그녀는 남자친구와 함께 자기 방으로 들어갔다. 복도 저편에 있는 그녀의 방에서 두 사람이 조용히 옷을 벗고 침대에 누워 잠을 청하는 소리가 희미하게 들려왔다.

　나는 거의 매일 늦게까지 일했다. 회사가 있는 동네는 해가 저물고 나면 텅 비었다. 길모퉁이 할인 백화점에만 불이 켜져 있었다. 지하철역 앞에서는 찢어진 청바지 차림의 남자들이 아무에게나 고성을 질러댔다.

　결국 나는 모두가 추천했으나 여태껏 거부해왔던 차량 공유 앱들을 휴대폰에 깔았다. 모르는 사람의 차를 얻어 타는 일은 영 찝찝했다. 평소 히치하이킹을 질색할뿐더러 함부로 남의 차에 타지 말라는 잔소리를 평생 들어온 터였다. 자가용을 끌고 나온 사람이 기사 노릇을 한다고 해서 내가 있어 보이는 사람이 된 것 같지도 않았다. 그냥 카풀을 하는 기분이었다. 사실 카풀은 대기 오염을 줄여 사회에 보탬이 되라고 생겨난 게 아니던가. 예전보다 더 많은 차량을 거리로 나오게 만들어 카풀을 강요하는 회사에 돈을 줘야 한다는 사실이 어처구니없고 시대 역행적으로 느껴졌다.

　그러나 버스는 툭하면 지연되고 고장이 났다. 캐스트로행 경전철의 배차 간격은 40분에 한 대꼴이었다. 그러니 자동차를 타는 게 그나마 나았다. 그리하여 나는 밤마다 모르는 사람의 자동차 뒷좌석에 올라타 수줍게 주먹 인사를 하고선 아무 말이나 늘어놓았다. 집 열쇠를 손에 꼭 쥔 채, 제발 무사히 도착하기만을 바라며.

## 관심사

　　운영 팀장은 내가 회사에 빨리 적응할 수 있도록 점심마다 새로운 동료와의 식사 자리를 마련해주었다. 하루는 맞은편 책상에서 일하는 고객사 관리 직원과 점심을 먹었다. 평소 그는 고객과 통화할 때 허공에다 골프 스윙 자세를 연습하는 버릇이 있었다. 또 미션을 '미시'라고 발음했다. 그래도 나는 그가 아주 마음에 들었다. 부담 없이 대화할 수 있었고 돈벌이에 대해서도 터놓고 이야기할 수 있었기 때문이다.

　　그와 나는 소스 범벅인 커다란 샌드위치를 사서 두 호텔 사이의 광장에 자리를 잡았다. 그리고 팔다리를 훤히 드러낸 관광객들을 구경했다. 나는 그에게 어쩌다 데이터 분석 스타트업에 오게 되었느냐고 물었다. 그는 역사 전공이었다. 영업직과 어울리는 전공은 아니었다. "다 알면서 뭘 그래요. 전공 집어치우고 밸리로 온 애들이 수두룩할 텐데. 얼마나 되려나?"

꽤 많을 것이었다. 광장에는 우리 같은 사람들로 가득했다. 지쳐 보이는 젊은 백인들이 카페인과 탄수화물의 힘으로 겨우 흐느적거리고 있었다. 바로 지난해에는 직원이 열세 명뿐인 사진 공유 앱 회사[36]가 10억 달러를 받고 모두가 싫어하는 소셜 네트워크에 인수된 참이었다. 그 회사는 우리가 앉아 있는 광장에서 세 블록 거리였다. "부자 되는 건 시간문제예요. 우리가 만든 툴이 5년, 10년 뒤에 어떻게 될 것 같아요? 이런 건 지금껏 없었어요. 우리 제품은 가만히 놔둬도 잘 팔려요." 그가 말했다.

이 데이터 분석 스타트업이 얼마나 이례적인 성공 사례인지를 나는 이때까지도 온전히 실감하지 못했다. 스타트업의 95퍼센트가 결국엔 망해 없어졌다. 우리는 난관을 극복한 정도가 아니라 훌쩍 뛰어넘어 높이 날아오르고 있었다. 베이 에어리어에서는 누구나 그걸 바랐지만 그런 일이 실제로 일어나는 경우는 드물었다. 전자책 스타트업 CEO의 말이 맞았다. 이 스타트업은 로켓선이었다. 규모도 작고 세워진 지 얼마 되지도 않았지만 벌써 차기 유니콘으로 손꼽혔다. 기업 가치는 10억 달러를 향해 무섭게 돌진했다. 매출도 매달 치솟았다. 모든 게 잘되어가고 있었다. 부자가 되는 건 정말로 시간문제였다.

36. 인스타그램을 가리킨다.

"회사 가치가 어마어마해질 거예요." 그가 감자 샐러드를 한 입 집어넣으며 말했다. "엄청 빠르게, 그것도 올바른 방향으로 가고 있어요. 우리 회사만큼 유망한 곳은 없을걸요. 성공은 당연한 얘기고요. 회사는 성공에 필요한 모든 걸 갖췄어요. 우리는 회사에 충성하기만 하면 돼요. 솔직히 말하면 꽤 괜찮은 거래라고 봐요."

CTO와도 점심 약속을 잡았다. 그 전까지 말을 나눠본 적이 없어 어떤 사람일지 감이 잡히질 않았다. 동료들 말로는 똑똑하지만 까다로운 사람이라고 했다. 고등학교를 중퇴하고 독학한 사람이었고, 혼자서 복잡한 데이터베이스 인프라를 설계했다고 했다. 대개는 그런 걸 만들려면 경험 많은 컴퓨터 과학자들이 팀을 이뤄 작업하곤 했다. 그에 대한 얘기가 허풍일 수도 있었지만 상관없었다. 어쨌든 그 사람은 창업자들이 유일하게 전적으로 신뢰하는 직원이었다. 그가 없으면 회사는 존재하지도 않았을 것이다.

CTO는 30대 초반의 남자였는데, 관리 안 한 턱수염이 덥수룩했고 미간이 넓은 눈은 아름다웠다. 움직일 때는 이따금 멘톨 냄새를 풍겼다. 회사 엔지니어들 대부분이 부촌인 마리나 지역의 아파트에 살거나 돌로레스 공원 인근의 빅토리아풍 건물을 개조해 사는 것과는 달리, 그는 텐덜로인에 살았다. 그 지역은 원룸 건물이 즐비하고 범죄율이 높았는데 야외에서 버젓이 마약 거래가 이뤄지는 동네로도 유명했다. 노아는 눈썹을 씰룩이며 CTO가 '일부러' 그곳에 사는 건 아니겠느냐고 말했다. 그는 늘 오후에 출근했는데, 헤드폰을 끼고 한 손에는 커피가 담긴 종이컵을 든 채 아무와도 눈을 마주치지 않고 사무실로 들어섰다. 복장은 거의 언제나 회사 로고가 박힌 티셔츠와 브랜드를 알 수 없는 남색 후드티였다.

CTO와 나는 금융 지구에 있는 프랑스식 카페를 흉내 낸 식당으로 가 당장이라도 쓰러질 것 같은 야외 테이블에 자리를 잡고 샐러드를 시켰다. 음식을 기다리면서 서류 가방을 든 남자들과 일자 원피스를 입은 여자들을 구경했다. 격식을 갖춘 옷에다 인조 악어가죽 로퍼를 신은 그 사람들은 나보다 나이가 훨씬 많아 보였다. 다들 1990년대에서 온 사람들 같았다. 그들 눈에 우리가 어떻게 보일지 궁금했다. 티셔츠와 운동화 차림에 볼살이 통통하게 오른 게으름뱅이들 같으려나. 훔친 신용카드로 닭고기 구이 요리를 먹는 불량 청소년들처럼 보일지도. 나는 애꿎은 배낭을 테이블 아래로 안 보이게 쑤셔 넣었다.

사무실 동료들로부터 CTO는 속을 알 수 없고 말수가 적은 사람이라는 얘기를 듣고 나온 터였다. 그러나 막상 그와 대화해보니 동료들이 친해지려는 노력을 안 한 것은 아닐까 하는 생각이 들었다. 그는 어두우면서 냉소적인 유머 감각을 지녔고 생각보다 나와 비슷한 점이 많았다. 독서광에다 불면증에 시달린다는 점이 특히 그랬다. 차이라면, 내가 밤마다 천장을 바라보며 사랑하는 이들의 죽음을 걱정하느라 잠을 설치는 동안 그는 프로그래밍 프로젝트를 생각하느라 잠을 못 이룬다는 것이었다. 그는 가끔 한밤이나 점심시간에 장거리 트럭 운전 시뮬레이션 게임[37]을 하며 시간을 보낸다고 했다. 그걸 하면 마음이 차분해진다나. 다른 플레이어들과 소통할 수 있는 디지털 무전기도 있었다. 나는 그가 깜깜한 방 안에 홀로 앉아 나직이 대화하는 모습을 상상했다.

새벽 3시에 혼자 디지털 운전석에 앉아 디지털 고속도로를 달리고 낯선 사람들과 소통하는 그가, 컴퓨터 코드 바깥세상에 대한 그의 호기심을 인정해주고 응원하는 사람들이 있는 브루클린에 산다면 어떤 모습일지도 상상해보았다. 나는 아직도, 조금은 거만한 마음으로, 예술이야말로 치유의 힘을 가졌다고 생각했다. 인간이라면 음악이나 문학 같은 것을 놓치고 살아서는 안 된다고, 예술을 추구하는 것이 소프트웨어를 만드는 것보다 더 값진 일이라고 믿었다. 그가 자신의 삶에 만족하고 있으며 내가 떠나온 것과 같은 삶을 원치 않을 수도 있다는 가능성에 대해서는 전혀 고려하지 않았다.

사무실로 돌아가는 길, 나는 그에게 뉴욕에 있는 내 친구들 이야기를 들려주었다. 친구들이 테크 업계에서 일하는 것의 장점을 이해하지 못하는 것 같다고 말이다. 엘리베이터에 올라타

---

37. 〈유로 트럭 시뮬레이터 2〉를 가리킨다.

서는, 특정 소설의 분위기, 시대상, 주제와 어울리는 칵테일 레시피를 알고리즘에 따라 제안하는 앱이라면 그 친구들도 관심을 보이지 않을까 하는 농담을 주고받았다. 그와 헤어지고 책상 앞에 앉은 후로는 그 농담에 대해 더는 생각하지 않았다. 그런데 다음 날 오후, CTO가 회사 채팅방에서 말을 걸어왔다. 그 앱을 자기가 한번 만들어봤다는 것이었다.

회사는 데이터 기술에 관심 있는 사람들을 위해 매달 모임을 열었다. 모임 참석자들은 간단히 다과를 들면서 분석 소프트웨어를 이용한 A/B 테스트[38] 수행, 성장 전략 구상, 사용자 흐름 모니터링 등에 관해 고객사의 제품 관리자나 엔지니어로부터 설명을 들을 수 있었다. 뉴욕에서 나는 출판계의 사교 모임을 무척 좋아했었다. 수다스러운 편집자들이 모이면 일 얘기는 뒷전이고 프레첼이나 쿠키를 먹으며 가십과 불만을 털어놓기 바빴다. 그리고 싸구려 와인을 취할 때까지 마셨다. 그래서인지 그런 자리에는 참석자들 간에 은근히 야릇한 기운이 흘렀다. 테크 업계의 친목 모임은 뉴욕에서는 물론 샌프란시스코에서도 아직 가본 적이 없었다. 그러니까, 이번이 나의 첫 빅데이터 사교 모임이었다. 어떤 사람들이 모바일 분석 기술에 대한 홍보성 발표를 들으려고 저녁에 시간을 내어 남의 사무실을 찾을지 무척 궁

38. 웹페이지나 앱 개발 과정에서 서비스 사용자를 임의로 두 개 그룹으로 나눈 뒤 각각 다른 버전의 기능을 제시하여 반응을 비교하는 분석 기법.

금했다.

　　모임은 성황이었다. 참석자 대부분은 스타트업에 다니는 젊은 사람들로, 후드 점퍼에도 티셔츠에도 자기들 회사 로고가 박혀 있었다. 나라고 다르진 않았다. 나와 동료들도 회사 티셔츠를 입고 있었다. 대부분 급히 창고에서 가져온 것이어서 접힌 자국이 선명했다. 출장 뷔페 직원 몇몇이 주방에서 분주히 치즈 접시를 내왔고 냉장고에 맥주와 로컬 화이트 와인을 채워 넣었다. 모르몬교도인 우리 솔루션 팀장을 위해 알코올이 들어가지 않은 루트 비어도 준비되었다. 세심한 배려가 살짝 감동적이었다.

　　사람들은 오리엔테이션을 받으러 온 대학 신입생들처럼 무리를 지어 다녔다. 하얀 천을 씌운 테이블을 서성이며 생분해 플라스틱 접시에 수제 햄, 과일, 채소, 미니 버거, 돼지고기 찐만두, 새우 스프링롤 따위를 옮겨 담았다. 은근하게 야릇한 기운 따위는 눈을 씻고 찾아봐도 없었다. 모든 게 단도직입적이고 분명했다. 참가자들은 관심사를 숨기지 않았다. 그들은 회사를 성장시킬 방법을 찾고 있었다. 자신들이 속한 스타트업에 관해 신나게 떠들었고 모든 잡담은 결국 자기네 회사 홍보로 이어졌다. 나도 마찬가지였다. 나 또한 우리 회사가 자랑스러웠고 회사에 괜찮은 인재가 들어오기를 바라고 있었다.

　　나와 팀원들은 사무실 한구석에 '솔루션 존'이라고 간판이 달린 우리 자리에 머물렀다. 나는 그곳에 서 있으면서 나 자신이 힘 있는 존재가 되었다고 느꼈다. 우리는 무형의 노동력을 파는 사람들이었다. 고객을 응대하는 것은 대단한 일이었고 우리의 노동 가치를 입증하는 일이었다. 고객들은 우리에게 자신들의 회사명을 말한 뒤 보고서 생성을 도와달라고 요청했다. 우리는 사원증이나 그 밖의 신원 증명을 요구하지 않고서 그들의 데이터를 들여다보았다. 이에 대해 문제를 제기하는 이는 없었다. 그들 회사에도 고객지원 팀이 있을 테니 말이다.

이날 저녁 행사로 진행된 두 벤처 캐피털리스트의 대담은 압권이었다. 불꽃이 튀거나 한 것은 아니었지만 두 사람 모두 땀을 흘려가며 열변을 토했다. 맨 뒷줄에 앉아 있는데도 실내가 후끈해지는 게 느껴졌다. 이토록 여성이 적은 공간에서, 이렇게나 많은 부자와 야심가 틈에 있어 본 적은 처음이었다. 마치 현금 자동 입출금기 두 대가 대화하는 걸 구경하는 기분이었다. "빅데이터에 대해 이야기하는 남자들에 대한 빅데이터를 보고 싶네요." 나는 옆에 앉은 엔지니어에게 귓속말했다. 그는 들은 체도 하지 않았다.

행사가 모두 끝나고, 사람들과 함께 근처 술집으로 자리를 옮겼다. 술집은 지하에 있었는데 묵직한 벨벳 커튼과 라이브 재즈 밴드, 자칭 칵테일 전문 바텐더들이 있는 곳이었다. 과거 금주법 시대의 비밀 술집을 흉내 낸 그곳은, 종이를 사용하지 않는 회사 사무실들이 밀집한 동네에서 실내를 온통 신문지로 꾸며 놓고 있었다. 홍차에 적신 것처럼 누리끼리한 신문지들이 벽에 줄줄이 붙어 있었고 곳곳에 장식용 타자기가 눈에 띄었다.

회사 동료들의 번들거리는 얼굴에 피곤함과 자랑스러움이 교차했다. 그들은 서로에게 거칠게 장난을 치며 술을 마셨고 앞다퉈 CEO의 환심을 끌려고 했다. 나는 박하 잎을 잔뜩 넣은 칵테일을 마시다가 잠시 CEO와 나란히 앉게 되었다. 그가 내 쪽으로 몸을 기울이더니 말했다. "나중에 고객지원 팀을 맡아주면 좋겠어요. 여자 임원이 더 많이 필요하거든요." 나는 그의 관심을 마음껏 누렸다. 술을 다 비우고 나서 얼음이 녹기를 기다렸다가 녹은 물까지 남김없이 마셨다. 그 순간의 나는 여자 임원이 많아지면 좋겠다는 그에게, 그러면 여자를 더 많이 고용하면 되지 않느냐고 대꾸하지 못했다. 여자를 더 많이 고용한들 여자를 불편하게 만드는 사내 문화가 여전하면 아무 소용없다는 점을 지적하지도 못했다. 그 대신에 나는 뭐든 열심히 하겠다고 대답하고 말았다.

얼마 후 화장실에 간 나는 구두에 원피스 차림의 여자 두 명 뒤에 줄을 섰다. 두 사람 모두 내 또래로 보였는데 나와 달리 세련되고 빛이 났다. 출판계에 있던 시절 내가 꿈꿨으나 끝내 되지 못한 여자의 모습이었다. 나는 그들처럼 침착하면서 우아하고 흐트러짐 없는 여성을 꿈꿨었다. 아마 그들은 나와 사뭇 다른 밤을 보내고 있었을 것이다. 우리 셋은 화장실 벽에 기댄 채 각자 휴대폰을 만지작거렸다. 나의 이메일 계정은 고객들이 보낸 메일로 가득했다. 나는 눈 밑으로 보이는 내 티셔츠와 청바지, 운동화, '솔루션!'이라고 적힌 가슴팍 명찰을 애써 외면했다. 다른 두 사람 눈에 내가 어떻게 보일지도 무시했다.

어둑한 조명을 다행이라 여기며 자리로 돌아왔다. 이제 보니 우리 가운데 사무실에서 나오기 전 티셔츠를 갈아입은 사람은 아무도 없었다. 마치 단체 여행을 온 사람들처럼 우리는 똑같은 회사 티셔츠 차림이었다. '나는 데이터 주도 형입니다.' 우리 모두의 가슴팍이 온 세상을 향해 이렇게 말하고 있었다.

## 비개발자

매주 화요일 정오가 되면 샌프란시스코 시내 100여 군데에서 동시에 경보음이 울렸다. 시의 긴급 경보 시스템을 점검한다는 의미였다. 같은 시각, 우리 회사에서는 주간 총회가 열렸다. 가장 협조적인 직원들이 사무실 중앙의 소파 두 개에 나눠 앉으면 나머지 직원들이 각자 의자를 끌고 와 자리를 잡았다. CEO를 중심으로 둥그렇게 반원을 그린 대형이 꼭 열린 수업을 지향하는 유치원을 연상시켰다.

회의 때마다 운영 팀장은 전 직원에게 각종 경영 지표와 소식이 적힌 종이를 나눠 주었다. 거기에는 판매 실적부터 신규 고객사 명단, 해지된 거래 내역 등이 적혀 있었다. 회사는 사소한 정보 하나하나까지 직원들과 공유했다. 우리는 입사 지원자와 합격자 명단부터 예상 수익까지 모조리 알 수 있었다. 회사의 전체 상황이 공유된다는 것은 직원 개개인의 기여도 또한 공개된다는 뜻이었다. 각자의 역량이 인정받고 주목받는 것은 기분 좋은 일이었다. 회의가 끝나면 종이는 모두 수거되어 파쇄되었다.

회의의 주인공은 언제나 CEO였다. 그는 직원들에게 회사의 재정 상태, 제품 개발 로드맵, 거시적 사업 계획에 대한 보고를 지시했다. 업계 트렌드를 이끄는 회사답게 우리는 투명성을 중요하게 여겼다. 물론 진짜 중요한 결정들은 펜타곤 회의실이나 비공개 채팅방에서 이뤄질 테지만, 주간 총회는 다 함께 무언가를 결정한다는 인상을 주었다.

회사는 잘 돌아가고 있었다. 늘 그랬다. 수익성이 자랑거리인 이 업계에서 우리는 누구보다 의기양양했다. 회사의 수익 곡선은 만화에서나 볼 법하게 가팔랐다. 엔지니어들은 수익 현황을 실시간으로 볼 수 있는 직원용 웹사이트를 만들었다. 그것이 주는 메시지는 분명했으며 동시에 중독적이었다. 이 사회가 우리 회사의 활동을, 나아가 우리를 높이 평가하고 있다는 것. 기업 공개IPO는 기정사실이었고 당장이라도 성사될 것처럼 보였다.

그러나 현실에 안주하는 것이야말로 성공한 스타트업의 적이었다. 이를 잘 알았던 CEO는 일부러 공포감을 조성했다. 그는 풍채로 무게감을 내뿜는 스타일은 아니었다. CEO는 젤을 발라 뾰족하게 올린 머리에 호리호리한 체형이었다. 그는 실내에서도 녹색 재킷을 자주 입었는데, 아마도 추위를 잘 타는 체질인 듯했다. 하지만 그의 말은 우리를 겁주기에 충분했다. 그는 군인들이 쓸 법한 화법을 자주 사용했다. "지금은 전시 상태입니다." 그는 팔짱을 끼고 우리 앞에 서서 단호한 표정으로 이렇게 말했다. 그에 따르면 시리아, 이라크, 이스라엘 등 세계 곳곳에서 전쟁이 일어나고 있었고, 우리는 시장 점유율을 놓고서 경쟁사들과 전쟁을 치르는 중이었다. 우리는 손에 쥔 컵 안의 콤부차나 오렌지 주스를 내려다보며 비장하게 고개를 끄덕였다.

　CEO는 영감을 주는 데 딱히 능력이 있지는 않았으나 확실히 사람의 마음을 빼앗는 구석이 있었다. 단순히 회사에서 가장 힘 있는 사람이라서가 아니었다. 물론 그는 언제나 회사에서 가장 힘 있는 사람이었다. 신기하게도 그가 만지는 것은 족족 황금으로 변하는 듯 보였다. 그가 회의에서 직원 중 한 명을 콕 집어 칭찬하는 일은, 드물긴 했지만, 굉장한 사건이었다. 우리는 그의 눈에 들려고 안간힘을 썼다. 그래서 쉬지 않고 일했다. 우리는 목적을 받드는 사람들이었으니까.

　'목적을 받든다'라는 말은 회사의 구인 공고에 매번 등장했고 직원들끼리도 자주 쓰는 구호였다. 이는 곧 회사를 최우선으로 둔다는 뜻이었는데, 직원이 들을 수 있는 최고의 칭찬이기도 했다. 이따금 CEO는 특정 직원과 면담하면서 그러한 상찬을 내렸다. 모두가 있는 회사 채팅방에서라면 더더욱 대단한 일로 여겨졌다. 보통 이런 일은 자신에게 주어진 업무 이외의 것을 맡아서 도움이 된 경우에 종종 일어났는데, CEO가 특별히 기분이 좋고 우리의 일진이 괜찮은 날이어야 한다는 조건이 따라붙었다.

　　자연스럽게 전우애 같은 것이 생겨났다. 사무실은 멀찍이 책상을 두고 앉아도 괜찮을 만큼 넓었지만 우리는 굳이 가까이 붙어서 일했다. 누가 숙취에 시달리는지, 누가 스트레스로 인한 과민성 대장 증후군을 앓는지도 알 수 있었다. 일은 엉덩이가 하는 거라는 농담 섞인 규칙을 우리는 엄수했다. 자리에 오래 붙어 있는 것이 능력을 증명하는 길이었다. 게으름을 피운다는 것은 생각할 수도 없었다. 자리를 비우는 것도 잘못이었다. 생산성과 노동 시간이 반드시 비례하진 않는다는 연구 결과가 나와 있음에도, 테크 업계는 스스로를 예외로 만들었다. 입증된 데이터를 우리 자신에게 적용하려고 하지 않았다.

　　게다가 우리는 즐기고 있었다. 유난스럽게 격식을 차리는 기업들과는 다른 세상을 살았다. 우리에게는 월반하는 것처럼 곧바로 경영진에 합류할 수 있는 가능성이 있었다. 직원들은 편한 대로 아무렇게나 옷을 입고 다녔다. 조금 별나더라도 괜찮았다. 생산성을 증명하기만 한다면 아무래도 좋았다.

　　어느새 일이 우리의 정체성이 되어 있었다. 우리가 회사였고, 회사가 곧 우리였다. 사소한 실수와 대단한 성과는 우리 자신의 무능함 또는 유능함의 증거가 되었다. 일은 하면 할수록 중독되었다. 우리가 이 회사에 없어서는 안 된다는 확신도 덩달아 굳어졌다. 헬스장에서 우리 회사의 티셔츠를 입고 있는 사람을 보거나 소셜 미디어 혹은 고객사 블로그에 우리 회사가 언급되는 것을 보았을 때, 또는 고객사가 긍정적인 후기를 남겼을 때, 우리는 회사 채팅방에 그 소식을 공유하며 다 함께 뿌듯해했다. 그때 느낀 자부심은 진심에서 우러나온 것이었다.

이제는 나도 플란넬 셔츠를 입고 다니기 시작했다. 끈 없는 부츠를 샀고, 자전거를 타고 땀을 흘리며 출퇴근했다. 비타민 B를 챙겨 먹게 되면서부터 정신이 좀 더 맑아지고 기분이 좋아졌다. 그리고 EDM에 빠져들었다. 이런 음악 취향은 무아지경 댄스[39]라거나 LED 조각상, 사이키델릭한 레깅스와 같이 베이 에어리어에 상존하는 버닝맨 축제[40]의 흔적이라 할 수 있었다.

일할 때 EDM을 듣다 보면 쓸데없이 비장해지다가도 자꾸만 리듬에 몸이 반응했다. EDM은 우리 세대의 장르였다. 우리 또래는 이 장르를 비디오 게임의 배경 음악으로, 컴퓨터 효과음으로, 밤샘 노동요로, 대표적인 상업 음악으로 소비했다. EDM은 퇴폐적이면서 저비용으로 만들어진 음악이었고, 역사성을 배제한 장르이자 세계화의 상징이었으며, 어딘가 허무하면서도 동시에 재밌었다. 듣고 있으면 마치 코카인을 흡입한 듯한 기분

---

39. ecstatic dance. 음악에 따라 몸이 이끄는 대로 자유롭게 추는 형태의 춤.

40. Burning Man. 매년 여름에 미국 네바다주 블랙록 사막에서 일주일간 열리는 아트 페스티벌. 축제 기간 내내 실험적이고 파격적인 공연과 전시가 열리고, 마지막 날에는 행사의 상징인 대형 허수아비를 불태우는 것으로 마무리한다. 창조적 영감을 바라는 실리콘 밸리 사람들이 이 축제를 유달리 사랑하는 것으로 유명하다.

이 들었다. 다만 행복감은 빠져 있었다. 그저 다른 세계로 이동하는 느낌이랄까.

이런 게 자신감으로 충만한 세상을 살아가는 느낌일까? 나는 손가락으로 관자놀이를 누르며 생각했다. 그리고 바로 이런 게 남자로 살아가는 감각일까? 무아지경에 빠진 선율은 내 주변의 모든 풍경을 러닝화나 고급 자동차의 광고로 탈바꿈시켰다. 사무실 바깥에서 나는 EDM을 들으며 운전을 하지도, 심지어 온라인 쇼핑을 하지도 않았다. 부모님 앞에서 이런 음악을 트는 일도 없었다. 그러나 사무실에서의 나는, 스탠딩 데스크 앞에 서서 메일에 답신하는 동안 EDM 리듬에 맞춰 몸을 들썩이고 다른 팀원들처럼 고개를 까딱였다. 어쩌면, 내가 발을 딛고 있는 세상이 달라지고 있는 것인지도 몰랐다.

팀원들은 립스틱 보드를 능수능란하게 탈 줄 알았다. 보드 위에서 손에 노트북을 올려놓고 입으로는 개인 휴대폰으로 고객과 말을 주고받으며 책상에서 주방으로, 다시 회의실로 미끄러지듯 돌아다녔다.

립스틱 보드 타기를 완벽히 터득하는 것은 이 회사의 통과의례였지만, 나는 그 목표를 끝내 달성하지 못했다. 몇 주간 시도한 끝에 립스틱 보드는 포기하고 작은 스케이트보드를 온라인으로 주문했다. 형광 녹색 판에 바퀴가 네 개 달린 나의 스케이트보드는, 내가 타지 않을 때에만 멋스러워 보였다. 주말에 따

로 사무실을 찾아 스케이트보드 타는 연습도 해보았으나 생각
보다 속도가 빨라 겁이 났다. 결국에는 스탠딩 데스크 밑에 스케
이트보드를 둔 채 발로 살살 미는 정도에 만족해야 했다.

우리가 상대하는 고객들은 주로 프로그래머와 데이터 과학
자였다. 업계 특성상 그런 사람들은 대부분 남자였다. 나는 기술
을 정확히 이해하지 않고도 기술에 관해 대화하는 것에 점차 익
숙해졌다. 쿠키나 데이터 매핑에 대해, 서버 사이드와 클라이언
트 사이드의 차이에 대해 막힘없이 이야기하게 되었다. 로직을
추가하면 된다는 조언도 아무렇지 않게 건넸다. 내게는 아무 의
미 없는 말이었지만 엔지니어들은 대체로 그 말뜻을 재깍 알아
차렸다.

나는 2주에 한 번씩 신규 고객을 위한 온라인 세미나를 진
행했다. 내게 보이는 화면을 전체 공유한 다음, 가상 고객사의
데이터를 넣어 만든 데모 대시보드를 참가자들에게 보여줘 가
며 작동 방식을 설명했다. "걱정하실 필요 없어요. 이건 가짜로
만든 데이터예요." 나는 잘 짜인 각본대로 그들을 안심시켰다.
나는 엄마 아빠에게 세미나에 참여하도록 몇 번을 권유했다. 내
가 집으로부터 독립해 나름 쓸모 있는 일을 하고 있다는 걸 보여
주고 싶었기 때문이다. 드디어 어느 날 아침, 엄마와 아빠가 내
세미나에 참가했다. 이후 엄마는 메일로 의견을 보내왔다. '앞으
로도 활기 있는 목소리로!' 생각보다 매정한 반응이었다.

우리 회사의 툴은 복잡할 게 없었다. 이론상으로는 마케팅 관리자가 혼자 써도 될 만큼 간단명료했다. 적어도 동료들 말로는 그랬다. 현대 소프트웨어에 내린 축복이라나. 몇 년간 우리 회사가 밀었던 홍보 문구는 '엄마도 쓸 수 있을 만큼 쉬운 제품' 이었다. 그러나 그것이 무례하고 정치적으로 올바르지 못하다는 지적을 받은 뒤로는 여자 직원이 없는 회의에서 남자 직원들끼리만 쓰는 표현이 됐다. 그리고 그러한 회의는 숱하게 열렸다. 쓰기 쉽다는 홍보 문구가 무색하게, 툴을 기발하리만치 엉뚱하게 실행하는 고객들은 끊이지 않았다. 고객들은 마음대로 자기 회사의 코드를 활성화해 우리 회사의 툴을 먹통으로 만들었다. 대시보드를 점검하고 브라우저를 껐다가 켠 후에도 툴이 제대로 작동하지 않으면 그들은 분노에 찬 메일을 보내왔다.

'데이터가 안 보입니다.' 그들은 이유를 알고 싶어 했다. 도대체 소프트웨어가 왜 이러죠? 서버가 다운된 건가요? 그쪽에 막대한 돈을 낸 건 알고 있나요? 그들은 우리 회사의 소프트웨어가 고장 났다고 확신했다. 자신들이 실수를 저질렀으리라고는 추호도 의심하지 않았다. 몇몇 고객의 메일에서는 불안이 묻어났다. 잔뜩 겁을 집어먹은 그 사람들은 우리에게 책임을 추궁하고 소셜 미디어에 우리 회사에 대한 악평을 남겼다. 나는 당황한 그들을 지켜보며 내심 재밌어했다. 내게는 문제를 해결할 능력이 있었다. 내가 해결할 수 없는 문제는 없었다. 사실은 문제가 아니라 작은 실수에 불과한 것일 수도 있었다.

소프트웨어가 고장 나지 않았음을, 정확히는 애초에 잘못된 적이 없음을 알리고 안심시키는 일이 나의 업무였다. 나는 실행 과정을 차근차근 되짚어가며 오류를 찾아냈다. 그러려면 고객의 소스 코드나 데이터를 들여다봐야 하는 경우가 생겼는데, 일단 그렇게 확인하고 나면 어디서 문제가 생겼는지 알 수 있었다. 마치 엉킨 목걸이를 핀으로 풀어가는 과정 같았다. 자칫 잘못했다가는 문제가 커지기 십상이었으므로 차분하고 신중해야 했다. 나는 속으로 만족감을 느끼며 고객들에게 어느 지점에서 오류가 발생했는지를 설명했다. 그리고 그 오류를 책임지고 해결할 방법을 제시했다. 또 우리의 제품이 복잡하기는 하지만 그렇다고 고객들에게 혼란을 일으켜서는 안 되었다고, 사용 설명서가 조금 더 명료해야 했다고 잘못을 시인했다. 물론 사용 설명서는 충분히 명료했지만 말이다. 나는 고객들이 저지른 실수에 대해 고객들에게 거듭 사과했다. '이제 해결되셨나요?' 나는 몇 분마다 한 번씩 과외 선생님처럼 상냥한 말씨로 고객들에게 상황을 물으며 그들이 마음 편히 나를 탓할 수 있도록 했다.

유달리 까다로운 문제가 발생했을 때는 전화 통화를 했다. 회사는 내선 전화를 쓰지 않았으므로 나는 고객들에게 개인 휴대폰 번호를 알려주었다. 모든 것을 텍스트로 주고받는 업계에서 전화 통화는 대단히 친밀한 행위였다. 상대가 언어폭력을 가하지 않는 이상 나는 고객과의 통화를 즐겼다. 고객 대부분은 우리 회사의 고객지원 팀이 인디애나주 한복판에 있는 외주 콜센터가 아님을, 회사 직원인 내가 직접 고객을 응대하고 있음을 알고 있었다. 나는 살벌하게 추운 서버실로 책상 의자를 끌고 가 그곳에서 따뜻한 차를 마시며 고객이 오해하는 부분이 없도록 같은 말을 반복하고 또 반복했다. 가끔은 영상 통화를 하거나 화면을 공유한 상태에서 상담을 진행하기도 했다. 하지만 이런 방법은 지나치게 노출된다는 느낌, 필요 이상으로 인간미가 부여된다는 느낌을 주었다. 화상 회의에 입장하면 모자이크 처리된 상대방 얼굴 위에 내 얼굴이 두둥실 떠 있었는데, 그게 늘 찝찝했다.

이메일이나 전자 사서함처럼 딱딱한 창구가 아니라 목소리나 얼굴로 고객을 만나면 훨씬 더 친근해졌다. 솔루션 팀원들은 고객에게 '놀라움과 즐거움을 주는' 방법을 자주 고민했다. 서점으로 출발했던 온라인 쇼핑몰이 고객 서비스에 있어 강조하는 부분이기도 했다. 그런데 어떤 때는 의외로 고객이 우리에게 놀라움을 주었다. 그들은 불쑥 자기 회사 내부의 갈등에 관해 이야기했고 자신의 이혼이나 온라인 데이트 경험에 대해 털어놓았다.

한번은 전화 통화를 하던 고객이 자기 블로그에 놀러 오라기에, 나는 그에게 데이터 내보내기를 위한 API 사용법을 설명하면서 즉시 그의 블로그에 접속해 그가 올린 휴가 사진과 운동 사진을 구경했다. 그리고 파라미터[41] 생성법을 알려주는 동시에

---

41. parameter. 요청 매개 변수. 전달된 데이터를 함수에 대입하기 위한 변수.

그의 전 아내가 랍스터 롤을 먹는 사진, 산을 오르다 찍은 사진, 먼저 세상을 떠난 반려묘를 안고 있는 사진 등을 보았다. 며칠 후 우리 둘은 일과 무관한 내용, 예컨대 내가 뉴욕을 그리워한다는 것, 그가 온라인 데이트에 젬병이라는 것에 대한 메일을 주고받고 있었다. 나는 문득 그와 내가 너무 가까워졌다는 생각에 바로 거리를 뒀다. 이후로 그와는 얼굴을 본 적도 없다.

스스로 자초한 문제를 해결하지 못해 헤매는 남자들을 돕다 보면, 가끔은 내가 소프트웨어의 일부분이 된 것 같다는 느낌을 받았다. 자동 봇이 된 기분이었다. 인공 지능보다는 감성 지능을 탑재한 봇에 가까웠다. 따스한 텍스트나 목소리로 해결 방법을 설명해주고 불만을 귀담아 들어주는 봇. 그 남자들에게 보내는 이메일 최상단에는 브루클린 시절 친한 친구가 찍어준 나의 사진이 아바타처럼 박혀 있었다. 사진 속 나는 긴 머리를 흩날리며 수줍게 웃고 있었다.

일주일에 두 번, 저녁 6시에서 7시 즈음이 되면 음식 배달 앱의 배달부들이 쟁반이 쌓인 카트를 밀며 엘리베이터에서 줄줄이 내렸다. 운영 팀장이 주방 옆 카운터에 쟁반을 일렬로 차린 후 음식 포장지를 벗기면, 동료들은 누가 먼저랄 것 없이 일어나 카운터 앞에 줄을 섰다. 사무실에서 밥을 챙겨준다고 해서 유대감이 깊어지거나 그만큼 회사가 우리를 잘 보살핀다는 뜻은 아니었다. 그것은 오히려 경영적 판단에 가까웠다. 사무실에 더 오래 붙어 있으면서 더 많이 일하도록 유도하는 인센티브였다. 그래도 괜찮았다. 회사가 주는 음식은 저탄수화물식에다 맛있기까지 했다. 비싼 값을 톡톡히 했으며 내가 직접 요리한 음식보다 건강식인 것은 분명했다. 게다가 나는 팀원들과 한 끼를 더 같이 할 수 있어서 좋았다. 우리는 테이블에 둘러앉아 열심히 배를 채웠다.

한번은 그렇게 저녁을 먹고 있는데 CEO가 내게 업무 반경을 넓힐 것을 권유했다. 코딩을 배우고 다른 업무에도 도전해보라는 것이었다. "그 사람들이 당신을 승진시키지 않고는 못 배기도록 말이에요." 그는 이렇게 조언했다. '그 사람들'이라니? 날 승진시키는 건 '그 사람들'이 아닐 텐데? CEO는 만약 내가 2인용 온라인 체커 게임을 설계할 수 있게 되면 나를 솔루션 설계자로 승진시킬 의향이 있다고 귀띔했다. 자기 자리로 돌아간 그는 초보자도 이틀 만에 자바스크립트[42]를 통달할 수 있게 해준다는 프로그래밍 입문서의 PDF 파일을 메일로 보내왔다.

내 주변 엔지니어들은 제대로 된 프로그래밍 코드를 한 줄 쓰게 된 순간부터 새로운 세상이 열렸다고들 했다. 시스템이 그들 손에 좌우되었고 컴퓨터가 그들의 명령대로 움직였다. 즉 그들에게 통제권이 생긴 것이다. 무엇을 상상하든 그걸 현실로 구축할 수 있었다. 그들은 완전히 빠져들어 즐겁게 집중하는 몰입

---

42. JavaScript. 웹 개발을 위한 프로그래밍 언어.

의 경험에 대해 이야기했다. 힘들게 운동하고 난 후에 찾아오는 쾌감 같은 것을 가만히 앉아서 느낄 수 있다고 했다. 나는 그들이 그런 말을 하는 게 좋았다. 그들의 감성적인 면모를 엿볼 수 있었기 때문이다.

기술 비전공자가 테크 업계에서 일한다는 것은 외국에서 그 나라 언어를 모른 채 살아가는 것과 비슷했다. 이참에 프로그래밍을 배워봐도 괜찮겠다는 생각이 들었다. 프로그래밍은 따분했지만 아주 어렵지는 않았다. 또 수학이나 교열처럼 그것의 명료함이 주는 나름의 재미가 있었다. 프로그래밍에는 질서가 존재했고 옳고 틀림의 경계가 확실했다. 출판 에이전시에서 원고를 편집하거나 검토할 때는 일단 직감과 느낌대로 작업하곤 했는데, 그럴 때면 남의 창작물을 망쳐버리면 어떡하나 하는 공포가 늘 뒤따랐다. 반면 코드는 즉각적으로 반응했고 감정이 개입할 여지를 남기지 않았다. 내가 실수를 저지르면 코드는 망설임 없이 그 사실을 내게 통보했다. 살면서 처음 겪어보는 명료함이었다.

나는 프로그래밍을 배우느라 주말을 꼬박 바쳤다. 그러나 머릿속으로는 원래 하려고 했던 일들을 계속 생각했다. 소설책을 읽고, 뉴욕 친구들에게 그림엽서를 쓰고, 자전거를 타고 새로운 동네를 탐방하는 것이 원래의 주말 계획이었다. 나는 기계를 통제하는 일에 영 흥미가 가질 않았다. 당연히 몰입할 수도 없었다. 소프트웨어로 뭘 어떻게 해보겠다는 바람도 없었고 그럴 필요도 느끼지 못했다. 설계하고 싶은 프로그램이 있을 리 만무했다. 앱을 만드느라 내 삶의 일부를 바칠 생각도 없었다. 심지어 나는 체커 게임을 해본 적도 없었다. 코딩을 배우면서 내가 느꼈던 재미란, 강박적이고 완벽주의적인 나의 성향을 자극하는 데서 온 것이었다. 하지만 나는 내 안의 그러한 성향을 더는 발달시키고 싶지 않았다.

　나중에 주변 엔지니어들에게 이 일을 말했을 때는 다들 화들짝 놀랐다. 온라인 체커 게임은 초보자가 만들 수 있는 수준의 것이 아니라고 했다. CEO는 말도 안 되는 과제를 내준 것이었다. 그러나 그 당시에는 자바스크립트에 흥미를 느끼지 못하는 내게 잘못이 있다고 생각했다. 월요일이 되어 회사에 출근한 나는 CEO에게 온라인 체커를 만드는 데 실패했다고 보고했다. 당시에는 하기 싫다고 말하기보다 실패했다고 말하는 편이 나은 선택으로 느껴졌다.


　입사한 지 두 달쯤 되었을 때, 솔루션 팀장이 잠깐 산책을 하자며 나를 밖으로 데리고 나갔다. 우리는 점심에 잠깐 데이트를 하거나 이별을 통보하기에 안성맞춤으로 보이는 작은 공원을 느긋하게 거닐었다. 개발자 행사 후 파티 장소로 유명하며 동료들 말에 의하면 점심 뷔페가 끝내준다는 스트립 클럽을 지나쳤다. 18달러짜리 샐러드를 먹는 사람들을 지나, 열기가 남은 환풍기 위에서 잠든 노숙자들을 빙 둘러, 우리는 계속 걸었다.

팀장은 내가 이렇게나 빨리 적응하여 문의 글에 거의 알아서 답할 줄 알고, 당황하지 않고 오류를 해결하고, 고객들에게 큰 도움을 주고 있다는 게 자랑스럽다고 했다. 회사가 올바른 투자를 한 것 같다고도 덧붙였다. 그러면서 그는 나에 대한 신뢰의 표시로 회사가 급여 인상을 결정했다고 전했다. 팀장은 자식을 바라보듯 대견한 눈길로 나를 보았다.

"1만 달러를 올려줄게요. 계속 같이 일합시다."

## 친목

나는 월세 상한 규제의 이점을 포기하고 캐스트로의 집을
나왔다. 그리고 저 안개 너머, 도시 북부에 있는 에드워드풍의
낡은 건물 1층에 한 칸짜리 방을 얻었다. 이사 트럭에 매트리스
와 천 가방 두 개, 예닐곱 개 되는 짐 상자를 싣고서 뒷자리에 얻
어 탔다. 이사를 갈 곳은 디비사데로 스트리트에서 반 마일 아
래, 헤이트 스트리트에서 반 마일 위에 자리했다. 이삿짐센터 직
원들이 짐을 싣고 출발해 다시 짐을 내려주기까지는 딱 30분이
걸렸다. 초라하리만치 간단한 일이어서 그들 쪽에서 먼저 값을
깎아주겠다고 제안했다.

원룸 스튜디오는 작지만 채광이 좋았다. 무엇보다 온전히
내가 소유한 공간이었다. 내닫이창의 창살이 다소 거슬렸지만

아무래도 좋았다. 어쨌거나 내닫이창이었으니까. 창밖으로는 멋스럽게 뒤틀린 고목도 보였다. 화장실에는 좁은 샤워 부스가 있었는데, 그 안에 서면 데이미언 허스트[43] 작품 속의 소가 된 기분이 들었다. 뒷문은 지하실로 이어졌고, 삼나무와 시들시들한 야자나무가 심긴 공동 뜰과도 통했다.

월세는 1800달러로, 월급 실수령액의 거의 40퍼센트를 차지했다. 나는 내가 실리콘 밸리에서 1년 넘게 버티리라고는 예상하지 못했다. 이때만 해도, 그곳에서 경력을 쌓은 후 경쟁력을 갖춘 중간 관리자급으로 뉴욕에 돌아가는 금의환향을 꿈꿨었다. 또 나는 그때까지 혼자 살아본 적이 없었다. 그런데 드디어, 25제곱미터 남짓한 나만의 공간을 가지게 된 것이었다. 사방이 막힌 공간에서 나는 완벽하게 홀로였다.

내게 이 집을 소개한 부동산 중개사는 특이하게도 아침 일찍 약속을 잡았다. 그리고 그에게서 집 열쇠를 건네받은 지 48시간 만에, 나는 그 이유를 알게 되었다. 건물 건너편 길모퉁이에는 기타를 치면서 행인에게 괜히 시비를 걸고 마약을 파는 사람들이 죽치고 있었다. 또 창밖의 고목 앞에는 노숙하는 사람, 마약 주사를 놓는 사람, 헤어지는 커플, 싸우는 사람들, 소변을 보는 남자들이 자주 출몰했다. 마약에 취해 환각 상태를 헤매는 사람도 더러 나타났다. 그런 사람들은 듣기 싫은 욕설을 고래고래

---

43. Damien Hirst. 영국의 현대미술가로, 죽음이라는 주제에 천착하여 동물 사체를 유리상자 안에 넣어 전시하는 그로테스크한 작품을 다수 선보였다.

내질렀다. 모퉁이를 돌면 한때 영화관이었다가 얼마 전 디지털 노마드족들을 위한 출장 뷔페 업체로 재단장한 건물이 나왔고, 그 앞에는 구부정하게 앉아 반려견을 쓰다듬으며 돈을 구걸하는 사람들이 늘 있었다. 같은 건물에 사는 이웃은 그들을 가리켜 '트러스트 펀드 베이비'[44]라고 불렀다. "치아 상태를 보면 돈 주고 교정했단 걸 알 수 있죠." 그는 나와 나란히 선 채로 우편함에서 편지를 꺼내다 눈을 굴리며 이렇게 말했다. 나는 그가 말하는 사람들이 노숙하는 밀레니얼 세대인지, 아니면 디지털 노마드족인지 헷갈렸다. 하지만 굳이 묻진 않았다.

밤에 퇴근하고 집으로 돌아오면 다른 도시에 온 기분이었다. 새로 이사 온 동네는 샌프란시스코스럽지 않았다. 보통 샌프란시스코의 작은 동네들은 도시의 정체성을 다소 뻔하게 체현했다. 이를테면 캐스트로의 거리 곳곳에는 언어유희로 가득한 가게들이 일렬로 즐비했고 그 길을 쭉 올라가다 보면 광장이 나왔다. 그곳에서는 성기에 양말을 씌운 채 식당에서 커피를 마시는 나체주의자들을 만날 수 있었다. 말하자면 캐스트로는 현실과 적당히 타협한 노스탤지어 스타일을 집약적으로 보여주는 공간이었다. 그러나 어쩌면, 길거리 성희롱이 비일비재하고 10대 마약 판매상이 흔하디흔한 헤이트 지역이야말로 도시의 진정한 정체성을 가장 적나라하게 드러내는 곳인지도 몰랐다.

44. 넉넉한 집안에서 태어나 생계를 위해 일할 필요 없이 부모가 마련해둔 신탁 기금trust fund에 의지해 사는 사람.

헤이트는 1960년대 대항문화의 요람이었다. 그리고 그로부터 50여 년이 흐른 지금까지도 그 정체성을 고집했다. 어쩌면 애초에 존재하지도 않았을 무언가를 찾고자 전 세계 사람들이 순례자처럼 헤이트를 방문했다. 가족 단위 관광객들이 번화가를 돌아다니면서 헤드샵[45]과 빈티지 가게를 기웃거렸고, 오래전 세상을 떠난 유명 가수들을 추모하는 벽화 앞에서 사진을 찍었다. 사람들은 무료 보건소 앞 거리에 누워 있는 젊은이들을 보면 피해 다녔고, 수건과 신문으로 창문을 가린 차들이 주차된 것을 못본 척했다.

날이 어두워지면 노숙자들이 현란한 레깅스나 그림엽서를 파는 가게들 앞에 웅숭그린 채로 낡은 침낭 안이나 종이 상자 위에서 잠을 청했다. 공원에서 자는 것보다 그게 그나마 안전한 선택이었다. 상점가를 구경하던 관광객들이 샌프란시스코에 급속히 번지고 있는 노숙자 무리가 히피의 멋스러움을 간직했다고 착각하더라도 이상한 일이 아니었다. 어쩌면 관광객들은 그 노숙자 무리엔 눈곱만큼도 신경을 쓰지 않았던 건지도 모르겠다.

회사에 안 나가는 주말을 잘 보내기란 어려운 과제였다. 동료들을 만날 때도 더러 있었지만, 대부분은 혼자 시간을 보냈다. 자유롭지만 고독한 투명인간이 된 듯했다. 화사한 오후, 골든게

45. head shop. 대마초나 담배 관련 물품을 파는 상점.

이트 공원 풀밭에 누워 댄스 음악을 들으며 친구들과 춤추는 상상을 했다. 반려견을 데리고 나온 사람들이 밝은 태양 빛을 받으며 개와 공놀이를 했다. 샘이 났다. 함께 모여 운동하는 사람들도 보였다. 과연 내가 이곳에서 함께 스쿼트를 할 친구를 사귈 수 있을까, 자신이 없었다.

이 도시의 녹지에는 함께 달리기를 하거나 비슷한 짐바구니가 달린 자전거를 나란히 타는 남녀가 넘쳐났다. 어느 공원엘 가든 왕복 달리기나 복근 운동을 하는 회색 티셔츠 차림의 남자가 어김없이 눈에 띄었다. 광고판에는 착한 제품임을 한껏 강조한 광고가 내걸렸다.

나는 혼자서 오랫동안 자전거를 타고 돌아다녔다. 그러다 휴대폰을 꺼내 저녁을 때울 식당을 검색했다. 아서 러셀[46]의 노래를 들으면서 랜즈 엔드[47]를 처량히 거닐기도 했다. 저팬 타운에 있는 독립영화관에 들러 대학 친구가 처음 주연을 맡은 영화를 관람했다. 화면을 꽉 채운 친구의 입술이 달싹이는 모습을 보며 탄산수를 홀짝이던 나는 눈물을 삼켰다.

공원이나 식당에 가면 옆자리 사람들의 대화를 엿들었다. 일면식 없는 또래 사람들이 다른 사람들에 대해 수군대는 이야

---

46. Arthur Russell. 미국의 첼리스트이자 싱어송라이터로, 1970년대와 1980년대 뉴욕의 진보적 예술계를 중심으로 전위적인 음악 활동을 했다.

47. Lands End. 샌프란시스코 북서부 끝에 있는 공원으로, 골든게이트교와 해안의 절경을 한눈에 볼 수 있는 명소.

기를 열심히도 귀담아들었다. 또 나는 시시콜콜한 내용의 메일을 장황하게 적어 친구들에게 보냈다. 혼자 콘서트에 가서 가수와 그윽한 눈빛을 주고받고 싶어 했다. 술집에 잡지를 한 권 사들고 가 우중충한 전기 벽난로 옆에 자리를 잡고서, 누가 말을 걸어주기를, 그러나 한편으로는 그냥 내버려두기를 바라며 시간을 보냈다. 끝내 말을 걸어오는 사람은 한 명도 없었다.

싱글인 동료들은 데이트 앱을 여러 개씩 이용했다. 그러면서 내게도 가입을 권했다. 하지만 나는 개인정보를 너무 많이 노출하는 것이 조심스러웠다. 갓 모드의 존재를 알게 된 후로 그 문제에 부쩍 예민해진 터였다. 데이터 수집이야 이미 피할 수 없음을 잘 알고 있었다. 내가 켕기는 이유는, 저 너머에서 데이터를 들여다볼 수 있는 사람, 그러니까 나 같은 사람 때문이었다. 내 정보를 염탐하는 사람이 누구일지 나는 짐작조차 할 수 없었다.

나는 결국 앱에 가입했지만, 얼굴을 공개하는 대신 우리 또래 가운데 거실에 수집용 레코드판을 전시해두고 대학 때 읽다 만 비평 이론서와 예술사 책으로 작은 서재를 자랑스레 꾸며둔 일군의 청년들을 마르크시즘으로 이끈, 슬로베니아 출신 철학자[48]의 콜라주를 프로필 사진으로 골랐다. 그 철학자의 얼굴은 주황색 우주복과 합성되어 있었다. 수년 전에 내가 직접 만든 이미지였다. 당시 나는 관심이 있던 남자에게 나의 진지함과 유머

---

48. 슬라보예 지젝을 가리킨다.

감각을 과시하고 싶은 마음에 그걸 만들었었다. 몇 시간이고 위상학적 관점에서 생물학적 인종주의를 논하거나 죽음의 정치학 관점에서 재활용의 의의를 이야기할 수 있는 사람임을 보여주고 싶은 마음에서였다.

나는 침대에 앉아 커피를 마시며 앱을 써봤다. 사회학 이론에는 빠삭하지만 따분하고 유약해 보이는 두 남자와 연락이 닿았다. 계속 진도를 나갈 수는 없었다. '이딴 프로필 사진에 반응하다니, 소시오패스 아니야?' 나는 메시지에 답하지 않고 앱을 지웠다.

며칠 후, 놀랍게도 두 남자 중 한 명이 모두가 싫어하는 소셜 네트워크에서 내게 말을 걸어왔다. 나는 그에게 실명을 말해준 적이 없을뿐더러 내 신원의 흔적을 최소화하려 충분히 조심했었다. 도대체 어떤 수로 나를 찾아냈는지 그의 검색 경로를 따라가보려 했으나 감이 잡히질 않았다.

그 남자는 어렵지 않게 날 찾아낼 수 있었다고 했다. 나는 그 방법을 알아내려 고민하고 또 고민했지만 헛수고였다.


고등학교 친구가 아는 엔지니어를 소개받을 생각이 있느냐고 메일을 보내왔다. 그 엔지니어와 나는 만나서 술을 마시기로 했다. 데이트인지 그냥 만남인지 애매했지만, 혹시 몰라 가슴골이 훤히 드러나는 원피스를 꺼내 입었다. 치마 안에는 자전거를 탈 때 입는 레깅스를 껴입었다.

엔지니어는 아주 잘생겼으며 살짝 부담스러울 정도로 다정했다. 자칭 크리에이터들이 모이는 온라인 커뮤니티에서 활동할 것 같은 부류였다. 그는 대형 소셜 미디어 회사에 다녔고, 초창기 직원이어서 애사심이 남달랐다. 우리는 생분해 접시에 나온 일본식 돈가스를 먹으며 지금껏 살아온 이야기를 주고받았다.

식사를 마쳤을 때, 그가 텐덜로인에 있는 작은 칵테일 바에 가자고 제안했다. 가는 길에 마약상들이 버젓이 활동하는 거리를 지났다. 그곳에서 우리 회사 CTO를 만나면 어떤 반응을 보여야 하나 잠시 생각했다. 함께 점심을 먹으며 체제 저항적인 친구들이 많다고 실컷 자랑해놓고는 결국 소프트웨어 개발자와 만나는 내 모습을 그가 본다면 실망하지 않을까 싶었다.

칵테일 바는 벽지의 질감이 독특했고 깡마른 가드가 입구를 지켰다. 실내에서 사진 촬영은 금지였다. 그 말인즉슨 소셜 미디어에서 이 술집의 존재가 베일에 싸여 있다는 뜻이었다. 독특한 마케팅은 다행히도 성공적이었다. 술집에 입장한 손님들은 모두 뿌듯한 표정을 짓고 있었다.

"여기는 메뉴가 따로 없어요. 그냥 마티니 달라고 주문해서는 안 돼요." 엔지니어는 내가 이전에 그렇게 주문한 걸 본 적이라도 있다는 듯 충고했다. "바텐더에게 형용사 세 가지를 말하세요. 그러면 그거에 맞게 술을 만들어줄 거예요. 사실 나는 오늘 하루 종일 뭘 말할지 고민하고 있었어요." 이렇게 유쾌하게 산다는 것, 재미있게 살 자격이 있다고 믿는 기분은 어떤 걸까?

나는 이 술집의 시스템을 시험해보기로 했다. 속으로 메스칼주[49]를 떠올리며 바텐더에게 스모키하고 짭짤하고 화가 나는 술을 부탁했다. 그러자 정말로 메스칼주가 나왔다. 엔지니어와 나는 벽에 기대 술을 홀짝였다. 엔지니어는 미션 디스트릭트에 있는 자기 집과 전문가용 자전거에 대해, 평일 저녁 캠핑을 즐기는 습관에 대해 자랑했다. 또 DSLR 카메라와 여러 책을 주제로 막힘없이 대화를 이어갔다. 그는 글꼴에 대해서도 확고한 의견을 가진 듯했다.

그가 잠시 화장실을 간 사이, 나는 사진 공유 앱에서 그의 계정을 검색해 사진들을 구경했다. 사진에는 안개 낀 랜즈 엔드와 해변, 부서지는 파도, 적갈색의 언덕, 골든게이트교의 새벽과 초저녁과 한밤 풍경이 담겨 있었다. 그중 절반 가까이에 그의 자전거 또는 인적 없는 길이 함께 찍혀 있었다. 사진들은 정말로 고화질이었다.

사람들에게 보이는 이미지라든가 개인적인 미감을 정성껏 길러내는 것은 내게 꽤나 피곤한 일처럼 보였다. 나에게 그런 태도는 섹스를 하는 와중에 조명의 분위기가 괜찮은지 의식하는 것과 별반 다르지 않았다. 나는 이날 만난 엔지니어처럼 세심하게 선별된 삶을 사는 방식과는 그다지 어울리지 않았다. 내 쪽에서 노력한다 하더라도, 우리가 다시 만날 일은 없다는 것을 나는

---

49. mescal. 용설란으로 만든 멕시코의 대표 증류주로, 스모키한 맛과 향이 특징이다.

예감했다. 그날 밤 나는, 조금은 가벼워진 마음으로 자전거를 타고 집으로 돌아갔다.

CEO의 여자친구도 알고 보니 친구가 필요한 사람이었다. 정확히는 동성 친구를 찾고 있었다. '여자분들끼리 좋은 시간 보내기를.' CEO가 이메일로 나와 그녀를 연결해주었다. 내가 그녀에 대해 아는 것이라고는 수준 높은 어린이용 엔터테인먼트로 유명한 컴퓨터 애니메이션 스튜디오의 소프트웨어 엔지니어라는 것, 아주 현명하게도 남자친구와 한 건물의 다른 층에 살고 있다는 것, 그리고 CEO가 사랑하는 여자라는 것이 전부였다.

우리는 회사 근처 와인 바에서 만나 등받이 없는 하얀 가죽 의자에 자리를 잡았다. 와인 바는 먼젓번 테크 붐 시대의 흔적을 간직하고 있었다. 모든 게 마이크로 스웨이드 아니면 크롬 소재였고, 조명은 매립형으로 움푹 들어가 있었다. 1990년대가 꿈꿨던 미래상 그 자체였다. 라운지 음악이 실내를 가득 메웠다. 외부인 출입이 통제된 한쪽 공간에서는 벤처 투자사가 주최한 기업 행사가 열리고 있었다. 일본산 데님 바지에 흰색 셔츠를 입은 남자들이 명찰을 달고서 서로 반갑게 인사했고 두리번거리며 친분을 쌓을 상대를 물색했다. 나는 사무실 밖으로 나온 것만으로도 기분이 들떴다.

CEO의 여자친구는 침착했고 똑 부러졌으며 흐트러짐 없이 진지했다. 샴푸 광고에 나올 법한 머리에, 튀지 않게 몸에 딱 맞는 재킷을 입고 있었다. 그녀는 자신이 하는 일이 재밌다고 했다. 자기가 설계를 도운 제품이 사람들을 행복하게 해준다고도 했다. 하는 말마다 똑똑하고 명료했다.

우리는 테크 업계에서 여자로 살아가는 고충에 대해 피상적인 말들을 주고받았다. 나는 우리 둘이 가까워지면 어떤 모습일지 상상해보았다. 내가 불치병에 걸려 그녀가 병문안을 오는 모습은 쉽게 그려졌다. 그러나 술에 취하거나, 취미로 함께 그림을 배우러 다니거나, 실험적인 현대 무용 공연을 보러 가는 모습은 통 그려지지 않았다. 우리는 함께 무얼 할 수 있을까? 성생활에 대한 수다? 성차별에 대한 토론?

내가 그녀와 CEO의 변변찮은 친구가 되는 모습도 상상해보았다. 나와 그녀는 포트레로 힐[50]에 있는 농구장 관중석에 앉아 CEO가 농구를 하는 모습을 지켜볼 것이다. 그녀는 내게 머리 세팅하는 법을 꼼꼼하게 알려줄 것이다. 세 사람이 함께 휴가를 가면 어떤 모습일까. 우리 셋은 탄산수를 마시며 함수형 프로그래밍에 관해 토론할 것이다. 한 회사의 대표, 그리고 훗날 회사의 대표가 될 사람과 어울리다 보면 언젠가 나도 그런 사람이 되는지도 몰랐다. 그들 덕분에 내게도 인맥이란 게 생길 것이다. 주말이 되면 다 같이 소노마[51]로 떠날 것이다. 집 공유 플랫폼으

---

50. 샌프란시스코 동부에 있는 지역으로, 1990년대 이후 젠트리피케이션이 진행되어 현재는 부촌을 이루었다.
51. 캘리포니아주 북부의 휴양지이자 유명한 와인 산지.

로 별장을 통째로 빌리고, 대리석으로 된 주방 테이블에 둘러앉아 바이오다이내믹[52] 농법으로 만든 와인을 홀짝이며 함께 사업을 구상할 것이다. 그러나, 내가 그들 중 누군가와 땀을 뻘뻘 흘리며 언더그라운드 공연을 즐기거나 술에 잔뜩 취해 과거가 시간인지 장소인지 떠들어대는 모습은 쉽사리 그려지지 않았다.

CEO의 여자친구가 내게 회사 일이 어떤지 물었을 때 나는 대답을 회피했다. 물론 일은 빼놓을 수 없는 이야깃거리였고 그것 없이 나를 설명할 수도 없었다. 그러나 그녀가 정말로 궁금해서 묻는 건지, 아니면 나에 관해 뭘 알고서 묻는 건지 확신이 서지 않았다. 내가 한 말을 자기 남자친구에게 전하지 않는다는 보장도 없었다. 물론 그녀가 이날 만남에 대해 입을 꾹 다문다면 그 또한 그것대로 문제였다. 이런저런 생각 때문에 이날 저녁의 만남은 왠지 비공식적인 업무 평가 자리처럼 다가왔다.

CEO는 이날 우리와 함께하지 않았음에도 처음부터 끝까지 존재감을 발휘했다. 따라서 나는 그녀에게 솔직하게 내 모습을 드러내지 못했고 그녀를 개별적인 인간으로 대하지 못했다. 그녀의 진짜 모습을 보지 못하는 나 자신이 부끄러웠다. 애초에 그녀를 누군가의 여자친구, 들러리, 부속물 정도로 인식한 나의 편견이 마음에 들지 않았지만, 나는 회사 직원으로서 느끼는 불안감을 끝내 이겨내지 못했다. 친구가 필요하다는 이유만으로 두

---

52. 우주의 바이오리듬에 따라 포도밭을 가꾸고 와인을 만드는 친환경 농법.

사람이 친구가 될 수는 없었다. 어쩌면 우리 두 사람은 생각보다 비슷한 점이 더 적었던 것인지도 몰랐다.

　우리는 각자 주문한 와인을 조금씩 마셔가며 천천히 잔을 비웠다. 요즘 읽고 있는 책이나 시간이 되면 읽으려고 사둔 책에 관해 이야기하기도 했다. 호평을 받아 재상연 일정이 잡힌 연극을 함께 보러 가면 좋겠다고, 서로 마음에도 없는 약속을 했다. 대화가 툭툭 끊길 때마다 어색한 미소를 지으며 입 안의 와인을 느리게 음미했다. 평범한 하우스 와인이었지만 대단한 와인이라도 된다는 듯이. 마침내 잔을 다 비웠을 때, 우리 두 사람은 아주 자연스럽게 두 번째 잔을 주문하지 않고 자리에서 일어났다.

# 딜레마

여름이 한창이던 어느 날, 국가안보국의 한 계약직 직원이 국민의 일거수일투족을 감시해온 미국 정부의 비밀 프로그램을 폭로해 세상을 떠들썩하게 했다. 그날 점심, 나와 동료들은 쉴 새 없이 울리는 뉴스 앱 알림에 무덤덤해진 채 식사 메뉴를 고르는 데 열중했다. 저기 아래 쇼핑몰에 있는 푸드 코트에서 사 올까? 아니면 멕시코 음식점에서? 결국 우리는 꽤 괜찮은 태국 음식과 짭짤한 라면을 포장해 와서 커다란 테이블에 둘러앉았다. 그리고 요즘 유행하는 팟캐스트와 텔레비전 프로그램에 관해, 또 망한 데이트 경험담과 곧 다가올 휴가 계획에 대해 수다를 떨었다. 식사 후에는 다시 책상 앞에 앉아 각자 맡은 설계, 판매, 상담, 마케팅 업무를 이어갔다.

내부 고발자의 폭로로 국가안보국이 이메일과 휴대폰 문자, 소셜 네트워크 메시지 등 민간인들의 사적인 기록을 들여다보고 있었다는 사실도 까발려졌다. 국가안보국은 개인의 연락처 정보를 수집해 국민들이 언제 어디서 누구와 만나는지를 알아냈다. 동의를 구하거나 고지하는 행위 없이 사람들의 인터넷 활동 기록을 몰래 모으기도 했다. 쿠키를 수집해 웹상에서 일어나는 사람들의 행위를 파악해온 것이다. 쿠키는 내게 익숙한 단어였다. 데이터 분석 소프트웨어를 만드는 데 반드시 필요한 기술이었기 때문이다.

국가안보국은 쿠키 정보를 얻기 위해 클라우드에 접근했다. 클라우드는 투명하고 실체가 없다는 인상 때문에 그것의 물리적 실체는 별 주목을 받지 못했다. 사실 클라우드는 무기한으로 데이터를 저장하는 하드웨어 네트워크에 지나지 않는다. 모든 하드웨어가 그렇듯 클라우드도 해킹에서 자유롭지 않다. 정부는 글로벌 테크 기업들의 서버에 침투해 정보를 빼 갔다. 혹자는 기업들이 그걸 알고도 백도어[53]를 만들어 정부에 협조했다고 주장했다. 반면 기업들에게는 죄가 없다고 주장하는 이들도 있었다. 기업을 동정해야 하는지 두려워해야 하는지 판단이 서질 않았다.

---

53. back door. 정상적인 인증 과정을 거치지 않고 컴퓨터 시스템에 접근할 수 있도록 만들어진 보안상의 허점. 시스템 설계자가 테스트 및 유지 보수의 효율성을 위해 일부러 남기는 경우도 있다.

나의 관심을 끈 부분은 사소한 곁다리 정보였다. 국가안보국에서는 계약직을 포함한 하급 직원들이 상급 직원들과 동등한 권한으로 데이터베이스에 접근하고 조회를 요청할 수 있다고 했다. 요원들은 가족과 연인, 원수와 친구의 사생활을 염탐했다. 그야말로 악몽이었지만 충분히 있을 법한 얘기였다.

회사 사람들은 국가안보국의 내부 고발자에 대해 아무 말이 없었다. 회식 때도 마찬가지였다. 그 뉴스에 대한 이야기가 나오면 대부분 말을 아꼈고 애초에 대화 주제로 꺼내지도 않았다. 우리는 우리가 감시 경제에 복무한다고 생각하지 않았다. 인간 행위에 관한 데이터를 민간이 제멋대로 소유하는 관행을 촉진하고 당연시하는 일에 우리가 일조한다고도 생각하지 않았다. 우리는 제품 관리자가 A/B 테스트를 손쉽게 진행하고 개발자가 더 좋은 앱을 개발하도록 도울 뿐이었다. 고객들이 우리의 제품을 마음에 들어 하고, 우리의 제품을 이용해 자신들의 제품을 개선하여 소비자의 마음을 얻고 있다는 것. 그게 다였다. 문제 될 부분이 없었다. 게다가 우리가 아니어도 어차피 누군가는 이러한 일을 했을 것이다. 기업에 분석 툴을 파는 회사는 우리 말고도 많았다.

우리가 그나마 인정할 수 있는 도덕적 딜레마는 데이터를 광고 업체에 파느냐 마느냐 하는 문제였다. 우리는 광고 업체에 데이터를 팔지 않았고, 그러므로 떳떳했다. 우리는 중립적인 플랫폼, 일종의 매개체일 뿐이었다.

만약 우리 중 누군가가 고객사들의 개인정보 수집 관행을 문제 삼거나 우리의 제품이 악용될 가능성을 제기한다면, 솔루션 팀장은 우리가 데이터 브로커가 아님을 상기시켜 정신을 차리게 만들었을 것이다. 우리는 데이터 장사를 하는 것이 아니며 제삼자의 일에 개입하지 않는다고, 사람들이 정보를 추적당하고 있다는 사실을 모를 수야 있지만 어쨌든 그건 고객사와 그들이 알아서 해결할 문제라고 말이다.

"잊지 말아요. 우리는 올바른 일을 하고 있는 거예요. 우리는 좋은 사람들입니다." 솔루션 팀장은 웃으며 이렇게 말하곤 했다.


해야 할 일이 넘쳐났고 신규 고객사가 물밀듯 몰려왔다. 팀마다 일손이 부족해졌다. 신입 직원을 회사에 소개하면 받는 보너스 액수는 명당 5000달러에서 8000달러로 뛰었다. 노아는 직원 소개료로 짭짤한 부수입을 올리기 시작했다. 동생들과 부모님까지 동원해 괜찮은 사람을 수소문한 덕이었다.

그러나 CEO는 신입 채용에 까다로웠다. 첫 직원 100명이 회사의 미래를 좌우한다는 것이 이유였다. 문화는 아래로 흐르는 법이었다. 회사의 명운이 걸린 일이기에 모두가 신중해야 했다. 이러한 분위기는 우리의 자존감을 높이는 동시에 우리를 선택받은 소수의 엘리트로 봐준 회사에 대한 고마움을 키웠다. 그러나 달리 생각하면, 회사 규모를 키우기가 그만큼 힘들다는 뜻이기도 했다.

나는 솔루션 팀에 지원한 사람들을 열 명도 넘게 인터뷰했다. 중세 시대 농부에게 인터넷을 설명한다면? 살면서 가장 힘들었던 때는? 나는 최대한 권위 있는 목소리를 꾸며내 유망한 보조 엔지니어들에게 이런 질문을 던졌다.

그러나 창업자들과의 면접을 통과한 지원자는 거의 없었고, 창업자들은 슬슬 짜증을 내기 시작했다. 내가 그들의 시간을 낭비하고 있다며 말이다. "당신보다 능력이 달리는 사람은 아예 통과시키질 말아요." CEO는 칭찬이랍시고 이렇게 말했다.

CEO와 솔루션 팀장은 고객지원직에 여자 직원을 늘려야 한다고 말하면서도 여성을 더 뽑지는 않았다. 대신 오버 스펙의 밀레니얼 세대 남성들로 이뤄진 소수 정예 팀을 꾸렸다. 다들 법조계, 금융계, 교육계에서 도망쳐 나왔거나 대학 시절 기숙사 방에서 창업을 구상해본 사람들이었다. 그중 한 명은 사모펀드 애널리스트 출신으로, 갓 뉴욕에서 건너왔고 스스럼없이 나를 '자기'라고 불렀다. 그는 월가를 향한 치기 어린 반항심을 표현하듯 발목까지 올라오는 부츠를 신고 스키니진과 펑퍼짐한 스웨터를 입고 다녔다. 다른 한 명은 보스턴 공립학교에서 수학을 가르치던 사람이었다. 교사 일에 비하면 스타트업 일은 휴식에 가깝다고 했다. 또 한 사람은 최근에 아이비리그 대학 중 한 곳에서 컴퓨터 생명공학으로 박사 학위를 받아 스스로를 '박사'라 칭하곤 했다. 물론 농담으로 하는 말이었다. 박사님을 빼고는 역시 모두

나보다 어렸다.

신입들은 나와 달리 처음부터 기술을 능숙하게 다뤘고 나보다 더 유능하기까지 해 내게 열등감을 안겨주었다. 그래도 우리는 원만하게 잘 지냈다. 그들은 입사 선배인 나를 존중했고 내 감성 지능을 높이 평가했다. 그들이 날 대신해 스크립트를 고쳐주면, 나는 그들의 문장을 교정해주었다. 그들은 승부욕이 넘쳤고 CEO의 인정과 칭찬을 끊임없이 바랐다. 나는 그들을 두루 보살펴야 한다는 책임감을 느꼈다.

한번은 보조 엔지니어 몇몇이 번아웃 증세를 보이기에 내가 CEO에게 그들의 기를 살려주면 좋겠다고 제안한 적이 있다. 그러면 자신감이 붙어 일을 더 잘하게 될 거라고 말이다. 칭찬으로 좋은 자극을 주는 것은 생산성을 해치지 않을뿐더러 내가 화요일 회의마다 보고하는 팀원별 성과 지표에 긍정적으로 반영될 수도 있었다. 나는 팀원별 성과 지표를 질색하는 편이었지만 그걸 모니터링하는 사람이 된 것은 마음에 들었다.

CEO와 나는 항상 전혀 다른 언어로 이야기했다. 내가 추상적 차원에서만 사용되어온 단어인 공감 능력에 대한 논의라든가 보조 엔지니어들에게 구두점을 바르게 사용하는 법을 알려주는 일에 관심이 많은 반면, CEO는 복잡한 데이터 분석을 통해 우리 팀의 성과를 평가하고 팀원들에게 그에 대한 책임을 묻는 것에 초점을 맞췄다. 내가 동정심이 깃든 분석의 역할에 대해 이야기하면, 그는 효율을 극대화하는 일에 대해 이야기했다. 나는 따뜻한 팀 분위기를 바랐지만, 그는 기계처럼 한 치의 오차도 없는 팀이기를 요구했다.

"맡은 일을 잘한다고 내가 왜 고마워해야 하죠?" CEO는 얼굴을 찌푸리며 되물었다. "그러라고 월급을 주는 건데."

실리콘 밸리에서 비非엔지니어는 자신의 가치를 애써 증명해야 한다. 내가 이 사실을 깨우치기까지는 그리 오랜 시간이 걸리지 않았다. 테크 회사에 비기술직 직원이 들어오고 나면, 이전에는 없던 변화가 생겼다. 우리 같은 사람들은 급여 인상을 요구했고 점심시간에 오가는 대화의 내용을 순화했다. 필요한 절차와 조직도를 만들었고 요가 수업과 인적 자원 팀 신설을 요청했다. 그리고 어떤 식으로든 다양성 지표에 긍정적으로 기여했다.

그러나 우리 회사의 위계질서는 뿌리가 깊었다. 좋은 제품은 알아서 팔린다며 마케팅의 역할을 무시하는 CEO의 태도도 그렇거니와, 직원들의 월급과 주식 할당에도 위계질서가 고스란히 드러났다. 프로그래밍 언어나 애자일 개발[54]과 달리, 감성지능은 배워서 터득할 수 없음이 이미 입증되었고 인간의 공감능력은 인공 지능이 쉽게 넘볼 수 없는 장벽이었음에도 소프트스킬은 언제나 과소평가되었다.

미국으로 이민 오기 전 국선 변호사였다던 운영 팀장은 급

---

54. agile development. 짧은 주기로 개발과 개선을 반복하여 신속하고 유연하게 하나의 소프트웨어를 완성하는 방법론.

여를 지급하고, 행사를 준비하고, 기술직 모집자 역할을 대신하고, 사무실 인테리어를 책임지고, CEO를 보조했다. 사실상 혼자서 인적 자원 팀 업무를 도맡았다. 그녀는 시설 관리인들과 스페인어로 편하게 대화할 줄 알았고 이사진 회의 때 쓸 자료도 직접 준비했다. 그런가 하면 간식에 대한 직원들의 투정을 받아주었고 남자 화장실에 물티슈를 비치하는 잡일도 군말 없이 했다. 운영 팀장 말로는 창업자들이 그녀를 뽑은 이유는 일머리가 있기 때문이었다. 그건 사실이었다. 운영 팀장은 묵묵히 회사를 돌아가게 했다. 나는 어째서 그녀의 업무 역량이 웹 애플리케이션을 개발하는 일보다 문화적으로나 금전적으로 천대받는지 이해할 수 없었다.

하지만 어느새 내 안에도 그런 편견이 작동하고 있었다. 나는 고객지원직 지원자들을 면접할 때, 기술을 독학한 사람이나 프로그래밍에 관심이 많은 사람을 선호했다. 그 친구는 여름 동안 코드를 독학했다던데. 어느 날 오후, 한 지원자에 대해 진심으로 감탄하며 나도 모르게 이런 말을 내뱉었다.

평일 저녁에 회사 워크샵이 열렸다. 일단 우리는 사무실 조명을 어둑하게 낮추고 음악을 크게 튼 채, 점심을 먹는 테이블에서 가볍게 술을 마셨다. 솔루션 팀장은 늘 그러듯 꿋꿋이 무알콜루트 비어를 마셨다. 엔지니어링 팀이 키우는 열대어가 탁한 수조 안에서 이리저리 헤엄쳤다.

우리는 스톡턴 터널 어귀에 있는 조그마한 워크숍 장소로 자리를 옮겼다. 활달해 보이는 금발의 남녀가 회사 로고가 찍힌 손목 밴드를 나눠 주었다. 금발의 남녀는 매력적이었고 건강미가 흘렀다. 탄탄한 다리에는 스판덱스 레깅스에다 짧은 바지를 겹쳐 입었다. 물렁한 뱃살에 일자 목, 손목 터널 증후군을 앓는 우리와는 아주 딴판이었다. 한편 노아는 깜짝 놀랄 일을 겪었다. 금발의 남자가 알고 보니 고등학교 동창이었기 때문이다. 나라면 무척 당황했겠지만, 노아는 그와 자연스럽게 웃으며 인사했다. 캘리포니아 남자들의 유쾌한 우정다웠다.

슬슬 취기가 오른 사람들이 자리에서 일어나 CTO와 셀카를 찍고 창업자들과 넉살 좋게 주먹 인사를 주고받았다. 실내 공기는 금세 후끈해졌다. 우리는 게임을 했고, 미니 골대를 세워놓고 농구를 했으며, 바에 모여 연거푸 술을 마셨다.

그리고 대망의 보물찾기 놀이를 하러 시내로 나갔다. 우르르 밖으로 몰려간 우리는 붐비는 샌프란시스코의 거리로 흩어져 랜드마크에 숨겨진 힌트를 찾아 다녔다. 또 유니언 스퀘어 한복판에서 인간 피라미드를 쌓았고, 서로의 손목 밴드를 낚아챘다. 위엄 있는 대형 은행 계단에서 점프 샷을 남겼다. 관광객들 사이로 쏜살같이 뛰어다녔고, 택시 기사들과 호텔 문지기들을 귀찮게 했으며, 노숙자들 앞에서 고꾸라질 뻔도 했다.

거리를 쏘다니며 건성으로 실례한다고 외치던 우리는, 그렇게 회사 이름에 먹칠을 했다. 우린 땀을 흘려가며 승부를 즐겼다. 그렇게 행복을, 아마도 그런 감정을 느꼈다.

　어느 날 아침, 예정에 없던 회의가 갑자기 잡혔다. 지난번에도 그런 적이 있었는데, 그때는 승진 욕구와 워라밸의 중요성을 최저 1점부터 최고 5점까지 점수 매기도록 요구받았었다. 나는 두 문항에 모두 4점을 매겼다가 욕심이 너무 적은 것 아니냐는 핀잔을 들었다.

　우리는 영문을 모른 채 회의실로 향했다. 회의실 창문으로 샌프란시스코의 백만 불짜리 시내 전경이 내다보였지만, 우리는 언제나 블라인드를 내린 채 생활했다. 거리 너머에선 쿵쿵거리는 양동이 드럼 소리가 불규칙하게 들려왔다.

　우리는 창문을 등지고 나란히 앉아 노트북을 펼쳤다. 나는 회의실을 둘러보다 새삼 동료들에 대한 애정을 느꼈다. 조금 별난 이 사람들만이 나의 새로운 삶을 제대로 이해해주었다. 테이블 맞은편에는 솔루션 팀장이 미소를 머금고서 서성이고 있었다. 그는 우리에게 각자 아는 사람들 가운데 가장 똑똑한 사람 다섯 명의 이름을 적어보라고 했다. 동료들은 그의 말을 고분고분 따랐다.

　어떤 똑똑함을 말하는 걸까, 나는 펜 뚜껑을 여닫으며 고민했다. 친구들을 똑똑한 순서대로 줄 세운다는 게 영 내키지 않았다. 일단 생각나는 대로 조각가, 작가, 물리학자로 일하고 있는 친구들과 대학원생 친구 둘의 이름을 적었다. 이름을 적고 나니

그 친구들이 무척 그리워졌다. 그간 답하지 못한 전화 통화와 이
메일이 생각났다. 요즘의 나는 소중하게 생각하는 것들과 사람
들을 소홀히 대하고 있었다. 얼굴이 화끈거렸다.

"좋아요. 자, 이제 그 사람들이 왜 여기서 일하지 않는지 말
해볼래요?" 솔루션 팀장이 말했다.

내가 아는 가장 똑똑한 친구들이 왜 여기서 일하지 않느냐
고? 피하고 싶은 질문이었다. 이유가 복잡해서는 아니었다.

내 친구들은 이런 일에서 만족감이나 의미를 찾지 못할 것
이었다. 기업체들의 사업 지표 같은 것에 관심이 있을 리도 없었
다. 테크 산업에 무관심했으며, 돈이 가장 중요한 동기라는 생각
도 아직은 하지 않았다. 금전이 필요한 친구들은 금융계나 의학
계, 법조계, 컨설팅 업계로 가면 돈을 벌 수 있었고 이미 그렇게
하고 있었다.

무엇보다 친구들은 스타트업 문화에 어울리지 않았다. 우
리 회사의 웹사이트를 보여주면 질색할 것이 분명했다. 웹사이
트의 채용 공고 페이지에 가면 슬라이드쇼로 여러 장의 사진이
나왔는데, 그중에는 직원들이 단체 티셔츠를 입은 사진과 한껏
찌푸린 얼굴로 인간 피라미드 대열을 만들고 있는 사진이 있었
다. 타호 호숫가에서 극기 훈련을 받는 CEO와 동료들이 얼음물
을 헤엄치고 대학 운동선수 출신 조교들이 가하는 전기충격을
견디며 진흙 밭을 기어가는 사진도 떡하니 걸려 있었다. 그리고

내가 늠름한 모습으로 회사 티셔츠를 입고서 함박웃음을 짓고 있는 사진도 있었다.

내 친구들은 최선을 다해 헌신적으로 일했으나 하는 일에 비해 보잘것없는 보상을 받았다. 그들이 선택한 삶은 궁상맞았다. 테크 노동자들은 내 친구들 같은 부류를 경제에 보탬이 되지 못한다는 이유로 낮잡아 봤다. 하지만 멸시는 상호적이었다. 친구들은 스스로를 창업가라고 소개하는 또래를 보면 괜한 우월감을 느끼며 웃음을 터뜨릴 것이다.

내 친구들의 세계는 감각적이고 감정적이며 복잡했다. 관념적인 동시에 표현적이었다. 가끔은 혼란스러울 때도 있었다. 그 세계는 분석 소프트웨어가 지향하는 바와는 확연히 달랐다. 그 세계 안에 여전히 내가 있다고 말할 수 있을지, 이제는 확신이 서질 않았다.

# 언어

뉴욕에 있을 때는 인터넷 이면에 사람이 존재한다는 생각을 해본 적이 없었다. 그러나 샌프란시스코에서는 단 한 순간도 그 사실을 잊을 수 없었다. 쾌활한 스타트업 간판들이 창고와 사무실 꼭대기 층에서 번쩍였고, 그 회사들의 로고가 출퇴근하는 사람들의 모자와 조끼와 라이딩복에 박혀 있었다.

이 도시는 언어마저 파괴의 대상이 되고 있음을 일깨워주는 표지판들로 가득했다. 샌프란시스코에서 산호세로 이어지는 실리콘 밸리 일대에서는 비싼 물가 중에서도 도로 광고판 임대료가 특히나 비쌌다. 그 비싼 광고판에는 어딘가 어색한 표현으로 소프트웨어 개발자들의 환심을 사려는 제품 홍보 문구들이 내걸렸다. 그 홍보 문구들은 맥락이나 문법 구조를 가뿐히 무시했다.

이를테면 '저녁을 고치다'(음식 배달), '내일이 작동하는 법'(파일 저장), '당신의 개발자에게 물어보세요'(클라우드 기반 커뮤니케이션) 같은 것들이었다. 이러한 문구들은 기성 기업의 광고판 옆에 나란히 놓임으로써 초현대적이면서도 기이한 인상을 풍겼다. 물론 기성 기업들도 새로운 타깃 시장을 점차 또렷이 이해해가고 있었다. 생명보험사이자 투자관리사이며 1980년대 파렴치한 사기극의 주범이기도 한 100여 년 전통의 금융 서비스 회사는, 문법을 정확히 지키되 읽는 사람이 외면하고픈 현실을 콕 집어 말하고 있었다. 그 회사의 광고판에는 '가치 있는 것에 투자하세요. 당신의 은퇴 후 생활에.'라고 쓰여 있었다.

하루는 저녁에 전철역 에스컬레이터를 타고 내려가다가 플랫폼 벽에 붙은 광고를 보았다. 서비스형 신원 확인 솔루션인 비밀번호 저장 앱에 대한 홍보였는데, 정확히는 구인 공고였다. 그러니까, 일반 소비자가 아니라 나 같은 사람에게 자신들을 홍보하고 있었다.

광고판에는 브이 자 대형으로 선 다섯 명이 팔짱을 끼고 있었다. 단체로 파란색 후드티를 입고 얼굴에는 고무로 된 유니콘 가면을 쓰고 있었다. 나는 에스컬레이터에서 내려 그 광고판 앞으로 걸어갔다. '인간이 만들고 유니콘이 쓰다'라는 문구가 눈에 띄었다.

이게 도대체 무슨 말이람? 사람들은 '이그제큐티브'라고 해야 할 것을 '이그제큐트'라고 하고, '업레벨'이면 될 것을 '업레벨

링' 한다고 말했다. '묻다', '첨부하다', '실패하다' 같은 동사를 명
사가 와야 할 자리에 놓았다. '어덜트'라는 명사에 'ing'를 붙여
'어덜팅' 한다고 표현했다. 인터넷 밈[55]을 만드는 능력이 소셜 영
향력의 척도가 되었다. 모두가 인터넷 유행어를 표준어처럼 썼
고 원래 다른 뜻으로 쓰이던 줄임말도 아무렇게나 갖다 썼다.
'그 막대인간 GIF 알지?' 20대 초반의 한 동료는 자기 기분을 이
런 식으로 설명했다. 나는 하지 않는 방식이었다. 그가 무표정한
표정으로 'lol' 하고 메시지를 보내면, 나 또한 웃음기 하나 없는
얼굴로 '하하'를 써 보냈다.

　　테크 스타트업들은 역사에 오래 남을 이름을 짓는 일에는
관심이 없었다. 작명의 기준은 얼마나 쉽게 URL 주소로 활용할
수 있느냐였다. 신생 회사들은 바로 이 점을 염두에 두고 작명에
창의력을 발휘해야 했다. 창업가들은 두 단어를 멋대로 합친 합
성어라든가 모음 없이 자음으로만 된 명사를 회사 이름으로 내
걸었다. 내가 먼 미래에 운 좋게 손주를 얻게 된다면, 그 아이를
위한 대학 장학금이 우연한 오타나 무의식적 말실수 같은 회사
명으로 주어진다 해도 이상하지 않았다.

　　가끔은 모두가 저마다 다른 언어로 말하는 것 같았다. 혹은
똑같은 언어를 쓰지만 문법이 아예 다른 듯했다. 모두가 공유하
는 어휘 목록 같은 건 없었다. 대신에 아름답지도 효율적이지도

---

55. meme. 인터넷에서 유행하는 사진 또는 짧은 영상 형태의 콘텐츠.

않은 비언어를 공유했다. 운동선수가 쓸 법한 어휘와 전시 상태를 연상시키는 비유가 비즈니스 용어와 혼용되었고, 화자의 거만함이 그 표현을 부풀렸다. 콜 투 액션, 최전선, 참호, 블리츠스케일[56] 같은 표현이 대표적이었다. 회사의 실패를 전사로, 경쟁을 전쟁으로 표현하는 것도 마찬가지였다.

"우리는 인류를 진보시키는 제품을 만들고 있습니다." CEO는 화요일 회의에서 이런 말로 우리의 사기를 진작시켰다.

선선해진 늦여름, 아직 안개가 다 걷히지 않은 이른 아침에 우리는 도로변에 새로 걸린 회사 광고판을 단체로 구경하러 가기로 했다. 전 직원이 평소보다 일찍 회사에 나왔다. 운영 팀장은 갓 짜낸 오렌지 주스와 빵, 그래놀라를 곁들인 요거트 파르페를 주문해 나눠 줬다. 테이블에는 까지 않은 샴페인이 한 병 놓여 있었다.

나는 이번 광고판 건을 책임진 홍보 팀장이 자랑스러웠지만 한편으로는 걱정도 되었다. 도로변 광고판이 어떤 결과를 낼지는 불확실했다. CEO는 마케팅을 신뢰하지 않는 사람이었다. 그는 차라리 인맥과 입소문의 효과를 더 신뢰했다. 또 그는 아주 유용하고 꼭 필요하며 치밀하게 설계된, 그래서 외부 자극 없이 저절로 사람들의 관심을 끄는 제품을 만드는 것이 관건이라고

---

56. blitzscale. 기습 공격을 뜻하는 '블리츠크리그blitzkrieg'와 규모 확장을 뜻하는 '스케일업scale up'의 합성어.

굳게 믿었다. 게다가 광고판 임대료는 어마어마하게 비쌌다. 투자 대비 수익을 증명하기란 딱 봐도 어려웠다.

우리는 주머니에 손을 찔러 넣은 채 삼삼오오 모여 소마로 걸어갔다. 그리고 광고판 앞에 도착해 자랑스러운 미소를 지으며 어깨동무를 하고 단체 사진을 찍었다. 나는 뉴욕에 있는 부모님에게, 조만간 전화를 드리겠다는 지키지 못할 약속과 함께 사진을 전송했다.

# 연인

노아는 날 여기저기 데리고 다니며 지인들을 소개시켜주었다. 노아의 친구들과 어울리면서 나는 베이 에어리어에서 밀려난 줄 알았던 세상과 이어진 듯한 경험을 했다. 그들은 요리사, 사회복지사, 학자, 뮤지션, 댄서, 시인이었다. 풀타임으로 고용되어 일하는 사람은 몇 안 되었다. 그들은 철저한 정직을 자기들끼리의 생활 원칙으로 엄수했고 비종교적인 영적 지향을 믿었다. 대화할 때는 심리 치료 모임에서 쓰는 언어를 사용했다. 사람 많은 곳에서 서로의 무릎 위에 앉거나 꽉 껴안는 스킨십을 아무렇지 않게 했다. 저마다 코스튬 상자를 갖고 있었다. 파티가 열리는 집 침실에서 누군가 기 치료 요법을 하는 것은 자연스러운 풍경이었다.

각자가 나름의 방식으로 살아갔다. 어떤 여자들은 젠더 보상 체계를 만들어 남자 파트너와 함께 그것을 실천했다. 독실한 무신론자들은 타로 카드를 사서 그것에 용한 기운을 불어넣는 방법을 진지하게 고민했다. 또 서로의 별자리 차트를 비교하며 라이징 사인[57]에 대해 한참을 떠들었다. 내면의 아이와 진정한 성인 자아를 찾겠다며 다 함께 멘도시노[58]의 외딴 마을로 가서 서로에게 지속적이고 강력한 환각 체험의 동반자가 되어주기도 했다.

다들 일기를 썼고 그 내용을 공유했다. 여름 휴가철이 되면 '기술 해방 캠프'에 참가해 스마트폰을 반납한 뒤 본명 대신 동물, 열매, 기상 현상을 연상시키는 가명으로 생활했다. 침묵 명상을 하며 절벽 근처의 농장에 머물다가 그 이후로도 며칠씩 입을 다문 채 사람들을 멀리했다. 어떤 사람들은 유명 지도자의 이론이나 자기계발 프로그램을 열심히 홍보하곤 했는데, 나중에 찾아보면 대부분이 사이비로 판명 났다.

뉴스쿨과 올드스쿨 취향이 뒤섞인 사람들이 대부분의 여가를 함께 보냈다. 푹신한 중고 소파에 앉아 차를 마시고 온갖 주제로 토론하는 것이 그들의 평범한 일상이자 단체 활동이었다. 사

---

57. rising sign. 출생 순간에 동쪽 지평선으로 떠오르는 별자리. 점성술에서 상승궁은 남들에게 보이는 개인의 모습을 좌우한다고 알려졌다.
58. 캘리포니아주 북부에 있는 해변 마을. 풍경이 아름다워 예술가들과 관광객들이 자주 찾는다.

람들은 복잡한 연애 관계와 재정 문제에 대해, 치질 치료법에 대해 조언을 주고받았다. 모두가 꾸준히 서로의 안부를 확인했다.

나는 그들 틈에 끼어들려고 부단히 노력했다. 한번은 무아지경 댄스를 시도해보았으나 민망함에 애꿎은 양말만 만지다 말았다. 함께 마사지를 받으러 가기도 했으나 차마 옷을 다 벗지는 못했다. 그림에 영 소질이 없는 동물권 활동가들을 파티에서 만나 페이스 페인팅을 하도록 얼굴을 내주었고, 영혼을 몸 밖으로 끄집어내준다는 춤을 정신없이 추기도 했다. 셰어 하우스에서 열리는 스파 파티에 참석해서는 사람들의 성기가 뜨끈히 데워지고 있는 온수 욕조를 피해 가운 차림으로 여기저기를 떠돌았다.

열띤 토론이 취미가 되다니, 차갑고 인간미 없는 기업 문화와 크게 다르지 않게 느껴졌다. 철저한 정직을 엄수하는 것은 주관성과 객관성의 경계를 무너뜨리는 일 같았다. 가끔은 매정하게 보이기도 했다. 물론 쓸모가 있기도 했지만.

그래도 나는 그들을 함부로 평가하고 싶지 않았다. 유익하고 친밀해 보이는 그들의 집단성이 오히려 부럽기도 했다. 그들은 믿을 수 있는 친구들과 친밀하고 솔직하고 긍정적인 관계를 형성했다. 그것이야말로 진정한 공동체라 할 수 있었다. 미래는 불투명하고 현재는 불안정했다. 정도의 차이는 있었지만 삶은 끊임없는 위기의 연속이었다. 모두가 어떻게든 이 도시에 붙어 있기 위해, 특별한 문화의 일부가 되고 더 나은 세상을 만들기 위해 각자 할 수 있는 것들을 하고 있었다.

노스 오브 더 팬핸들[59] 구역에서 열린 누군가의 생일 파티에서 노아의 룸메이트 이안이 말을 걸어왔다. 나는 갑자기 아름답고 매력적인 존재가 된 기분이 들었다. 북적이는 공간에서 남자가 내게 먼저 다가온 것은 처음이었다. 나중에 알게 된 사실이지만, 이안은 원래 그런 사람이었다. 소프트웨어 엔지니어지만 인문학을 전공한 사람들과만 놀았고, 아웃사이더의 존재를 그냥 넘어가지 못했다. 파티에서 가장 겉도는 사람을 찾아내 그 사람과 어울리는 것이 그의 버릇이었다. 그날 파티에서 나는 소파에 홀로 앉아 아무와도 말을 섞지 않았고 누군가의 휴대폰에서 흘러나오는 트로피컬 하우스풍 음악에 절로 움직이려는 두 발을 애써 억제하며 책장에 꽂힌 책들을 구경하고 있었다. 프로그래밍 매뉴얼과 윤리적 폴리아모리에 관한 책들을. 이안은 그런 내게 친근하게 다가와주었다.

이안은 말씨가 상냥했고 S를 발음할 때 입에서 살짝 쇳소리가 났다. 머리는 정전기가 일어나 부스스했으며 입가에는 달콤하고 옅은 미소를 띠고 있었다. 그는 내게 질문을 던진 뒤 내 대답에 맞춰 또 다른 질문을 던졌다. 색달랐다. 대화한 지 한참이 흘러서야 내가 그에게 질문할 차례가 왔다. 나는 동부 연안의 출

59. North of the Panhandle. 팬핸들 공원 북쪽에 위치한 아담한 동네.

세주의자처럼 그에게 무슨 일을 하느냐고 물었다. 그는 로봇 공학 쪽에서 일한다고 했다. 그러나 파티에서 일 얘기를 하고 싶어 하지 않는 눈치였다. 기술에 대해 대화하고 싶어 하지 않는 테크 업계 종사자라니, 무척 호감이 갔다.

알고 보니 우리 두 사람은 언젠가 만날 수밖에 없는 삶의 궤적을 그려오고 있었다. 일단 함께 아는 친구들이 여럿이었다. 대부분 브루클린에 사는 편집자와 작가였는데, 이안은 그들을 대학 시절에 알았다고 했다. 그가 활동했던 밴드는 내가 대학교 2학년 때 살던 기숙사 지하에서 공연한 적이 있었다. 솔루션 팀원들과 회식을 하고 술에 잔뜩 취한 날 밤, 그와 노아가 사는 집에 내가 잠깐 들렀던 적도 있었다. 그날 밤 그는 주방 구석에서 저녁을 요리하고 있었다고 했다. 서로의 기억을 맞춰볼수록 그동안 만나지 않은 게 신기할 따름이었다. 나는 그에게 매력을 느꼈다.

우리는 마실 걸 찾아 함께 주방으로 갔다. 몇몇이 바닥에 앉아 잼 통에 담긴 와인을 마시고 있었다. "부모로부터 물려받은 성격에서 가장 마음에 안 드는 부분이 뭐야?" 앉아 있던 이들 중 한 명이 아주 진지하게 물었다. 그러자 양말까지 이어진 일체형 양털 잠옷 차림의 남자가 손으로 턱을 괴더니 몸을 앞으로 내밀며 대답했다. "적응력." 그의 말에 모두가 고개를 끄덕였다. "엄마 아빠가 너한테서 자신들의 모습을 본다고 느껴?" 다른 누군가 물었다.

나는 속으로 질색하며 뒷문으로 시선을 돌렸다. 마음의 상

처를 치료하겠다고 낯선 사람들과 질문을 주고받는다니, 생각
만으로 스트레스였다. 사람들과 가까워지기 위해 부모님과의
관계를 털어놓아야 한다는 것은 나로서는 상상할 수도 없었다.
나 혼자 자의식 과잉에 보수적이고 꽉 막힌 사람이 된 것도 같았
지만, 그런 내 모습이 마냥 싫지만은 않았다. 이안이 맥주 캔을
두 개 집어 든 뒤 거실로 나가자고 고개를 까딱했다.

　　거실로 나오니 사람들이 노래방 기계를 틀고 놀려고 주변
을 치우고 있었다. 사람들은 물담배 불을 끄고, 빈 병을 모으고,
손수건이나 재활용 종이로 맥주 캔을 감쌌다. 이안과 나는 파티
가 저팬 타운 분위기로 바뀌어가는 동안 둘이서만 이야기를 나
눴다. 그의 곁에 있으면 마음이 편안해졌다. 바람을 맞으며 함께
알라모 스퀘어 공원을 거닐 때, 그는 가만히 내 손을 잡아 자기
외투 주머니에 넣었다.


　　노아와 이안은 미션 디스트릭트의 옛 소방서 건물 2층에 살
았다. 건물이 자리한 한 블록 남짓한 거리는 번화가 두 곳과 이
어졌는데, 그곳들은 마치 찰스 디킨스의 소설처럼 도시의 사회
경제적 분열상을 적나라하게 보여주었다. 먼저 한쪽으로 쭉 걷
다 보면 미션 16번가의 혼잡한 광장이 나왔다. 그곳에는 출퇴근
하는 사람들, 꽃 노점상, 노숙자, 마약 중독자, 성노동자, 비둘기
떼, 눈이 풀린 술꾼 등이 있었다. 그 광장을 지나면 도넛 가게,
멕시코 빵집, 수산 시장, 오순절 교회, 할인 판매점, 신발을 박스

째 쌓아두고 파는 작은 가게, 소시지와 양파를 구워 파는 푸드트럭, 담배 가게, 아담한 음식점, 손으로 직접 쓴 간판을 걸어둔 미용실 등이 즐비한 거리가 펼쳐졌다. 반대쪽으로 가면 발렌시아 스트리트가 나왔다. 그곳은 최신 젠트리피케이션의 결과를 축약해놓은 듯한 동네였다. 그 동네에서는 팔레오 라떼[60]를 마실 수 있는 커피 맛집, 강황 주스를 파는 가게, 그리고 심플한 부티크 쇼핑백을 들고 다니는 깡마른 외국인 관광객들을 만날 수 있었다.

노아와 이안의 집은 아늑하고 편안했다. 내부 해머가 훤히 드러난 피아노, 상형문자 낙서가 그려진 머리 없는 마네킹 등 독특한 장식품이 집 안 곳곳에 있었다. 화장실에는 반쯤 녹은 하브달라 초[61]들이 욕조 옆에 나란히 놓여 있었다. 세 번째 룸메이트는 병원 레지던트였는데 말도 안 되게 오랜 시간을 근무하느라 어쩌다 한 번 오트밀 요리를 푸짐히 내어주거나 자기 지인들을 초대할 때만 겨우 얼굴을 볼 수 있었다. 그 집에선 룸메이트끼리 네 것 내 것 가리지 않고 곰팡이 냄새가 가장 덜 나는 수건을 골라 쓰는 것 같았고, 정말로 그랬다. 나는 그 집에 머무르는 시간을 좋아했다.

그해 가을, 노아는 대규모의 공동 주거 실험에 참여하겠다

---

60. paleo latte. 저탄수화물·고지방 식이요법에 맞춰 우유를 코코넛 밀크, 아몬드 밀크 등으로 대체한 라떼.

61. havdalah candle. 유대교 의식에 쓰이는, 심지가 여러 개 있는 양초.

며 원래 살던 방을 다른 사람에게 세주고 버클리에 있는 공동 주거 시설로 들어갔다. 회사 점심시간에 만난 노아는 주거 시설의 청소 당번 표와 공동 일정표, 개인 텃밭과 입주자 회의 등에 관해 진지하게 이야기를 들려주었다. 그의 방은 창고를 불법으로 개조한 곳이었다. 창밖으로는 노아의 남동생이 키우는 버섯이 보인다고 했다. 나는 미션 디스트릭트에 있는 이안의 집에서 씻고 나오다 헐벗은 상태로 노아와 마주치지 않아도 되는 것이 다행스러웠다. 굳이 그런 불상사를 겪지 않아도 일과 생활의 경계는 이미 흐려질 대로 흐려진 터였다.

이안은 바닥에 매트리스를 놓고 그 위에서 커버를 씌우지 않은 이불을 덮고 잤다. 벽은 쨍한 파란색이었다. 그러나 그는 색깔에 둔한 편이었고 나는 바닥에서 자는 걸 좋아했으니 크게 문제 될 건 없었다. 그의 내면을 보여주는 작은 사물들이 방 곳곳을 장식했다. 예를 들면 도토리 나뭇가지, 카세트테이프, 그림엽서, 전자 부품으로 가득한 연장 상자 같은 것들. 이안과 나는 아침마다 매트리스에 누워 햇빛이 벽을 따라 움직이는 것을 구경했다. 책상과 협탁과 책장보다 낮은 위치에 누워 있으면 물속에 있는 것 같은 기분이 들곤 했다. 그렇게 우리는 되는 데까지 늑장을 부리다가 막판에 허겁지겁 옷을 입고 헬멧을 챙겨 자전거에 올라탔다. 그리고 건물 정문에서 갈라져 유리 파편을 피해 조심히 자전거를 몰았다.

이안이 일하는 소규모의 로봇 제작 스튜디오는 포트레로 힐의 대형 창고 건물에 있었다. 스튜디오는 갖가지 기계 장비와 실험 장치, 받침대, 방음실을 갖추고 있었다. 한쪽 구석에 딸린 방에서는 음료를 만드는 직원 둘이 종일 일했다. 메인 공간에는 사람 크기만 한 로봇 팔이 있었다. 주로 공장의 조립 라인에 설치되어 쓰이는 기계였는데, 이안을 포함해 소수로 구성된 팀이 그것을 영화와 광고 촬영에 쓸 수 있도록 프로그래밍하는 일을 맡았다. 그 기계를 이용해 촬영한 영화는 아름다웠고 내밀한 분위기를 풍기는 동시에 압도적이었다.

이안네 스튜디오는 연초에 거대 검색 엔진 회사에 인수되었다. 창업자 중 한 명은 30만 달러짜리 스피커를 선물로 받았다. 전동 스케이트보드가 화물 운반대에 한가득 쌓여 도착한 날, 이안과 동료들은 인수가 완료되었음을 알았다. 검색 엔진 회사는 1980년대 SF 영화에 나온 로봇의 이름을 따서 로봇 사업 팀[62]을 만들었고, 그 팀을 통해 수십억 달러 규모의 투자를 진행했다. 이안네 스튜디오를 인수한 것도 그 일환이었다. 인수된 수백여 명의 엔지니어와 발명가는 자율적이고 능률적인 미래의 로봇을 만드는 임무를 떠안았다.

어떤 사람들에게는 그 거대 검색 엔진 회사에 인수되는 것이야말로 실리콘 밸리에서 이룰 수 있는 궁극의 목표이자 판타

---

62. 영화 〈블레이드 러너〉(1982)에서 이름을 따온 구글의 로봇 부서 레플리컨트를 가리킨다.

지였다. 이안 역시 그걸 행운이라고 생각했지만 갑작스런 변화에는 복잡한 심경을 드러냈다. 그동안 이안이 테크 대기업을 기웃거리지 않고 작은 회사를 선호한 데에는 이유가 있었다. 그는 엔지니어보다 예술가, 건축가, 디자이너, 영화 제작자가 더 많은 조직에 있고 싶어 했다.

하지만 그런 그도 내심 기대에 부푼 모양이었다. 거대 검색 엔진 회사는 아주 다양한 범주의 로봇 기술 회사들을 사들였다. 이안은 내 집 주방에서 저녁을 요리하다가 대뜸 이런 말을 꺼냈다. "이쪽 분야에 제대로 흔적을 남길 프로젝트에 참여하게 됐어. 진짜 큰물에서 놀 수 있게 된 거야."

얼마나 큰물이길래? 나는 궁금했다. 항간에는 그 검색 엔진 회사가 어떤 로봇을 만드는지를 두고 소문이 무성했다. 그러나 이안은 회사 프로젝트에 대해 입도 뻥긋해서는 안 되었다. 그는 내 추측에 대해서도 가타부타 말이 없었다. 자율주행 자동차를 만드나? 나는 궁금한 게 아주 많았다. 수색 구조 로봇인가? 아니면 배달 드론? 혹시 우주 왕복선? 휴머노이드는 언제쯤 볼 수 있는 거야? 우리 인간들이 얼마나 긴장해야 하는 거지?

이안은 얼굴을 찌푸렸다. "다들 나한테 그런 걸 묻더라. 그렇게 겁낼 건 없어. 진짜로." 나는 더 자세한 설명을 요구했다. 술집과 카페와 파티장에서 사업 비밀이 쉼 없이 새어 나오는 이 도시에서, 이 같은 상황은 이안의 입이 얼마나 무거운지를 가늠하는 리트머스 시험지와도 같았다. 이안은 몸을 못 가눌 만큼 술

에 취해서도 회사 기밀을 누설하는 법이 없었다. 그는 실로 믿음
직한 사람이었다.

늦가을, 베일에 싸인 어느 하드웨어 스타트업 사무실에서
파티가 열렸고 그곳에 초대받은 이안이 날 데리고 그 파티에 참
석했다. 버클리에 있는 그 회사 사무실은 담쟁이덩굴이 덮인 벽
돌 창고 건물이었다. 편한 신발과 양털 조끼 차림의 젊은 사람들
사이로 드론 여러 대가 윙윙거렸고, 작은 꼬마가 어른들 발치에
서 종종거렸다. 출판계 시절에 입던 실크 블라우스 차림의 나는
혼자 잔뜩 격식을 차린 것 같아 겸연쩍어졌다.

한 바퀴 돌며 사람들과 인사를 나눈 이안은 자기 친구와 함
께 자동 조립이 가능한 모듈러 가구 로봇의 시제품을 구경하러
자리를 떴다. 대여섯 명의 남성 로봇학자들 사이에 덩그러니 남
겨진 나는 맥주로 목을 축이며 누군가 말을 걸어주길 기다렸다.
그러나 사람들은 비밀 코드명을 써가며 이런저런 프로젝트에
관해 이야기하느라 여념이 없었다. 졸업 논문에 대한 이야기도
나왔다. 그중 한 남자는 7년째 보이스카웃 대장처럼 로봇들에게
매듭 묶는 다양한 방법을 가르치는 중이라고 했다. 나는 그에게
베이 에어리어 근처 대학에서 로봇학을 공부하고 있는 거냐고
물었다. 그는 나를 위아래로 훑더니 자신은 학생이 아니라 교수
라고 대답했다.

이윽고 대화 주제는 자율주행차로 넘어갔다. 한 엔지니어

가 말을 꺼냈다. 얼마 전 자기 회사에서 자녀와 함께 출근하는 날이 있었는데, 그날 자율주행차 연구팀이 어린애들을 불러다 센서 앞에서 뛰고 춤추고 구르도록 시켰다는 것이었다. 그 회사의 자율주행차 기술은 세계 최고 수준이었으나 어린이의 몸동작을 인식하기 위해서는 여전히 추가 훈련이 필요했다. 그의 말에 따르면 지금이야말로 이동 수단의 대변화가 임박한 아주 중요한 순간이었다. 남은 문제는 기술 발전이 아니라 문화를 바꾸는 것이었다. 대중의 여론이 가장 큰 난관이었다.

나는 자율주행차가 정말로 얼마나 실현 가능성이 있는지 큰소리로 물었다. 막 맥주잔을 비운 후였고 무료함을 견디지 못해 터져 나온 말이었다. 나는 누군가의 관심과 인정을 바라고 있었다. 엔지니어 남자친구를 따라 파티에 와서는 그가 덕질을 다 마칠 때까지 주변을 서성거리는 여자가 아니라는 걸 모두에게 보여주고 싶었다. 물론, 정확히 그런 여자처럼 행동하고 있었지만 말이다.

나는 그들 앞에서 자율주행차를 회의적으로 바라본다고 말했다. 언론이 지나치게 부풀려 떠들어대고 있으며 자율주행차의 미래가 곧 도래하리란 소리는 현실적이지 않아 보인다고 말이다. 방금도 자율주행차가 어린이들을 제대로 인식하지 못한다고 하지 않았나? 남자들이 일제히 나를 쳐다봤다. 보이스카웃 대장 같던 교수는 놀란 눈치였다.

"무슨 일을 한다고 했죠?" 한 남자가 물었다. 나는 그에게 모바일 분석 회사에서 일한다고 대답했다. 나를 엔지니어로 봐주길 바라면서. 그러나 그는 친절한 말투로 다시 물었다. "아, 그럼 그 회사에서 어떤 일을 해요?" 고객지원이라고 내가 답하자 남자들이 자기들끼리 눈빛을 주고받았다. "그런 걱정일랑 하지 말아요." 교수는 이렇게 말한 뒤 내게서 등을 돌렸다.

열차를 타고 집으로 돌아가는 길, 머스크 향과 오줌 냄새가 묘하게 뒤섞인 천 의자에 몸을 파묻고 이안의 어깨에 기댄 채 파티에서 있었던 일을 그에게 들려주었다. 잘나신 성차별주의자들, 내가 말했다. 여자라는 이유로, 내가 고객 상담원이고 엔지니어가 아니라는 이유로 어떻게 사람을 그토록 무시할 수 있지? 그들의 인생이 내 인생보다 낫다고 말할 순 없었다. 그들의 의견이 내 의견보다 반드시 우월한 것도 아니었다.

이안이 살짝 무안해하며 나를 자기 품으로 끌어당겼다. "이런 말 하기 좀 그렇지만, 너는 자율주행차를 처음 설계한 엔지니어들 앞에서 자율주행차를 욕하려 했던 거야."

## CEO

하루는 나를 포함한 몇몇 직원이 퇴근 후 저녁 늦게까지 회사에 남아 사회가 가상 현실이었음을 깨닫는 해커들에 관한 SF 영화를 보기로 했다. CEO는 자신이 가장 좋아하는 영화라며 대중문화에서 해커를 주인공으로 등장시킨 작품은 그 영화[63]가 처음이라고 의미를 부여했다. CEO는 십 대 때 자신이 겪은 무모한 경험담과 멀티 플레이어 게임을 해킹해 다른 사용자들을 골리며 느꼈던 해방감 등을 과하다 싶을 만큼 부풀려 이야기하곤 했다. 노아는 그런 얘기에 감명받은 듯했으나, 내게는 촌 동네에 사는 어린아이가 무료함에 가족용 컴퓨터로 장난질을 하는 지

---

63. 1999년에 개봉한〈매트릭스〉를 가리킨다.

극히 평범한 얘기에 지나지 않았다. 그 SF 영화가 개봉했을 무렵 CEO는 이제 막 열한 살이었다.

영화 상영은 내가 제안한 것이었다. 회사에서 나는 모두의 여자친구이자 누나이자 엄마 노릇을 하고 있었다. 얼마 전 솔루션 팀장과의 면담에선 모든 직원의 비위를 맞추느라 힘을 빼지 말라고 한소리 듣기까지 한 참이었다. 그때 나는 진심으로 상처받았었다. 그의 말이 사실이었기 때문이다.

우리는 평면 텔레비전을 앞에 두고 사무실 중앙에 놓인 소파에 모여 앉았다. 텔레비전은 노트북과 연결되어 있었다. 엔지니어들은 거의 매일 그 화면 위로 조용한 자연 다큐멘터리나 게이머들의 플레이 녹화 영상을 틀어놓았다. 모두에게 맥주가 돌아갔다. CEO는 개인 노트북을 펼쳐 영화를 감상하는 동시에 업무를 처리했다.

영화는 플라톤의 동굴 우화를 투명하게 차용한 작품이었다. 적어도 인터넷 평론가들에 따르면 그랬다. 사실 나는 플라톤의 글을 읽어본 적이 없었다. 영화는 사이버 자유주의에 대한, 어쩌면 환각제에 대한 재밌는 우화이기도 했다. 왜 다들 이 영화에 빠지는지 알 만했다. 영화 속 해커들은 동의 없이 감시할 능력을 부여받았다. 사회의 단면을 구경하고 전지적 시점에서 도시의 지도와 교통량과 데이터 흐름을 보는 일의 짜릿함을 나는 익히 알고 있었다. 영화는 단순히 해커들을 섹시하게 그려내는 데 그치지 않았다. 그들의 계략을, 버려진 자들이 진실을 밝히는 의로운 행위이자 소외당한 자들의 우월함과 전지전능함으로 미화하고 있었다.

CEO를 흘끔 보았다. 이 사람은 어쩌다 내 보스가 됐을까? 그는 어린 청년이었다. 인도에서 건너온 이민자 가족의 아들인 그는 자신이 대학을 무사히 졸업하는 것이 자기 부모의 바람이었다는 말을 꽤 자주 했다. 나는 인문계를 졸업한 직원들이 일에 대한 확신과 의미를 찾고 싶어 한다는 사실에 대해 그가 어떻게 생각할지 궁금해졌다. 나를 건방지고 귀찮은 사람이라고 생각하진 않을까. 자기 직원들에 대해 신경은 쓰기나 할까. 그가 무엇을 중요하게 생각하는지, 무엇을 원하는지 내가 과연 이해할 순 있을까.

나는 영화에서 실마리를 찾고 싶었다. 화면에서는 마치 총기 난사범처럼 차려입은 두 남자가 옷깃을 펄럭이며 디스토피아의 세계를 누비고 있었다. 침침한 조명에 비친 우리들의 표정은 부드럽고 창백했다.

아주 가끔씩 솔루션 팀원들은 CEO가 대장 노릇을 하려고 회사를 차렸다며 빈정거리곤 했다. CEO는 사교성이 좋고 외모도 번듯한 또래 남자들로 회사를 채웠다. 다들 CEO가 불만족스러운 고등학교 시절을 보냈으리라 확신했다. 그는 고등학교 때 이야기를 통 꺼내지 않았다. 우리가 아는 것이라고는 그가 프롬 킹[64]으로 뽑혔을 순 있다는 것 정도였다.

아무리 노력한다 한들 우리는 CEO의 친구가 될 수 없었다. 우리는 그의 부하일 뿐이었다. 그는 우리의 아이디어를 묵살했고 우리를 아랫사람으로 대했다. 이것저것 챙겨줄 것처럼 굴다가도 돌연 시치미를 뗐다. 그는 직원들을 낮잡아 보았다. 사소한 것까지 일일이 관여했고, 뒤끝이 심했다. 그의 앞에서 직원들은 하찮고 부적절한 존재가 된 기분을 느꼈다. 우리는 테니스공을 입에 물고서 주인에게 뛰어가는 개처럼 주기적으로 고객 피드백을 그의 앞에 갖다 바쳤으나, 그는 계속해서 우리를 무시했다.

몇몇 팀원의 애인들은 CEO에 대한 푸념 들어주기를 버거워했다. 그는 같이 일하기에 어려운 사람이 분명했다. 내가 알기로 최소한 세 명의 직원이 CEO와의 관계 문제로 매주 심리 상담을 받았다. 물론 CEO는 직원들의 그런 노력을 인정해주지 않았다.

몇몇은 CEO의 목표가 셀프서비스를 제공하는 회사를 만드는 것이라고 주장했다. 한 세일즈 엔지니어는 이렇게 말했다. "CEO는 100만 달러짜리 고객사 한 곳을 얻느니 매달 150달러씩 내는 고객사 수천 곳을 얻고 싶어 할걸. 100만 달러짜리 고객사가 생기면 골치 아파지거든. 그쪽 말을 안 들을 수 없으니까."

나와 마찬가지로 솔루션 팀원들은 CEO의 눈에 들고 싶어 했다. 멋진 웃음을 가졌으나 좀처럼 웃지 않는 그가 라미네이트를 드러내며 환히 웃는 모습을 볼 때면 덩달아 기분이 흐뭇해졌

64. 졸업을 앞둔 고등학생들의 프롬 파티prom party에서 인기투표로 뽑힌 남학생.

다. 우리는 그가 행복해하는 모습을 곁에서 지켜보았다. 그의 주변에는 좋은 친구들이 있었다. 대부분이 스타트업 액셀러레이터를 통해 회사를 차린 창업가들이었다. 회사 창립 5주년이 되던 날, CEO네 집 옥상에서 축하 파티가 열렸다. CEO는 기술을 총괄하는 공동 창업자에게 케이크를 떠먹여주었고, 공동 창업자 또한 그에게 똑같이 해주었다. 우리는 CEO의 정신세계가 무척이나 궁금했다. 그의 내면을 이해하고 싶었다.

하루는 함께 술을 마시던 세일즈 엔지니어가 이런 말을 했다. "아마 CEO는 유년기에 주변 사람들한테서 상처를 받았던 것 같아. 나도 딱히 그 사람에게 잘해줬을 것 같지는 않아. 그 사람은 소속감을 느껴본 적이 없어서 늘 다른 사람들의 동기를 의심하고, 어떤 권위를 갖게 되건 굉장히 방어적으로 행동하는 거야."

고객사 관리 직원은 또 이렇게 말했다. "그 사람이 타인의 고통을 즐기는 것 같지는 않아. 다만 사람들을 고통스럽게 해야 생산성이 올라간다고 믿는 것 같아."

"병든 시스템이나 트라우마적 유대가 이런 거 아니겠어? 사이비 집단 같기도 하고. 삶의 나머지 부분을 잊을 때까지 사람들을 정신없이 굴리는 거지." 노아가 말했다.

CEO가 자기 안의 문제와 싸우고 있다는 것은 우리 모두가 알고 있었다. 누구나 그렇듯 그의 내면에는 고통과 공포가 그득했다. 그는 가끔씩 '편집증'이란 단어를 툭툭 던졌는데, 어느 정도는 그 사람 자신이 편집증에 시달린다고도 할 수 있었다. 어떻게 아니겠는가? 아마도 그는 매일매일 마음을 졸이면서, 손대는 것마다 황금으로 변하는 지금의 성공이 언제쯤 끝나게 될까 생각했을 것이다.

나는 CEO를 이기적이고 뒤끝 있는 사람으로 뒷담화 하는 것이 마음에 걸렸다. 나는 그가 좋기도 했다. 그에게는 사람을 편안하게 만드는 구석이 있었다. 그를 보고 있으면, 맨해튼에서 매그닛[65] 고등학교를 다닐 때 어울렸던 수학·과학 전공 친구들이 떠올랐다. 타고난 수학 영재들이지만 사교성은 살짝 떨어지고, 잘한다는 소리를 듣지만 과소평가된, 항상 어마어마한 압박감을 안고 사는 남자애들과 CEO는 비슷한 점이 많았다. 나는 그가 기술에 열정을 바치고 그것을 온전히 이해하고 있다는 점이 마음에 들었다. 그는 돈 때문에 이 일을 하는 것이 아니었다. 중요한 무언가를 만들고, 새로운 문제를 해결하고, 오류를 바로잡는 것이 그의 일이라고 나는 생각했다. 그에게 나름의 이유가 있다고, 자신을 증명하려는 욕망이 있다고 믿었다. 우리가 고객과 주고받는 이메일에는 정체불명의 메일 주소가 숨은 참조로 들어가 있었는데, 솔루션 팀장은 그게 CEO 모친의 것 같다고 했다.

나는 열심히 노력해 인정받고 존경받는 사람들을 높이 평가하는 편이었다. CEO가 과묵한 이유는 자기가 한 말을 반드시 지키는 성격 때문이겠거니 생각했다. 또 나는 모두가 각자의 최

---

65. magnet. 특정 교과목 위주의 교과 과정을 운영하는 공립 특성화 교육 학교.

선을 다하는 중이라고 믿었다. 권력과 조종과 통제의 문제에 대해서는 깊이 고민하지 않았다.

나는 CEO를 지켜야 한다는 의무감, 정확히는 그에 대한 내 생각이 틀리지 않았음을 입증해야 한다는 압박감을 강하게 느꼈다. 오래전부터 나는 평범한 성장기를 경험하지 못한 사람들에게 무한한 연민을 느끼곤 했다. CEO에게는 엇나갈 공간 자체가 주어지지 않았다. 그는 스무 살 이후로 줄곧 벤처 캐피털리스트, 기자, 업계 동료로부터 끊임없는 압박과 감시를 받았다. 내가 친구들과 취할 때까지 싸구려 포도주를 들이켜며 놀고, 공연장에서 비틀거리며 춤추고, 이따금 독한 담배를 찾아 피우고, 그리고 시 낭독회에 다니는 동안, 그는 직원 채용을 고민하고 고객당 비용 대비 수익을 계산했다. 내가 마음껏 섹슈얼리티를 탐험하는 동안, 그는 직원들에게 제공할 건강보험을 비교하고 보안 감사를 실시했다. 스물다섯 살밖에 되지 않은 나이에 다른 성인들의 생계를 책임져야 했다. 몇몇 직원은 되도록 티를 내진 않았으나 자녀를 키우는 가장이기도 했다. CEO는 틀림없이 그 무게를 함께 느꼈을 것이다.

나중에 알게 된 사실이지만, CEO는 나와 전혀 다른 세상에 살고 있었다. 그는 소위 잘나가는 사람들, 그를 선택한 킹메이커들에게 둘러싸여 살았다. 그 사람들은 실패를 손 놓고 보고만 있을 부류가 아니었다. CEO가 속한 비즈니스 커뮤니티가 그의 뒤를 봐주었다. 그러므로 그는 안전했다. 설령 회사가 망하더라도 그는 손쉽게 새로운 사업으로 투자금을 모을 수 있었다. 상황이 여의치 않으면 직접 벤처 캐피털리스트가 되는 수도 있었다. 그는 우리와 달리 미래가 보장된 사람이었다.

CEO의 가족이 회사를 방문한 날, 그는 가족들을 데리고 사무실을 대충 한 바퀴 돌았다. 이후 그가 우리 쪽으로 다가왔을 때, 나는 그에게 부모님이 당신을 아주 자랑스러워하겠다고 말을 건넸다. 감상에 젖는 것을 싫어하는 그에게 내 말이 너무 유약하게 들릴 것을 알았음에도 참을 수 없었다. 당시에는 그를 진정으로 측은하게 여겼으니까. 티를 내지는 않았지만 나는 그가 자랑스러웠다.

"아마도요." CEO는 이렇게 말하며 어깨를 으쓱할 뿐이었다.

노아는 근무한 지 1년이 지나 연례 평가를 진행하게 되었다. 그는 면담을 앞두고 내게 자기 평가서와 의견서를 보내오며 어떤지 물었다. 초창기 직원이자 평판이 우수한 그였기에, 평소 팀원들과 고객들의 불만과 고민을 들어주는 일도 늘 그의 몫이었다. 노아는 그들의 의견을 종합해 의견서에다 제품과 기업 문화의 개선 방향을 조목조목 써놓았다.

그는 자신의 처우에 대한 요구도 빼놓지 않았다. 승진을 요구했고, 더 많은 자율성과 급여 인상, 스톡옵션 확대를 요구했다. 그는 자신의 업무 기여도에 맞게 1퍼센트의 회사 지분을 할당해달라고 했다. 그 근거로 구체적인 수치를 제시했다. 그가 데려온 신입 직원의 수, 그와 그가 데려온 직원들이 새로 가입시켰거나 지속적으로 관리 중인 고객사의 수, 그가 직간접적으로 창출한 수익 등이 수치화되어 있었다. 그는 제품 관리자가 되어 별도의 팀을 이끌고 싶어 했고, 자기 업무에 관해서는 CEO의 의견과 무관하게 결정권을 갖고 싶어 했다. 그는 이것을 최후통첩이라고 표현했다.

아무리 유능한 직원일지라도 회사 대표에게 최후통첩을 날린다는 것은 프로페셔널하지 못할뿐더러 정신 나간 짓이었다. 그러나 어차피 우리 회사는 스물 몇 살짜리가 운영하고 스물 몇 살짜리들이 일하는 회사였다. CEO는 풀타임으로 일한 경험이 아예 없었다. 고작 여름 인턴십을 해보았을 뿐이었다. 회사의 환경을 고려해보건대 최후통첩을 날리는 것이 받아들여질 법도 했다. 프로페셔널해지는 법을 배우기에는 영 이상한 곳이었으니까.

노아의 의견서는 격정적이었고 그의 불만을 생생하게 담아냈다. 나는 그걸 연거푸 두 번 읽었다. 그리고 노아에게 솔직한 생각을 적어 보냈다. 위험한 시도지만 아주 말이 안 되는 것은 아니라고 말이다. 회사가 그의 요구를 받아들여주길 나는 바랐다.

며칠 후 출근길에 노아에게서 문자 메시지를 받았다. 그가 회사에서 잘렸다고 했다. 사무실에 도착하자 분위기는 거의 초상집이었다. "협상하려고 하지도 않았다더라." 세일즈 엔지니어가 믿을 수 없다는 투로 말했다. "협상할 생각도 않고 제일 유능한 직원을 잘라버린 거야. 경영을 해본 사람이 아무도 없으니 이런 일이 생기는 거라고."

고객사 관리 직원은 토스트에 버터를 펴 바르며 말했다. "글쎄, 상대방이 알아서 나가떨어질 때까지 모호하게 구는 것보다는 낫지 않나?" 나는 묵묵히 있었다. 노아의 의견서를 읽고도 말리지 않았다는 죄책감에 속이 메슥거렸다.

지금까지는 누군가 해고되면 그 이유에 관해 다소 부적절할 수 있는 내용의 이메일이 회사 전체에 돌고는 했다. 하지만 이번에는 솔루션 팀의 초창기 멤버들이 CEO와 예정에 없던 면담을 가졌다. 원칙적으로는 다른 직원의 인사 문제에 대해 알아서는 안 되었지만, 회사에 인사팀이 따로 없기도 했거니와 노아가 잘린 이유가 내심 궁금하기도 했다. 다음에는 우리 중 누가 잘릴지 알고 싶었던 것이다.

CEO가 자리에 앉을 것을 권했다. 우리는 앉았다. 그는 팔짱을 낀 자세로 우리 앞에 섰다. "이번 해고에 불만이 있는 사람은 사직서를 제출해도 좋습니다." 그가 연습이라도 해 온 것처럼 또박또박 말했다. 그는 테이블에 둘러앉은 우리를 한 명씩 바라보며 묻기 시작했다.

"불만 있습니까?" CEO가 고객사 관리 직원에게 물었다.

"아뇨." 그가 바로 앞에 총 든 사람이라도 있는 것처럼 두 손바닥을 내보이며 대답했다.

"불만 있습니까?" CEO가 세일즈 엔지니어에게 물었다.

"아뇨." 엔지니어의 눈꺼풀이 파르르 떨렸다. 안색이 좋지 않았다.

"불만 있습니까?" 이번에는 내 차례였다. 아뇨, 내가 답했다. 하지만 나는 불만이 있었다. 그것도 아주 많이. 테크 업계로 전업한 것이 후회될 때마다 참을 수 있었던 것은 노아 덕분이었다. 회사에 대한 불만이 생길 때마다 노아를 보며 '그래도 '저런 사람'이 아직 여기 있는 걸 보면 그리 엉망인 곳은 아니야.' 하고 마음을 다잡았으니까.

면담을 마치고 나오자 속이 부글부글 끓었다. 우리는 요즘 취업 시장이 우리에게 유리하지 않으냐며 이 회사를 다닌 게 괜찮은 경력인 것처럼 보일 때 얼른 탈출하자고 농담을 주고받았다. 그러곤 다시 아무 일 없었던 것처럼 업무에 매진했다.

퇴근 후 몇몇 동료와 함께 술집에 갔다. 우리는 조직 문화에 대한 불만을 성토하고 온갖 방해 요소들과 형편없는 의사 결정 구조를 탓하면서 우리의 앞날을 걱정했다. IPO는 높은 곳에서 내려와 우리를 구원할 동아줄이었다. 우리는 그것을 당연한 운명인 것처럼, 스톡옵션만이 망하기 일보 직전의 우리를 구해줄 것처럼 이야기했다. 물론 현실적으로 IPO는 몇 년 후에나 일어날 일이었고 그마저도 장담할 수 없었다. 또한 돈은 완전한 해결책이 아닌 또 다른 속박임을 우리는 잘 알고 있었다.

우리는 차츰 미몽에서 깨어나고 있었다. 처음에 우리는 무언가에 정신이 팔려 대단한 기회를 잡은 줄로만 알았다. 그런데 정신을 차려보니 컴퓨터 앞에서 일만 하는 일개 조직원이 되어 있었고 다른 애송이들의 배만 불려주고 있었다. 우리는 단 한 번도 가족이었던 적이 없었다. 모두가 그것을 잘 알고 있었다. 어쩌면 CEO가 회사를 차린 목적은 순전히 '돈'이었는지도 몰랐다. 아니, 동료들은 권력 때문이라고 했다. 그렇다. 권력. 결국 권력 때문이었다.

　　그래도 우리는 희망적인 부분에 초점을 맞췄다. 이건 일시적인 과정일 뿐이라고, 모든 스타트업이 저마다 성장통을 겪는다고 서로를 다독였다. 담배를 피우며 이야기를 이어나간 결과, 우리가 진심으로 마음을 쓰고 있는 것 자체가 문제라는 결론에 이르렀다. 우리는 지나치게 마음을 써서 서로를 걱정했다. 심지어 우리의 기분을 잡친 CEO까지 걱정해주고 있었다. 우리는 우리 자신은 물론 그 사람도 만족스런 삶을 살기를 바랐다. 엉망진창에 때로는 무모하고 모순투성이인 20대라는 시절을 그도 제대로 경험할 수 있기를 바랐다. 그가 그런 걸 원치 않는다는 사실, 애초에 그는 우리와 다르며 우리를 부러워하지도 신경 쓰지도 않는다는 사실을 우리는 여전히 인정하지 못하고 있었다.

　　적당히 취기가 오른 뒤부터는 조금 더 사적인 얘기가 오가기 시작했다. 일하지 않을 때의 평소 모습이 서서히 되살아났다. 각자가 어렸을 때 꿈꾸던 이 나이 즈음의 우리 모습에 대해서도 이야기했다. 우리는 지금보다 더 안정적이고 덜 불안해하는 사람, 더 많은 것을 통제할 수 있는 사람이 되어 있을 줄 알았다. 힘이 있는 사람이 되길 기대했었다.

우리는 길가에 담배꽁초를 버린 뒤 발로 비벼 껐다. 그리고 각자 휴대폰을 꺼내 공유 차량을 호출했다. 휴대폰 화면에 차가 곧 도착한다는 그림이 떴고, 서둘러 남은 맥주잔을 비웠다. 그렇게 집으로 뿔뿔이 흩어진 우리는 곤히 잠든 룸메이트와 연인 곁에서 한두 건의 이메일을 처리한 후 잠을 청했다.

여덟 시간 후, 우리는 사무실로 출근해 커피를 홀짝이며 딱딱하게 굳은 샌드위치를 해치웠다. 어딘가 어색한 스크립트를 고치고 형식적인 이메일을 작성하면서, 우리는 책상 너머로 피로한 눈빛을 말없이 주고받았다.

# 여자 직원

　소프트웨어 개발자들을 상대하는 비기술직 팀의 유일한 여자 직원이 된다는 것은, 내면화된 여성 혐오를 여성 혐오로 치유하는 과정이었다. 나는 남자를 좋아한다. 오빠가 있고, 남자친구도 있다. 문제는, 어딜 가든 주변에 온통 남자뿐이라는 사실이었다. 고객도, 동료도, 보스도, 보스의 보스도 전부 다 남자였다. 나는 항상 그들 곁에서 문제를 해결해주었고, 그들의 자존심이 상하지 않게 눈치를 봐가며 열심히 기를 살려주었다. 그들의 능력을 인정해주고, 얼굴 붉힐 일을 알아서 피하고, 진솔하게 마음을 나누고, 함께 힘을 합치려 노력했다. 또 나는 그들의 승진을 응원하고, 그들을 대신해 피자를 주문했다. 자칭 페미니스트였던 나는, 남자들의 잘난 자아를 쉬지 않고 떠받드는 일에 도가 튼 사람이 되어 있었다.

　　종종 여자 직원들끼리 모여 인조 벽난로와 수제햄 안주가 있는 와인 바에서 술을 마시곤 했다. 나는 그 모임을 좋아했다. 비록 어색한 분위기를 견뎌야 했고 실질적인 도움이 되기보다 고생했다고 서로 다독이는 것에 불과했지만 말이다. 여자 직원들은 똑똑했고 야망이 넘쳤으며 조금씩 별난 구석이 있었다. 새로 들어온 고객사 관리 직원은 트레드밀이 깔린 책상에서 일했고, 오후가 되면 노곤함을 쫓아내고 엔도르핀을 돌게 하겠다며 사무실에서 윗몸 일으키기와 푸시업을 했다. 반갑게도 그녀는 시인이기도 했다. 우리는 조금 더 가까워질 수도 있었지만, 회사에서 우리의 사적인 관심사를 나누기란 사실상 불가능했다. 그런 건 회사 분위기와 영 어울리지 않았다. 아침에는 자연스럽고 멋져 보이던 옷이 저녁에는 가당찮고 과해 보이는 것처럼, 조금은 궁상맞게 느껴지기까지 했다.

　　때로 나는 커뮤니케이션 팀장의 머릿속이 궁금했다. 30대 중반의 그녀는 투자자였다가 회사에서 일하게 된 사람이었다. 전 직원을 통틀어 사회생활 경험이 가장 풍부했고, 가십 대상이 되거나 꼬투리 잡힐 일이 전혀 없을 만큼 프로페셔널했다. 그녀는 오후 5시만 되면 자녀들을 데리러 가기 위해 칼퇴근을 했는데, 나는 그게 그녀의 발목을 잡고 있다고 확신했다. 마케팅 및 커뮤니케이션 팀은 회사의 성장세와 무관하게 정체되어 있었다. 일단 그녀 말고는 다른 팀원이 없었다. 그런데도 CEO는 커뮤니케이션 팀장의 자녀가 그린 자신의 초상화를 책상 옆 게시판에 떡하니 붙여놓았다.

남초 회사에서 일하는 여자들은 저마다 독특한 처신법을 터득했다. 어떤 이는 그런 회사에서 일하게 된 김에 남자들을 가르치고 바로잡으려 했다. 어떤 사람은 뻔뻔하게 차별하는 동료들을 겁주고 망신 주며 고소해했다. 또 누군가는 사내 연애를 통해 권력을 갖고 노는 것을 낙으로 삼았다. 한 친구는 자기네 회사 CEO와 잠자리를 가진 후 그 사람이 얼마나 대물인지 아느냐는 농담을 즐겨 했다. "너의 섹슈얼 파워를 끄집어내야 해. 그걸로 남자들이랑 실컷 자고 다녀." 친구는 내게 이렇게 조언했다.

내게 섹슈얼 파워가 있다 한들 나는 그 힘을 사무실에서 내보일 생각이 없었다. 나는 다른 남자들처럼 되고 싶을 뿐이었다. 사소한 예외가 있기는 했다. 회식 때 분위기가 한창 무르익으면 남자인 고객사 관리 직원이 어김없이 내게 자기 뺨을 때려달라고 청했다. 그에게는 그 행위가 일종의 성적 쾌락을 주는 것 같았지만, 나는 아무래야 좋았다. 그 행위가 내게 주는 카타르시스가 엄청났기 때문이다. 타액을 교환하는 것처럼 무리한 요구도 아니었고.

나는 같은 팀 남자들이 나를 똑똑하고 똑 부러지는 사람이라고 생각하기를 바랐다. 그들이 내 알몸을 상상하는 것은 곧 죽어도 싫었다. 나는 동등한 존재로 인정받고 싶었다. 남자들에게 이성으로 인정받기보다 한 인간으로 인정받고 싶은 마음이 컸다. 멀쩡한 분위기에 찬물을 끼얹는 사람이 되고 싶지도 않았다.

엔지니어링 팀이 명문대를 갓 졸업한 한 엔지니어를 백엔드 개발자로 채용했다. 회사가 뽑은 첫 여성 엔지니어였다. 출근 첫 날, 그녀는 생기 넘치는 모습으로 힘차게 사무실에 걸어 들어왔다. 노트북이 들어가지 않을 것 같은 작은 가죽 가방을 든 채로. 그 당당함에 나는 감탄했다.

그 엔지니어의 사수가 사무실을 한 바퀴 돌며 직원들에게 그녀를 소개시켰다. 두 사람이 우리 쪽으로 다가올 때, 옆에 있던 고객사 관리 직원이 마치 꿍꿍이를 꾸미는 다섯 살짜리 애처럼 내 귓가에 손을 동그랗게 말더니 속삭였다. "어쩌나, 모두가 저 여자한테 반하게 생겼네." 그의 축축한 입김이 내 목덜미에 느껴졌다.

결국 나는 멀쩡한 분위기에 찬물을 끼얹는 사람이 되고 말았다. 뭐가 됐든 보이는 대로 문제를 제기했다. 단체 채팅방에다 '비치BITCH' 같은 비속어를 쓰지 말라고 요구했다. 50명이나 되는 직원 중에 여자가 나를 포함해 단 여섯 명뿐인 것을 불평했다. 앱을 통해 쓰리썸 만남을 가졌다는 얘기를 오픈 플랜 사무실에서 자세히 묘사하는 건 부적절하지 않으냐고 다 들리게 물었다. 내 다리를 두뇌 없는 의자나 매끈한 테이블 같은 가구쯤으로 취급하는 이상하고도 불쾌한 칭찬을 채용 담당자에게서 수차례들은 후로는 치마를 입고 회사에 출근하지 않았다.

성차별과 여성 혐오와 성적 대상화는, 노골적이진 않아도 벽지나 공기처럼 사무실 어디에나 존재했다.

고객사 관리 팀은 난해한 용어를 즐겨 쓰고 소셜 미디어 계정을 여럿 운영하고 있다는 남자를 신입으로 채용했다. 팔로워 수천 명을 거느린 그는 회사에서도 인플루언서처럼 행동했다. 그는 사람들이 자발적으로 이력서를 올리는 웹사이트에서 자신의 직책을 수시로 변경했고 존재하지도 않는 직위로 승진했다고 기재했다. 그는 다소 머뭇거리며 자신이 40대 초반임을 밝혔다. 그러면서 나이로 사람을 차별하는 건 이쪽 업계에서 미친 짓이란 말을 덧붙였다. 그의 외모로 보건대 이곳 성형 업계가 돈을 쓸어 담고 있는 게 분명했다.

인플루언서는 사무실에서 킥보드를 타고 다녔고 무선 헤드폰으로 고객과 통화하며 그로스 해킹[66] 전략을 열심히 떠들었다. 그러면서 '가치 제안', '선발주자의 이점', '선제적 기술', '병렬화', '첨단 솔루션', '성배'와 같은 용어를 남발했다. 내 귀에는 전부 의미 없는 말들이었지만 고객들은 그런 걸 좋아했다. 그런 말들이 통하다니 신기할 따름이었다.

어느 날 오후, 그가 킥보드를 타고 내 책상 근처로 다가왔

66. growth hacking. 최소한의 비용으로 최대한의 성장을 이루는 데 집중하는 마케팅 전략. 제품 또는 서비스에 대한 데이터를 분석하여 개선 사항을 신속하게 반영함으로써 단기간에 빠른 성장을 추구하는 기법을 말한다.

다. "나는 유대계 여자들이랑 잘 맞더라고. 다들 어찌나 관능적인지." 내가 유대계인 줄 어떻게 알았을까 의아했지만, 어찌 보면 충분히 알아차릴 법도 했다. 큰 매부리코에 만화 캐릭터처럼 툭 튀어나온 눈, 안경에 닿을 만큼 긴 속눈썹이 영락없이 유대인이었으니까. 또 나는 그의 말마따나 관능적인 유대인의 후손답게 몸이 굴곡지기도 했다. 그는 내게서 어떤 대답을 기대했던 걸까? '고맙다'는 말? 나는 유대인들은 교육을 아주 중요시한다는 말을 웅얼거렸다.

솔루션 팀장과 일대일로 산책 면담을 하는 날, 나는 그때 이야기를 꺼냈다. 빵 냄새를 물씬 풍기는 샌드위치 가게를 지나면서, 나는 누군가를 곤란하게 만들 생각이 없으며 내가 들은 말이 심각하게 모욕적인 것도 아니었지만, 일하다가 뜬금없이 동료 직원의 성적 취향을 알게 된 것이 썩 유쾌하진 않았다고 털어놓았다.

나는 이런 말을 꺼내면서도 괜히 미안했다. 솔루션 팀장도 동료의 성적 취향에 대해 알고 싶지는 않았을 테니까. 우리는 콘크리트 분수대가 있는 한 공원에 들어섰다. 순간 나는 분수대로 들어가 물에 떠내려가고 싶다는 상상을 했다. 저번 면담 때 팀장과 했던 대화가 문득 떠올랐다. 회사가 나와 계속 함께하고 싶어 한다는 말에 나는 가증스럽게도 '고맙다, 나도 계속 남고 싶다'라고 답했었다. 얼마 전 팀장이 내게 사람들의 비위를 맞추려 하지 말라고 지적했던 일도 떠올랐다. 나도 그러고 싶지 않았지만 방법을 몰랐다.

　솔루션 팀장은 내 이야기에 당황한 듯했다. "그런 일이 있었다니 유감이군요." 그는 인도 쪽을 물끄러미 바라보며 말을 이었다. "그런데 알잖아요, 그 사람 원래 그런 거."

## 동료들

크리스마스를 앞두고 회사는 실내 벽을 신문지로 꾸며놓은 근처 술집을 통째로 빌렸다. 파티는 오후 네 시에 시작이었다. 우리는 파티 복장을 챙겨 출근한 다음 교내 댄스파티에 가는 중학생들처럼 화장실에서 옷을 갈아입었다. 한편으로는 설레고 다른 한편으로는 피곤함을 느끼며 우리는 파티를 즐길 준비를 했다.

부적절한 행위가 적절한 행위로 받아들여진 사건에 대해 몇몇 여자 동료들과 이야기를 나누었던 나는, 평범하게 차려입은 다른 동료들과 달리 보란 듯 몸을 꽁꽁 싸맸다. 칼라가 달린 검은 원피스에 검정 스타킹, 검정 부츠. 언뜻 보면 핼러윈 날 메노파[67]나 루바비치파[68]를 무례하게 흉내 낸 사람 같았다. 새로 들어온 고객사 관리 직원이 안 되겠다 싶었는지 내 곱슬머리에 스프레이를 뿌려주었다. 나는 뒤통수에 스프레이가 후광처럼 뿌려지는 모습을 거울로 바라보았다.

말쑥하게 차려입은 동료들은 낯설었다. 나는 동료들과 사귀는 사람들을 대부분 만나보았지만 몇몇과는 초면이었다. 운동에 열심인 고객사 관리 직원은 발가락 신발을 신은 남자의 팔짱을 끼고 등장해 나를 즐겁게 했다.

손에 칵테일 잔을 든 CEO와 기술 총괄 공동 창업자가 양쪽으로 벨벳 커튼을 드리운 무대에 서서 지난 한 해의 성과를 자랑했다. "우리들의 파트너와 배우자에게 특별히 고맙다는 말을 전합니다." 두 사람이 잔을 들어 올렸다. 오늘 모임을 위해 각자 직장에서 일찍 퇴근했을 파트너와 배우자 들이 점잖게 손뼉을 치며 옆에 앉은 짝의 볼에 우아하게 입술을 갖다 댔다. 이안이 아직 도착하지 않아 다행이었다.

우리는 미쉐린 가이드에서 별을 받았다는 식당으로 이동해 회삿돈으로 거하게 저녁을 먹었다. 검은 정장을 입은 웨이터들이 말없이 게와 농어 구이, 와규 소고기와 바닷가재 파이, 그리고 와인을 서빙했다. 이윽고 바도 영업을 시작했다. 사람들은 디지털 포토 부스에서 찍힌 사진들이 다음 날 운영 팀장에게 빠짐

없이 전송된다는 사실을 모른 채로 그 안에서 연인과 과감한 포즈의 사진을 남겼다. 고카페인 음료 캔과 코카인 가루가 화장실 이곳저곳에서 발견되었다. 우리는 냅킨을 내팽개치고 신발을 벗어 던진 채 종업원들의 시선을 피해 유리 벽 앞에서 신나게 춤을 췄다.

사람들이 담배를 피우러 삼삼오오 건물 밖으로 나갔다. 춤을 추다 잠시 자리로 돌아온 나는 혼자 디저트를 먹고 있는 이안을 발견했다. "살면서 먹어본 음식 중에 최고다." 이안은 접시 모서리에 숟가락을 닦아내며 말했다. 디저트 접시는 아무도 손을 댄 흔적 없이 자리마다 조심스레 놓여 있었다. 나는 이안이 고마우면서 한편으로 나 자신이 부끄러웠다. 나는 소속감에 취해 있었다. 내게 주어진 권리를 의식하며 먹고 마시느라 정작 그 맛을 음미하지 못하고 있었다.

비가 잦아진다는 겨울이 시작되었다. 비는 정말로 내리기는 했으나 강수량이 많진 않았다. 회사 사람들은 폭우를 기다렸다. 궂은 날씨로 도시 전체가 마비되는 한이 있더라도. 날씨가 안 좋은 날에는 대중교통이 지연되거나 중단되기 일쑤였다. 그러면 사람들은 연휴인 것처럼 늦잠을 자거나 회사에 지각했다. 아예 재택근무를 하기도 했다. 탕비실에서 신발을 말리고 있으면 꼭 누군가 들어와 교통 체증과 버스 연착에 대해 불만을 터뜨렸다. 그러면 어김없이 다른 누군가가 지구 온난화와 가뭄 문제를 꺼내며 "이건 단비야, 단비." 하고 반박했다.

티를 내진 않았지만 나는 비가 안 오기를 내심 바랐다. 샌프란시스코에 겨울비가 내린다는 건 타호 호수에 눈이 쌓인다는 뜻이었다. 그 말인즉슨, 회사의 연례 스키 여행이 예정대로 진행된다는 의미였다. 나는 동료들을 좋아했지만 그렇다고 그들과 주말까지 함께 보내고 싶진 않았다. 상사들과 보내는 것은 더더욱 싫었다. 그것은 보너스 휴가라기보다 일의 연장선처럼 느껴졌다. 괜히 불편한 사이가 되어 사무실 내 관계에까지 영향을 미칠 가능성도 농후했다. 나는 아침에 비몽사몽 깨어난 직원들의 민얼굴을 보고 싶지 않았고 그들이 화장실에서 볼일 보는 소리도 궁금하지 않았다. 늦잠 잔 사람들을 놀리는 동료들의 쾌활한 목소리도 듣고 싶지 않았다. 무엇보다 내가 아침형 인간이 아니었다. 스키를 타다가 넘어져서 도움을 받아야 하는 상황이 생긴다거나, 리프트가 공중에 멈추는 바람에 오들오들 떨면서 옆 사람과 잡담을 나눠야 한다면 어떡한담. 지나치게 인간적인 모습을 보일 틈이 너무나 많았다.

거부할 권한이 주어지지 않았다는 점도 마음에 안 들었다. 회사 바깥에서까지 '목적을 받든다'라는 구호를 따라야 했다. 의무로 가는 휴가라니. 다른 사람들이 개인 시간을 만끽할 사흘의 연휴 동안, 나는 회사 측이 포상이랍시고 베푸는 여행에 참석해야 했다.

우리는 아침 7시에 테이크아웃 커피와 겨울 외투를 챙겨 사무실에 모였다. 운영 팀장이 리프트 탑승권과 스키 대여권을 나눠 준 후 어느 차에 타야 하는지 알려주었다. 회사 측은 운전을 자원한 직원들이 끌고 나온 차가 친목의 장이 되기를 바랐다. 우리는 시키는 대로 차에 나눠 탔다. 어찌 되었건 친목을 다지기 위해 떠나는 여행이었다. 그것도 공짜로.

직원들은 순식간에 뿔뿔이 흩어졌다. 내가 속한 그룹은 마트에 들러 베이컨과 달걀, 빵, 감자칩, 맥주와 도수 높은 술을 샀다. 끼니는 대부분 우리끼리 해결해야 했고, 마지막 날 저녁에만 특별히 단체로 식사하는 자리가 마련됐다. 초심을 기억하자는 뜻에서 CEO와 공동 창업자가 소박한 스파게티와 마늘빵을 직접 요리해 우리를 대접할 예정이었다. 마트에서 카트를 끌며 시리얼과 프로틴 바를 고르던 나는 생판 모르는 가족의 휴가에 따라온 듯한 어색함을 어렴풋이 느꼈다.

숙소는 호숫가와 맞닿은 사우스 타호 지역의 콘도였다. 실내 공간은 소박했고 부담스럽지 않게 단조로웠다. 목판을 덧댄 벽과 얼룩진 카펫, 짝이 맞지 않는 식기와 지극히 미국스러운 장식품이 실내를 꾸미고 있었다. 가족 단위로 머물면 좋은 공간이었지만, 아쉽게도 우리는 함께 여행 온 가족처럼 편한 사이는 못 되었다. 회사는 우리에게 아무 상의도 없이 숙박 조를 미리 짜놓았다. 나는 특별히 가깝게 지내는 동료들이 몇 있었지만 누구와 숙소를 쓰더라도 딱히 불만이 없었다. 멀리하고 싶은 사람이 한 명 있기는 했다. 몇 주 전, 사무실에서 늦게까지 술을 마시다가 같은 동네에 사는 솔루션 팀원과 택시를 함께 탄 적이 있었다. 뒷좌석에서 그의 손이 내 등에 슬쩍 닿았다. 내가 밀쳐내자 이번에는 골반 쪽으로 손이 내려갔다. 나는 아무렇지 않은 척 그의 손을 떼어낸 후 창가 쪽으로 떨어져 앉았다. 이후로 우리 둘은 그날 일에 대해 아무 말도 하지 않았다. 다른 사람에게도 마찬가지였다. 말할 것도 없었고 털어놓을 상대도 없었다. 나는 그 사람을 그냥 친구라고 여겼다. 그래도 숙소 침실 문을 잠글 수 있다는 걸 알게 되었을 때는 마음이 놓였다.

첫째 날 밤, 나는 카일과 함께 숙소 주변을 돌아다녔다. 호리호리한 카일은 노아의 추천으로 입사한 프론트엔드 개발자였다. 엄청난 능력자였지만 겸손했고, 우리 회사에 오기 전 가상 농사 게임을 개발한 게임 회사의 초창기 직원으로 있으면서 어마어마한 돈을 벌었다는 소문이 파다했다. 카일은 지금껏 내가 만나본 사람 중 가장 차분했다. 같이 있으면 나까지 평온해져서 마치 기대 수명이 길어지는 것만 같았다. 카일은 대중적 인기를 염두에 두지 않은 몽환적이고 아름다운 비디오 게임을 취미로 만든다고 했다. 회사에 있을 때 우리 둘은 포스트잇에 정체 모를 낙서 그림을 그려 주고받았고 회사 채팅방에서 서로 말장난을 쳤다. 출퇴근할 때는 나란히 자전거를 타고 다녔다. 그런 모습을 사무실 사람들이 거슬려 한다는 걸 알았지만, 상관없었다. 함께 있으면 즐겁고 위로가 되는 친구가 생긴 것이 마냥 좋기만 했다.

우리는 마리화나를 피우고, 호수에서 물수제비를 뜨고, 해변까지 걸어갔다가 인근 리조트의 창문을 힐끔거렸다. 숙소로 돌아오니 영업직 직원들이 온수 욕조에 들어가 플라스틱 컵에 술을 따라 마시고 있었다. 한쪽에서는 솔루션 팀장이 박사 학위를 가진 팀원에게 가슴부터 팔까지 이어진 그의 타투에 관해 묻고 있었다. 욕조 분사구에 몸을 댄 채 진동을 느끼며 대화하는 그 둘을 보고 있자니, 지금 저 박사가 평소 내가 솔루션 팀에서 맡고 있는 하찮은 리더의 역할마저도 얼마나 절실히 원하는지 알 수 있었다. 그리고 그가 결국 그 역할을 따내게 되리란 것도.

날이 저물고, 우리는 숙소 한 곳에 모여 놀았다. 고객사 관리 직원들이 나란히 서서 열심히 소시지를 구웠다. 공을 들여 설치한 스피커를 타고 EDM 음악이 흘러나왔다. 사람들은 소파 위에서 춤을 추고, 여기저기 방을 돌아다니고, 실내 기둥에 자랑스레 걸린 미국 국기를 함부로 떼어냈다. 나는 솔루션 팀장이 앉아 있는 긴 테이블에 자리를 잡았다. 따분한 보드게임을 집에서 잔뜩 가져온 팀장은 그 박사 팀원과 함께 스크래블[69] 게임에 몰두했다.

CEO가 들어오더니 특별 공지 사항이 있다고 했다. 고객지원 팀이 쉴 수 있도록 오늘은 엔지니어들이 고객지원 업무를 대신 하라는 것이었다. 아침에는 차를 타고 이동하고 오후에는 산에 갔다 오느라 몇 시간짜리 일감이 밀려 있던 터였다. 또 우리

---

69. Scrabble. 알파벳이 새겨진 타일을 조합해 가로나 세로로 단어를 만들면 점수를 얻는 방식의 보드게임.

는 오후부터 줄곧 술을 마셔서 꽤 취해 있었다. 파티를 하며 일하는 것인지 일하며 파티를 하는 것인지 헷갈렸지만, 엔지니어들이 자신이 개발한 제품을 설명하느라 애를 먹는 모습을 구경하는 일은 가히 유쾌했다. 우리 팀 남자들은 눈을 동그랗게 뜨고 옆에서 훈수를 두며 엔지니어들을 놀려 먹었다. 그때만 해도, 이러한 역할 바꾸기 덕에 즐겁게 쉬면서 뒤바뀐 권력 구조를 맛본다고 생각했었다. 나는 나중에야 그 사건에 숨겨진 의미를 깨달았다. 우리가 하는 일은 아무나 할 수 있을 만큼 만만하며, 엔지니어들은 술에 취해서도 그 일을 할 수 있다는 것이었다.

## 감시 자본주의

비즈니스는 남자들이 자신들의 감정을 표현하는 창구였다. 야망으로 뭉친 풋내기 남성들이 경험에 기초한 교훈과 조언을 인터넷에서 주고받았다. 그런 글들의 제목은 '학교에서 가르치지 않는 스타트업 십계명' '성공한 창업가들만 알고 있는 열 가지 진실' '겸손함을 잃지 않는 다섯 가지 방법' '왜 시장은 늘 승리하는가' '왜 소비자는 늘 틀리는가' '실패에 대처하는 법' '더 잘 실패하는 법' '남들의 실수에서 배우기' '분노 억누르는 법' '감정 다스리는 법' '자녀에게 A/B 테스트 하기' '책상에 붙여놓으면 좋은 명언 18선' '감정적으로 예민한 사람 되기' '대가 없이 사랑하는 법' 같은 것들이었다.

하루는 점심을 먹으러 패스트푸드 식당에 들어갔다가 혼자 앉아 있는 CEO를 발견했다. 그는 채식 버거를 먹으며 휴대폰을 들여다보고 있었다. 내가 맞은편에 앉자 그가 감자튀김 그릇을 내 쪽으로 쓱 내밀었다. CEO는 우리 회사의 투자자가 쓴 책을 읽고 있었다. 나도 들어본 적 있는 책이었다. 그 책은 거친 창업의 바다를 항해하는 방법을 알려주고 자기 의심과 외부 압박이라는 두 가지 난관을 극복하는 법을 가르쳐주었다. 끝임없는 배움과 싸움과 기나긴 여정에 대해 이야기하는 책이기도 했다. 챕터마다 서두에 유명한 랩 가사가 인용되었다. 정말이지, 그렇게 비장할 수가 없었다.

CEO가 존경하는 듯한 남자들은 이 생태계 속 남자들이 존경하는 부류와 정확히 일치했다. 창업가 아니면 투자자. 그중에서도 그는 한 시드 액셀러레이터의 창업자를 제일 존경했다. 영국 출신의 컴퓨터 과학자인 그 남자는 스타트업계에서 가장 학자에 가까운 존재였다. 그 창업자는 소셜 미디어에 글을 자주 올리는 이른바 명언 제조기로, 쿨하고 이지적이면서 감정을 억제한 수사를 구사했다. 그는 스타트업 창업자들을 밀턴, 피카소, 갈릴레오 같은 역사적 위인들과 자주 비교했다. 그가 비즈니스에 일가견이 있다는 데에는 의심의 여지가 없었으나, 어째서 모든 것에 전문가로서의 자격이 있다고 스스로 생각하는지는 이해하기 어려웠다.

나는 스스로 노력하는 사람들에게 관대한 편이었다. 그래서 마음 한구석으로는 항상 CEO에게 동정심을 느꼈다. 그는, 절대 스스로 인정하진 않겠지만, 맡은 일을 버거워하고 있었다. 하지만 이러한 연민과는 별개로, 가령 벤처 캐피털리스트를 롤모델로 삼는다거나 만나본 적 없는 금융 전문가가 추천했다는 이유만으로 책을 따라서 읽는 행동은 잘 이해가 가지 않았다. 물론 CEO에게는 그들이 아예 모르는 사람은 아니었겠지만.

CEO는 그 책의 내용이 좋다고 했다. 나는 그 책이 좋게 느껴졌다면 심리 상담을 받아보는 것도 좋아할 거라고 말해주고 싶었지만 참았다. 그의 휴대폰 속 전자책 앱을 들여다보니 그는 마침 '책임자 해고할 준비 하기'라고 이름 붙인 챕터의 첫 페이지를 읽고 있었다.

나와 눈이 마주치자 그가 말했다. "이건 그냥 우연이에요. 너무 심각하게 생각하지 마요. 전혀 그런 거 아니니까." 그는 누군가를 해고하는 것이 아주 힘든 일이라고 덧붙였다. 지독한 이별과 같다고, 아니, 그보다 더 고통스럽다고 했다. 나는 책일 뿐이니 다 이해한다고 말했다.

어차피 심각하게 생각할 문제도 아니었다. CEO는 회사의 사장인 동시에 이사회 의장이었다. 제품, 엔지니어링, 솔루션, 마케팅 팀을 총괄하는 것도 그였다. 우리 회사의 진정한 책임자는 사실상 그가 유일했다.


회사에서 몇 블록 떨어진 소마에서 노아와 술 약속을 잡았다. 만나기로 한 술집은 튀김 냄새가 진동했고 천장엔 오토바이 여러 대가 달려 있었다. 노아를 만나는 건 그가 해고된 후 처음 이어서 살짝 긴장되었다. 혹시 내 탓을 하면 어떡하지? 우리는 오랜만에 만난 가족처럼 정답게 포옹했다.

노아는 이전보다 행복하고 편안해 보였다. 늘 신고 다니던 끈 없는 부츠에는 흙먼지가 묻어 있었다. 노아는 이제 잠을 푹 잔다고 했다. 또 협동조합이야말로 유일하게 윤리적인 비즈니스 모델이라며 노동자 협동조합 형태의 베이글 가게를 차릴 계획이라고 했다. 노아는 '앱'이라는 단어를 되도록 쓰지 않으려 노력했다. "아 참, 애플리케이션." 노아는 앱이라는 표현을 쓸 때마다 이렇게 정정했다. "앱이라고 줄여 말하면, 그게 소프트웨어라는 티가 별로 안 나." 실제로 그런 축약법은 의도적이고도 야비한 전략이었다. 기술적으로 정교한 프로그램에 화사하고 귀여운 디자인을 덧입히는 것과 같은 눈속임이랄까. "우리는 소프트웨어가 아니랍니다! 우리는 여러분의 친구예요!" 노아가 짓궂은 목소리로 빈정거렸다.

나는 노아에게 회사 소식을 짧게 전했다. 성장은 쉽지 않지만 수익 창출은 여전하고, 타호로 다 같이 떠난 여행은 이상했으며, 모두가 노아를 그리워한다고 말이다. 우리는 그가 해고당하던 날의 기억을 자세히 끄집어내 한바탕 수다를 떨었다. 노아에 따르면 그날 사무실 분위기는 정말로 숨이 막힐 듯했고 에어컨을 튼 것처럼 냉랭했으며 끝내는 허망했다. 그의 요구는 받아들여지지 않았다고 했다. "그 일을 평생 할 거라면 5년 안에 부자라도 되어야겠다 싶었어." 그가 말했다. "보상받고 싶었지. 나는 그 회사에 열세 번째로 들어간 직원이었어. 거기서 열심히 계속 일할 생각이었고. 하지만 그에 걸맞은 회사 지분을 얻고 싶기도 했어."

내가 갖고 있는 회사 지분은 티끌이라는 사실이 새삼 떠올랐다. 계약서에 서명할 때만 해도 그 숫자는 아주 커 보였다. 당시 나는 전체 지분의 규모가 얼마나 되는지 물을 생각조차 하지 못했다. 회사가 괜찮은 조건으로 상장한다고 가정했을 때 내게 돌아올 순이익은 1만 달러가 전부였다. 맥주잔을 잡은 손에 힘이 꽉 들어갔다.

노아는 말을 멈춘 채 천장에 달린 오토바이를 쳐다보다가 다시 내 쪽으로 고개를 돌렸다. "내 제안이 터무니없었다고 생각할 수도 있을 거야. 혹은 내 요구 사항이 온당했다고, 회사가 주려는 것보다 단지 조금 더 많았을 뿐이라고 생각할 수도 있겠고."

노아는 어찌 되었든 이젠 적어도 양심의 가책을 느끼지는 않는다고 했다. 나는 그게 무슨 말인지 물었다.

"알면서. 거긴 감시 회사잖아." 노아는 요즘 다시 언론에 오르내리고 있는 국가안보국 내부 고발자 이야기를 꺼냈다. 20만 건에 이르는 문건이 공개되면서 더 많은 사실이 폭로되었다. 감시 조직은 처음 보도되었던 것보다 훨씬 거대하고 복잡했다. 실리콘 밸리도 깊숙이 연루되어 있었다. "거기서 일할 때는 그런 생각을 안 했어. 우리 제품은 철저히 시장에 초점을 맞추고 있었으니까. 사회 문제라고 보질 못했던 거지. 인터넷 기술로 벌어들이는 돈이 모조리 감시에서 비롯된다는 사실도 몰랐고." 노아가 말했다.

혹시 그가 말하는 감시란 애드 테크[70]를 가리키는 걸까? 나도 디지털 광고를 귀찮게 생각하긴 했지만, 그게 꼭 해악이라고는 생각해본 적이 없었다. 물론 우리 고객사들이 사용자들에게 공짜로 서비스를 제공한다는 것은 어떤 식으로든 그들에게서 이익을 취한다는 뜻이었다. 그리고 당연하게도 이익을 취하는 가장 직접적인 방법은 탐욕스럽게 데이터를 수집하는 것이었다.

노아가 계속 말했다. "그 둘이 뭐가 그렇게 다른지 모르겠어. 우리는 고객사들의 데이터 수집을 도왔어. 그 데이터가 어떻게 쓰이고 누구 손에 들어갈지는 전혀 모른 채로. 어쩌면 우리가 정보기관의 조력자였을 수도 있다는 얘기야. 보도된 내용이 정확하다면, 감시 산업과 애드 테크 업계의 경계는 아주 희미하다고 봐야 해."

어떻게 반응해야 할지 난감했다. 딱히 반박하고 싶지도 않았다. 내가 데이터 수집을 우리 시대의 도덕적 딜레마라고 생각하지 않았던 건 어쩌면 근시안적이며 안주하고 싶어 하는 나의 심리적 증상 때문이었는지도 몰랐다. 성장과 변화를 이야기하는 테크 업계 속에서, 나는 큰 맥락을 놓치고 있었다. 더 큰 세상

70. ad tech. IT를 적용한 광고 기법. 데이터 분석에 기초하여 고도로 맞춤화된 광고를 제작하고 노출시키는 것에 중점을 둔다.

으로 눈길을 돌리려 하지 않았다.


　친구 파커와 연주회를 가게 되었다. 파커는 뉴욕에서부터 알고 지내던 친구로, 디지털 권리 활동가였다. 파커가 일하는 비영리기관은 사이버 해방주의 성향을 띤 유토피아 기술론자들이 1990년대에 설립하여 개인정보 보호, 표현의 자유, 저작권 보호와 같은 디지털 시민 해방 활동을 벌이는 곳이었다. 테크 업계의 역사를 간직했다고 볼 수 있는 그 단체의 사무실은, 먼지가 내려앉은 서버와 구식 오픈소스 소프트웨어를 구동시키는 고물 컴퓨터가 자리를 차지하고 있어 어수선했다. 파커의 말에 따르면, 기술에 대해 진정으로 관심을 갖고 염려하는 사람은 새로운 모든 것을 경계하며 거부한다고 했다. 그러한 자세의 가장 기본은, 일단 의심해보는 것이었다.

　나와 파커는 수년 전 드문드문 가볍게 데이트하는 사이였다. 그 데이트라는 것은 대부분 파커가 내게 일장 연설을 늘어놓은 뒤 사과하는 식이었다. "이메일은 엽서만큼이나 보안에 취약해. 집배원이 엽서의 내용을 안 읽을 거라고들 생각하지만 실은 마음만 먹으면 언제든 들여다볼 수 있는 것처럼." 농산물 마켓이 열린 포트 그린 공원을 함께 거닐면서 그는 내게 이렇게 말했었다. 당시 나는 그가 암호화폐와 블록체인의 미래에 대해, 이중 인증의 한계와 종단 간 암호화의 필요성에 대해, 데이터 유출의 불가피함에 대해 나를 가르치려 들 때마다 그 모든 것을 참을성

188

있게 들어주었다.

그와 나의 로맨스는 오래가지 않았다. 하지만 이후로도 우리 둘은 보안에 취약한 이메일로 꾸준히 연락을 주고받으면서, 1980년대 인터페이스 디자인이나 이진 부호, 저작권 보호 기간이 끝난 예술품과 같은 다소 마이너한 주제에 관해 이야기하는 사이로 발전했고, 이따금 건전하고 점잖은 문화 활동을 함께하곤 했다.

공연장 좌석은 4분의 1만 차 있었다. 조명이 어둑해질 즈음, 나는 속으로 샌프란시스코의 문화 인프라를 향유하는 데 더 많은 돈과 시간을 쓰리라 조용히 다짐했다. 내가 사는 도시에서의 생활을 더 열심히 즐길 것이다. 뉴욕주 운전면허증을 더는 갖고 다니지 않을 것이다. 이 도시의 시정에 관심을 가질 것이다.

인터미션 때 우리는 플라스틱 컵에 담긴 화이트 와인을 마시며 사탕을 나눠 먹었다. 파커는 망 중립성[71]이 흔들리고 있어 고민이라고 했다. 요즘 테크 노동자들의 의식을 고취시키는 캠페인을 진행하고 있는데 기대한 만큼의 효과가 없다고도 했다. 나는 망 중립성이 무엇인지 대충 알고 있었지만, 옛 추억을 되살릴 겸 파커에게 설명할 기회를 주었다.

파커에 따르면, 테크 산업에 닥친 심각한 문제들은 단기간에 해결할 수 있는 것이 아니었다. 창업자들과 테크 노동자들은

71. net neutrality. 모든 네트워크 사업자가 인터넷상의 모든 데이터를 동등하게 취급하고 차별 없이 유통해야 한다는 기치.

맞설 의지가 있었지만 단결하는 법을 알지 못했다. 로비를 벌일 만큼 끈기가 있지도 않았다. 자신들의 일을 정치와 결부시켜 생각하지도 않았다. "다들 지금 상황이 영원할 줄 알고 있어." 파커가 말했다.

우리 앞으로 우아하게 차려입은 노부부가 지나갔다. 그들의 배경을 망친 존재가 된 것 같아 살짝 죄책감이 들었다. 파커는 아랑곳하지 않고 말을 이어갔다. "최악은, 갈수록 기술이 변질되고 있다는 거야. 점점 더 보안에 취약해지거나, 자율성을 잃어가거나, 중앙 집중화되거나, 감시당하고 있어. 모든 테크 회사가 이 넷 중 하나에 가까워지고 있는데, 어디로 가든 다 틀린 방향이지."

순간 속이 뜨끔했다. 잠깐, 하고 내가 그의 말을 가로막았다. 파커가 날 바라보았다. 설탕 가루가 그의 아랫입술에 점점이 묻어 있었다. "너, 내가 감시 회사에 다니고 있다고 생각해?" 내가 물었다.

"굉장한 질문이네. 평생 모를 줄 알았는데." 그가 대답했다.

## 최적화

    회사는 어엿한 기업체가 되어갔다. 테크 업계 안팎의 굵직한 회사들이 우리 제품을 사용했다. 미국 정부도 우리의 고객사가 되었다. 회사의 책임은 그만큼 무거워졌다.

    회사는 계속해서 성장했다. 사무실 커피는 툭하면 동이 났다. 다들 커피 머신 옆을 지키고 서서 커피가 추출되는 것을 지켜보았다. 운영 팀장이 주방에 감시 카메라를 설치해 몰상식한 직원들의 모습을 캡처한 다음 단체 채팅방에 올렸다. 안 씻은 손으로 프레첼과 과자 통을 헤집고, 트레일 믹스에서 초콜릿만 골라 가고, 먹다 남은 시리얼과 우유를 싱크대에 냅다 부어버리는 모습이 모두에게 공유되었다. 한번은 내가 바닥 위로 미끄러지는 바람에 그래놀라 그릇을 발사하듯 쏟고 말았는데, 그 모습을 캡처한 GIF 이미지가 순식간에 채팅방에 박제되기도 했다.

언제부턴가 사무실은 영업직 직원들로 북적거렸다. 자세가 반듯하고 격식 있는 구두를 신은 그 남자들은 잘 꾸민 사회인처럼 행동했다. 사내 통신 네트워크에 연결되지 않는다고 말하며 사람 좋은 웃음과 함께 머리를 쓸어 넘기곤 했다. 그들은 서버실과 연결된 회의실을 예약해 사용했고 종종 계단으로 나가 전화통화를 했다. 영업팀 직원들의 책상에는 고객사에서 받아 온 사은품과 온갖 스티커, 맥주 캔 홀더, 휴대용 드라이브가 널브러져 있었다. 소문에 의하면 영업직 직원들의 기본 급여는 고객지원 엔지니어들이 받는 액수의 두 배가 넘었다. 스톡옵션을 포기하고 현금을 선택한 사람들이니만큼 그들에게서 충성심을 바랄 순 없었다.

나를 포함한 초창기 직원들은 위기를 느꼈다. 우리는 지속 가능하진 못했으나 자유분방했던 초창기의 서툰 운영 방식을 직접 겪었다. 체계가 잡히기 전의 회사 모습을 본 사람들이었다. 회사가 어떻게 굴러가는지를 너무 잘 알았고, 향수에 젖기도 했으며, 그만큼 회사에 대한 애정이 컸다. 우리는 회사와 멀어지고 싶지 않았지만, 회사가 우리와 멀어지고 있었다. 사업적 성공이 회사의 특별함과 우리의 유대감을 위협하리라고는 전혀 생각하지 못했다. 늦게 들어온 직원들은 그냥 평범한 직장을 다니듯 했다. 그들은 우리의 고민을 이해하지 못했다.

"회사 문화가 죽어가고 있어." 우리는 주방에서 베이글을 구우며 심각한 목소리로 이런 말을 주고받았다. "어떻게 되살리지?"

물론 그게 영업직 직원들의 탓은 아니었다. 그들은 변화의 결과이자 증상이었다. 회사의 문화는 이미 몇 달째 시들어가고 있었다. CEO는 이제 시도 때도 없이 '편집증'이란 단어를 썼다. 회사의 대형 투자자가 경쟁사에도 투자했다는 소식이 들려왔다. 투자자로서는 자기 할 일을 한 셈이었지만, 우리에게는 상처였다. 우리만 사랑하는 줄 알았던 아빠에게 더 사랑하는 자식이 생긴 셈이었다. 우리는 버려질까 봐, 배신당할까 봐 무서웠다. 불길함이 감돌았다.

그렇게 별사건 없이 몇 주가 흘렀다. 화요일 오후마다 경보음이 울리면 회사의 매출과 투자자들, 기업 가치, 그리고 표면상으로나마 좋은 소식에 대해 전 직원이 공유하는 회의가 열렸다.

하루는 예고 없이 CEO의 호출을 받았다. 금요일 오후, 퇴근하려고 짐을 싸는데 CEO가 나를 회의실로 불렀다.

CEO는 두 손을 테이블 위에 포갠 채 느리게 말했다. "처음에는 대단한 직원이 들어왔다고 생각했어요. 매일 야근하고 가장 늦게 퇴근하고. 그런데 이제 와 생각해보면, 애초에 이 일을 버거워했던 게 아닌가 싶어요."

CEO는 과연 내가 목적을 받들고 있는지 궁금해했다. 만약 아니라면 이제 때가 됐다고, 원만하게 마무리를 짓자고 했다. 나는 회의실 반대편 선반에 놓인, '목적'이라는 글씨 조각을 물끄러미 바라보았다.

나는 당연히 목적을 받들고 있다고 대답했다. 마음 같아서는 앉아 있는 인체공학적 의자를 빙글 돌려 그를 외면하고 싶었지만 차마 그럴 배짱은 없었다. 나는 회사를 진심으로 아낀다는 말도 덧붙였다. 진심이었다. 나를 변호한다거나 업무 성과를 강조해야겠다는 생각은 미처 떠오르지 않았다. 어쨌거나 나는 일을 잘하고 있었다. 이 면담은 나를 겁주기 위한 것이었다. 그리고 의도한 효과를 발휘했다.

CEO는 만약 회사를 떠날 생각이라면 새 일자리를 연결해주겠다고까지 제안했다. 내가 어떤 선택을 하건 간에 고객지원 엔지니어링 팀의 책임자가 될 수 없다는 사실은 분명해졌다. "분석 능력이 조금 부족한 것 같아요. 가치관이 맞는지도 모르겠고. 솔직히 어떤 가치관을 지향하는지 잘 모르겠어요." CEO가 말했다.

내 생각에 나는 충분히 분석적이었다. 시스템적 사고 능력은 부족할지 몰라도, 무언가를 해체해 분석하는 능력은 확실히 있었다. 나는 CEO와 내가 적어도 표면상으론 같은 가치관을 공유하고 있다고 생각했다. 우리 둘 다 기업의 위계질서에 환멸을 느끼고, 언더독의 자리를 즐기며, 스스로를 페미니스트라고 부른다는 점에서 그랬다. 무엇보다 우리는 이기는 것을 좋아했다.

애써 참으려 했으나 결국 나는 두 번 울음을 터뜨렸고 휴지를 가지러 화장실에 다녀와야 했다. 엔지니어들이 심상치 않은 분위기를 직감하고 시선을 피했다. 나는 세면대 앞에 서서 휴지로 눈물을 훔쳤다. 우리 회사 여자들은 다들 한 번쯤 이런 경험을 했다. 뉴욕에 있는 친구들이 생각났다. 그동안 내가 얼마나 열심히 일했는지가 새록새록 떠오르면서, 실패했다는 평가를 받은 것이 몹시 서러워졌다. 또 나는, 내가 믿는 가치들을 생각했다. 그러자 눈물이 더 쏟아졌다.

회의실로 돌아와보니 CEO가 차분히 나를 기다리고 있었다. 그의 표정은 조금 전 그대로였다.


이안과 나는 깨달음을 얻겠다며 멘도시노로 환각 여행을 떠났다. 우리는 집 공유 플랫폼을 통해 숙소를 예약했다. 집주인은 광활한 거실에서 큰 소리로 대화하는 것이 일상인 듯한 노부부였다. 방 창문으로 안개가 자욱한 골짜기가 내다보였다. 절경이었다.

이안도 나도 규제 약물에 손을 댄 경험이 거의 없었다. 그래도 이안은 약물의 안전성을 신뢰했다. 반면 아무것도 믿을 수 없었던 나는 화장실 세면대에 올라앉아 환각 체험 후기에 관한 웹 포럼 댓글을 꼼꼼히 살폈다. 그리고 가장 가까운 병원의 위치를 확인해두었다. 그다음으로 한 일은, 휴대폰에서 업무용 이메일 앱을 삭제한 것이었다. 행여 세로토닌이 인위적으로 과잉 분비된 상태에서 CEO나 동료에게 섣불리 연락했다가는 낭패였으니까.

우리는 약을 입 안에 넣고 오렌지 주스를 들이켰다. 그리고 침대에 누워 아득히 들려오는 노부부의 말소리에 귀를 기울였다. 캐런 돌튼[72]의 음악을 틀어놓고서 서로의 등을 어루만지며 가족에 관한 비밀을 털어놓았다. 지금껏 한 번도 말한 적 없는 속내를 이야기하고 나니 마음이 가벼워졌다. 나는 딱히 취하는 기분도, 환각도 경험하진 못했다. 그저 평소 내 모습 그대로이지만 거기에서 좋은 부분만 남은 것 같았다. 조금 덜 불안해하고 더 씩씩해진 내 모습. 나는 사랑하는 모든 이와 이 느낌을 나누고 싶어졌다. 그것이 내게 찾아온 깨달음이었다. 나는 아름다운 공간에서 사람들과 이야기하는 내 모습을 상상했다. 친구들과 한꺼번에 영상 통화를 하고 싶어졌다.

인생은 단순하기에 빛이 났다. 나는 예측할 수 없는 역사와 하나로 합쳐질 수 없는 삶의 다양성에 대해 생각했다. 불가능한 일은 없었다. 나는 커리어를 쌓기 위해 캘리포니아로 왔고 이제 역사의 변곡점 안에서 살고 있었다. 아니, '우리' 모두가 역사의 변곡점을 지나고 있었다. 내가 이렇게 열변을 토하는 동안 이안은 바지를 입고 거울 앞에서 행복한 표정으로 스트레칭을 시작했다. 지금 이 세상은 새로운 경제 질서와 새로운 삶의 방식으로 굴러가고 있었다. 우리는 이제껏 본 적 없는 세상이 어렴풋하게 보이는 가장자리에 서 있었다. 그리고 우리는 그 세상을 만드는 사람들이었다. 아니, 이안만 그랬다. 나는 그것을 '돕는' 사람이

---

72. Karen Dalton. 1960년대에 활발하게 활동한 포크 블루스 뮤지션.

었다.

내가 쏟아낸 이 말들이 진실인지는 나조차 확신이 서지 않았지만, 그래도 털어놓고 나니 기분이 좋았다. 이안은 씩 웃으며 말했다. "아주 자극이 되는걸. 어디 가서 연설해도 되겠어. 다음 직업으로는 미래학자가 좋겠다."

다음 날 아침, 우리는 차를 끌고 온천으로 향했다. 그리고 알몸으로 유황탕에 들어가 이미 나체를 노출하고 있던 몇몇 사람들 틈에 꼈다. 목재 사우나 안에는 원주민 민요를 부르는 백인 노인들의 노랫소리가 웅웅거리며 울렸다. 나는 영원히 살고 싶어졌다. 앞으로 일어날 일을 목격하고 싶었다.

도시로 돌아와 여행의 여운이 가라앉은 후부터 이안과 나는 앞으로 내가 할 일을 상의했다. 이안은 퇴사를 권했다. 내가 필요 이상으로 삶의 많은 공간과 그 밖의 것들을 회사에 바치고 있다면서 말이다. 그는 일이 나를 망치고 있다고, 회사 화장실에서 우는 행동은 정상이 아니라고 충고했다.

나는 내가 느끼는 충성심에 대해 이야기했다. 나는 CEO에게 인정받고 싶었다. 또 그가 틀렸음을 증명하고 싶었다.

하지만 이안은 단호했다. "그 사람은 널 신경 쓰지 않아. 그 사람 인생에서 너는 중요하지 않아. 그만둬도 돼. 그 사람은 괜찮을 거야."

이안이 이런 말을 꺼낸 건 처음이 아니었다. 언제나 좋은 뜻에서 한 말이었지만, 묻지도 않은 그런 조언이 나는 하나도 반갑지 않았다. 한편으로는 그가 옳을지도 모른다는 사실을 인정하고 싶지 않았다.

소프트웨어 엔지니어인 이안은 취업 시장의 장벽에 부딪혀본 적이 없었다. 지위 상승의 기회와 선택권을 갖지 못한다는 것이 어떤 느낌인지, 변변찮은 존재가 된다는 것이 어떤 기분인지 그는 몰랐다. 이안은 좋아하는 일을 하면서 내 연봉의 세 배나 되는 돈을 거뜬히 벌 수 있었다. 그 어떤 회사도 그에게 주식 할당을 망설이지 않았다. 이안은 안전망 안에 살고 있었다.

어쩌면 나는 특별하지도 대단하지도 않은 능력을 지녔다는 자격지심에 매몰되어 있는지도 몰랐다. 출판계에서 일하기 시작한 이후로 내 안에는 언제든 대체될 수 있다는 감각이 깊이 뿌리 내렸다. 미래 계획 없이 일을 그만둔다는 것은 상상할 수 없었다. 대학 졸업 후 내 삶은 매달 간격으로 이력서에 빠짐없이 기록되었다. 대학 교수가 아니고서야 안식년을 갖는다는 것은 터무니없는 생각이었고 신뢰할 수도 없는 계획이었다.

이안은 한결같이 나를 사랑해주었다. 그는 내가 함부로 대접받는 꼴이나 기분 더러워지는 일을 결코 참지 않을 사람이라고, 정의롭고 도덕적인 사람이라고 나는 굳게 믿었다. 나를 소중하게 생각하는 사람이라고 말이다. 그가 나를 보며 느낄 실망감이 이해되었다. 나도 내가 그런 사람이고 싶었는데.

목적을 받든다니, 그 목적이란 도대체 무엇일까? 우리가 떠

198

받들어야 하는 목적은 회사였다. 그런데 회사는 회사 나름의 목적이 있었다. 이를테면 소비자 참여율을 끌어올리고, 사용자 경험을 개선하고, 마찰을 줄이고, 디지털 의존도를 높이는 것. 우리는 클릭률을 높일 A/B 테스트용 문구를 고민하는 마케팅 관리자들과, 구매 전환율을 높일 전자상거래 플랫폼을 만드는 개발자들과, 긍정적인 피드백 루프를 강화하려는 디자이너들을 도왔다.

우리는 그들이 더 나은 결정을 내리도록 조력자 역할을 수행했다. 사람들이 자신의 가설을 시험할 수 있도록. 어려운 질문의 답을 찾을 수 있도록. 편견을 없앨 수 있도록. 정확한 메시지 타기팅 전략을 세울 수 있도록. 전환율을 높일 수 있도록. 핵심 사업 지표를 개선할 수 있도록. 사용자 채택률을 측정할 수 있도록. 사회적 영향력을 우선시할 수 있도록. 투자수익률을 높일 수 있도록. 성장에 집중할 수 있도록. '측정할 수 있어야 관리할 수 있다.' 때로 나는 읽은 적 없는 경영 전문가의 책에서 이런 문장을 따와 고객들을 설득하곤 했다.

궁극적인 목적은 하나로 수렴했다. 어떤 대가를 치르든 성장할 것. 모든 걸 제치고 일단 몸집을 불릴 것. 파괴하고 지배할 것.

데이터로 향상된 회사들이 세상을 향상시키고 있었다. 실행에 옮길 수 있는 지표들로 가득한 세상에서, 앞으로도 개발자들은 끊임없이 최적화를 시도할 것이고 사용자들은 쉬지 않고 스크린을 들여다볼 것이다. 의사 결정과 불필요한 마찰에서 자유로워진 세상, 모든 것이 빠르고 간단하고 매끈하게 다듬어져 최적화되고, 우선시되고, 화폐화되고, 통제되는 세상을 우리는 살고 있었다.

하지만 나는 효율적이지 못한 내 삶을 좋아했다. 라디오를 듣는 것. 과하다 싶게 다양한 도구를 써서 요리하는 것. 양파를 다듬어 보관하는 것. 허브를 가꾸는 것. 오래 샤워하는 것. 살짝 취한 상태로 박물관을 배회하는 것. 대중교통을 이용하는 것. 그러면서 생판 모르는 사람들이 자녀들과 함께 있는 모습을 보는 것. 해 질 녘 창밖을 내다보거나 휴대폰으로 일몰 사진을 찍는 사람들을 구경하는 것. 오니기리를 사러 저팬 타운까지 걸어가는 것. 아니면 아무런 목적 없이 오래 산책하는 것. 잘 마른 빨래를 개키는 것. 열쇠집에 가서 열쇠를 복사하는 것. 서류를 작성하는 것. 누군가와 통화하는 것. 우체국에 가서 매번 그러듯 복잡한 행정 절차를 견디는 것. 레코드판을 뒤집어가며 앨범을 통째로 듣는 것. 이렇다 할 사건이 일어나지 않는 긴 소설을 읽는 것. 아무 일도 일어나지 않는 짧은 소설을 읽는 것. 낯선 사람들을 만나는 것. 남의 일에 참견하는 것. 식당이 문을 닫을 때까지 술을 마시는 것. 마트에 가서 식료품에 붙은 라벨을 정독하는 것. 할인 코너에서 시식하는 사람들을 구경하는 것. 이 모든 것을 나는 좋아했다.

온기가 남은 빨래와 라디오, 그리고 버스 기다리기. 때로는 이런 것들 때문에 짜증이 나고 번거롭고 지치고 불편했다. 뒤처지는 경우도 더러 있었다. 그렇지만 내게는 이렇듯 따분하고 비효율적인 것들이 삶에 풍요로움을 더해주었고 제대로 살고 있다는 증거가 되어주었다. 아무것도 하지 않으면서 마음속으로 세계 어디로든 떠날 수 있는 시간을 스스로에게 허락하는 것. 내게는 그런 시간이 인간답게 살고 있다는 느낌을 주었다.

그리고 한편에는 그 어떤 마찰도 없는 매끈한 삶에 대한 집착이 존재했다. 그게 과연 무엇이길래? 화장실 갈 틈만 빼놓고 쉴 새 없이 노동하는 삶? 높은 생산성을 꾸준히 지속하는 삶? 차트와 데이터는 내가 열망하던 대상이 아니었다. 바라던 대가도 아니었다.

하루는 업무 마감 후 사무실에서 감자칩과 와인이 차려진 파티가 열렸다. CEO가 내 옆자리로 오더니 물었다. "이제 입사한 지 1년이 되어가네요. 내가 직원들한테 늘 하는 질문이 하나 있어요. 지난 한 해가 느리게 갔나요, 빠르게 갔나요?"

나는 자동 반사적으로 느리게 갔다고 대답했다. 진심에서 우러나온 말이었다. CEO는 실눈을 뜨며 살짝 웃는 표정을 지었다. 테이블 끄트머리에서 솔루션 팀장이 대놓고 우리의 대화를 엿듣고 있었다.

"어려운 질문이죠. 둘 다 맞는 답이랍니다." CEO가 말했다.

## 고객

　　연례 평가가 슬슬 가까워졌다. 나는 사무실에서 숨 쉬듯 자연스럽게 일어나는 여성 혐오를 문제 삼아야 할지 고민했다. 어느덧 회사의 직원 규모는 60명으로 불어났는데 여성 직원은 여덟 명뿐이었다. 테크 업계에서는 나름 준수한 성비였지만 나는 만족할 수 없었다. 우리 회사는 그보다 더 잘할 수 있었으니까.

　　나는 스마트워치에 출렁이는 여자 가슴을 GIF 이미지로 내려받은 동료의 이야기와, 여태껏 내가 몸무게, 입술, 옷, 성생활에 관해 들었던 품평과, 인플루언서 직원이 사무실 여자들을 성적 매력에 따라 순위 매겼다는 이야기 등을 적어 엄마에게 이메일을 보냈다.

　　참 곤란한 문제였다. 나는 동료들을 진심으로 좋아했고 함부로 비난하지 않으려 노력했다. 아주 끔찍한 일을 당한 것도 아니었고 지금 이 상태가 계속되길 바라는 마음도 있었다. 다른 여자들에 비하면 그나마 나는 형편이 괜찮았다. 하지만, 그 괜찮음의 기준이 너무나도 낮았다.

엄마는 지금 내 나이였을 때 대형 은행에서 근무했었다. 따라서 나는 엄마가 내 고민에 공감하리라 생각했다. 날 지지하고 격려해줄 거라고, '잘한다! 바로 네가 테크 업계에 필요한 변화로구나!' 하고 말해주기를 기대했다.

엄마는 거의 즉시 답장을 보내왔다. '성차별에 대한 불만은 적지 말도록. 변호사를 선임해둔 게 아니라면.'

나는 고객지원 엔지니어링 소속에서 일명 고객성공 관리 책임자로 승진했다. 이제 나는 고객성공 팀장으로 불렸다. CSM CUSTOMER SUCCESS MANAGER이라는 직책명과 함께 전용 계정이 주어졌다. 명함도 나왔다. 명함에는 개인 전화번호와 '페이지 뷰보다 행동이 말해줍니다', '나는 데이터 주도 형' 등의 슬로건이 쓰여 있었다. 여전히 띄어쓰기가 심히 눈에 거슬렸지만, 나는 개의치 않고 아무한테나 열심히 명함을 돌렸다.

고객성공 관리 팀은 소규모였다. 나와 고객사를 관리하던 직원이 전부였다. 갓 MBA를 졸업한 그는 양복 셔츠에 광이 나는 가죽 구두 차림으로 출근했다. 솔루션 팀장은 나와 그가 훌륭한 팀을 이루길 바란다며 격려했다. 나도 같은 생각이었다. 그가

MBA 출신인 것이 마음에 들었고, 건조하면서 시니컬한 유머 감각을 가진 것도 좋았다. "그 사람은 전략적으로 생각할 줄 알아요. 당신은 우리 고객들에게 애정이 많고." 솔루션 팀장이 활짝 웃으며 말했다.

우리 고객들이라. 내 이메일 계정과 음성 사서함은 권리 의식과 고집이 대단한 남자들의 요구 사항으로 가득 차 있었다. 나는 지난 1년 동안 스스로가 과소평가되고 무시당하고 있다는 느낌을 지울 수 없었다. 소프트웨어와 고객 사이를 이어주는 역할을 하면서 재미를 느낀 것은 사실이었다. 정보를 분석하고, 기술 프로세스를 설명하고, 회사 제품을 속속들이 아는 몇 안 되는 전문가가 되는 것이 좋았다. 우두머리 역할을 하게 된 것도 좋았다. 그러나 고객들을 좋아한다고 말할 수는 없었다.

승진과 함께 회사 주식을 아주 조금 더 받게 되었다. 할당받은 주식의 가치가 얼마쯤 되는지는 여전히 가늠할 수 없었다. 이번에 나와 함께 승진한 MBA 출신 직원이 나보다 주식을 더 많이 받았는지 궁금했지만 굳이 물어보진 않았다. 그냥 그랬겠거니 생각하는 편이 나았다. 그의 업무는 전략 구상으로, 나의 업무는 애정으로 해석되는 판이었으니까.

어쨌거나 주식은 투기성 자금이었고, 그 돈이 없다 하더라도 나는 스물여섯 살에 벌써 9만 달러를 연봉으로 받고 있었으니 그것을 위안으로 삼았다. 나는 온라인으로 500달러짜리 부츠를 샀다. 뉴욕에서라면 멋지게 느껴졌을 테지만 샌프란시스코에서 신고 다니려니 조금 창피했다. 너무 프로페셔널해 보였기 때문이다. 또 나는 동네 노숙자들에게 이동형 화장실과 샤워실을 제공하는 단체에 돈을 기부했다. '테크인'다운 삶을 살겠다며 충전식 바이브레이터를 장만하기도 했다. 들어갈 일이 없단 것을 알면서도 해수 풀이 딸린 헬스장에 등록했고, 손톱 물어뜯는 습관을 고치겠다며 리뷰 앱이 추천한 최면요법 시술사와 예약을 잡았다. 시술은 1회에 200달러였다. 한번은 나도 모르게 잠들어 모두가 싫어하는 소셜 네트워크의 창업자가 나오는 건전한 꿈을 꾸기도 했다.

남은 돈은 몽땅 예금 계좌에 넣었다. 괜찮아, 괜찮아, 괜찮아. 일이 안 풀리는 날이면 서버실에 들어가 통장 잔액을 보며 이렇게 나를 다독였다. 내게는 탈출할 수단이 있었다.

봄이 돌아오고, 회사는 '어딕션ADDICTION'이라는 새로운 보고서 기능을 선보였다. 어딕션 그래프는 재사용률을 비교하는 그래프처럼 개별 사용자의 참여 빈도를 한 시간 간격으로 시각화해 보여주었다. 아주 기발한 이 기능은 엔지니어들의 손을 거쳐 훌륭하게 작동했다. 모든 회사는 사용자들이 자꾸만 들여다보는 앱을 만들고 싶어 했다. 최대한 오래 머물게 되는 그런 앱을. 어딕션 차트는 회사들의 그런 불안과 집착을 수량화하는 동시에 더욱 증폭시켰다.

커뮤니케이션 팀장이 안정적이고 가족 친화적인 테크 대기업으로 이직한 후로 그 자리는 계속 공석이었다. 자연스럽게 카피라이팅 업무는 내가 맡게 되었다. 추가 업무 수당을 급여에 반영해달라는 요구는 가뿐히 묵살당했다. "좋아서 하는 일이잖아요." 솔루션 팀장은 이렇게 말했다. 어쨌거나 나는 그 일을 계속했으니 맞는 말인지도 몰랐다.

어딕션을 홍보하기 위해 나는 CEO의 이름으로 나갈 글을 대필했다. 사람들이 한 시간에도 몇 번씩 앱을 켜는 것이 얼마나 바람직한 일인지에 대해 무미건조하게 써 내려갔다. '어딕션은 귀하의 서비스가 사람들의 일상에 얼마나 깊이 침투해 있는지를 보여줍니다.' 나는 그게 마치 좋은 일이라도 되는 것처럼 표현했다. 홍보 글은 CEO가 작성한 것처럼 둔갑해 이용자 수가 많은 테크 블로그에 실렸고, 우리 회사 블로그에는 내 이름으로 올라갔다.

어딕션은 분명 참신한 기술이었다. 하지만 나는 거기에 깔린 생각이 꺼림칙했다. 우리 회사 사람들은 대부분이 서른 살 미만으로, 어릴 적부터 인터넷을 사용하며 컸다. 따라서 모두가 인터넷 기술을 불가피한 것으로 여겼다. 그러나 나는 다른 접근법이 있지 않을까 하는 의구심이 자꾸만 들었다. 나는 이미 앱에 중독되어 있었다. 링크나 짧은 글을 복사해 내 이메일로 보낼 때조차 그 수신 알림음에 저절로 반가움을 느끼곤 했다. 그 메일이 방금 전 내가 보낸 것임에도 말이다. 나는 앱 중독을 바람직한 일로 포장하고 싶지 않았다.

어딕션이라는 작명도 영 불편했다. 내 주변에는 헤로인, 코카인, 진통제, 알코올에 의한 중독을 끊어내기 위해 허허벌판 시골로 떠난 사람들이 몇 있었다. 그들은 그나마 운이 좋은 편이었다. 중독은 우리 세대에 만연한 문제였고 심각하게 파괴적이었다. 환락가로 유명한 텐덜로인 지역은 우리 사무실에서 고작 다섯 블록 떨어져 있었다. 회사는 더 나은 방향성을 제시해야 했다. 적어도, 그 단어를 함부로 갖다 써서는 안 되었다.

나는 카일에게 내가 느끼는 불편함을 토로했다. 회사 사람들은 경증의 약물 중독 환자조차 본 적 없는 것처럼 굴었다. 약물 중독을 신문에서나 접할 수 있는 추상적 개념 정도로 여기는 듯했다. 그런 기사를 찾아 읽기나 할는지 모르겠지만. 어딕션이라는 작명은 몰지각할 뿐 아니라 철없고 부끄러우며 무례했다. 그럴 거면 아예 퍼널 보고서[73]를 거식증 보고서라고, 이탈률 보고서를 자살 보고서라고 부르지 싶었다.

묵묵히 내 말을 듣던 카일은 꽃무늬로 된 사이클 모자를 벗고는 뒤통수를 긁적이며 입을 뗐다. "그래, 중독 문제는 게임 쪽에서도 아주 심각한 문제야. 예전부터 그랬어. 그런데 꼭 변화를 줘야 할 이유가 있나 싶네." 카일은 운동화 끝으로 내 책상 밑에 있는 스케이트보드를 앞뒤로 밀었다. "우리도 고객들을 '사용자'

---

73. 사용자가 서비스에 접속한 후 나가기까지의 경로를 가시화하여 이탈이 가장 잦은 구간과 이탈의 원인을 분석하는 보고서. 경로 모양이 점점 홀쭉해지는 깔때기funnel 모양을 닮았다고 하여 퍼널 보고서라고 불린다.

라고 부르잖아."[74]

고객성공 관리자로서의 업무는 고객지원 엔지니어 일보다 재미있었다. 하지만 직책 이름에서부터 어딘가 촌스럽고 가식적인 분위기를 풍겼다. 그래서 떳떳하게 말하기가 망설여졌다. 물론 뜻밖의 좋은 변화가 생기기도 했다. 승진 후 나는 이메일 서명란에 직책명을 '기술 담당 고객사 관리 팀장' 정도로 풀어 설명해두었는데, 그러고 나자 여태껏 뚱한 태도로 일관하던 고객들의 반응이 달라진 것이다. 공교롭게도 그들은 언제나 엔지니어나 창업자였고, 언제나 같은 성별이었다.

새로 맡은 업무는 기존의 고객지원 업무와 유사했으나 경영에 좀 더 초점을 맞추고 있었기 때문에 대기업들을 주로 상대해야 했다. 말하자면 우리는 회사와 고객사 모두에게 유익한 장기적 관계를 유지시키는 관리인이었다. 나는 거액의 이용료를 내고 있는 테크 기업과 첨단 기술을 일찍 도입하려고 하는 대기업의 명단을 관리했다. 내가 할 일은 고객사들이 우리 회사의 툴을 최대한으로 이용하도록 돕는 것이었다. 일정 금액 이상의 이용료를 내는 신규 고객사들도 물론 도와야 했다. 달리 말하면,

---

74. 여기서 카일은 소프트웨어 사용자user라는 표현이 마약 복용자drug user를 연상시키고 있음을 말하려는 것이다. 미국의 통계학자 에드워드 터프티는 "이 세상에서 고객을 '사용자'라고 부르는 산업은 불법 마약과 소프트웨어 산업뿐"이라고 지적한 바 있다.

고객 이탈을 막지 못할 시에는 내 모가지가 날아갈 수도 있다는 뜻이었다.

고객 이탈이란, 고객이 외부 제품을 사용할 이유가 없다고 판단하거나 그 제품의 존재를 잊어버리거나 경쟁사 제품으로 갈아타는 경우를 의미했다. 이런 측면에선 회사의 몸집이 커진다는 것은 축복인 동시에 저주였다. 그것은 성장한다는 뜻인 동시에 후발 스타트업들이 우리의 뒤를 노린다는 뜻이었으니까. 뒤늦게 시장에 뛰어든 경쟁사들은 우리보다 직원 수가 적고 자금을 갓 지원받은 회사들이었다. 그들은 작은 만큼 민첩했다. 그들보다 몸집이 약간 더 큰 우리로서는 그들을 따라 섣불리 가격을 낮출 수 없었다. 우리는 그들보다 잃을 것이 많았다.

고객 이탈의 원인은 가격이나 충성심만이 아니었다. 비투비 제품들이 대개 그러하듯 우선순위에서 밀리는 순간에, 즉 관심 없는 툴에 매달 수천 달러를 내고 있음을 고객사가 문득 깨닫게 되는 순간에 고객 이탈이 발생했다. 이는 최악의 피드백이기도 했다. 우리의 존재 자체가 잊혔다는 뜻이었으니 말이다.

나는 종종 고객사 사무실로 찾아가곤 했다. 안내 데스크에서 비밀 유지 서약서에 서명한 뒤 과자와 플레이버 워터가 준비된 회의실로 들어가 창밖의 바다를 보고 있으면 담당자가 들어와 형식적인 해명을 늘어놓았다. 내부 엔지니어들이 직접 만들 수 있는 툴을 유료로 이용하느라 비용이 너무 많이 새고 있다는 것이었다. 우리 제품처럼 보기 좋지는 않겠지만 그들은 마음만 먹으면 비슷한 툴을 만들어 운영할 수도 있었다. 서점으로 출발했던 온라인 쇼핑몰이 백엔드 인프라를 판매하기 시작한 덕에, 툴을 직접 만드는 것은 예전보다 훨씬 간편해진 터였다. 고객사들은 우리 제품이 뛰어나긴 하지만 자기들은 비용 절감이 필요한 상황이라고 입을 모았다.

나는 허리띠를 졸라매려는 사람들과 논쟁하는 것이 내키지 않았지만 사무실을 찾아가는 일에는 그리 큰 부담을 느끼지 않았다. 오히려 견학을 다니는 기분이었다. 나는 유명한 대기업 사무실을 찾아가 하루에 세 시간만 일하는 그 회사 직원들의 느긋함을 부러워했다. 스타트업 사무실에 갈 때는 아이스티나 스트링 치즈를 주겠다는 제안을 점잖게 거절했다. 나는 다시 리넨 재킷을 입기 시작했다. 이제 그 정도의 권위는 가졌다고 생각한 것이다.

몰랐던 사실이지만, 다른 회사의 고객성공 관리자들은 대부분 꽃무늬 옷을 입어도 촌스럽지 않고, 젖은 머리로는 절대 집 밖을 나서지 않고, 늘 양말과 옷 색깔을 맞추며, 실없는 농담을 많이 하지 않고, 모든 것에 야무지게 대답할 줄 아는 젊은 여자들이었다. 그들은 나보다 훨씬 더 설득력이 있었고, 따라서 이 업무에 훨씬 더 적합했다. 사람들은 그 여자들의 면전에다 아쉬운 소리를 하지 못했다.

반면 내 앞에서는 아쉬운 소리를 참 잘도 했다. 나는 가슴께에 붙은 보푸라기를 조심스레 떼어내며 최대한 사근사근하게 굴었다. 고객들 앞에서 1980년대 경영자를 흉내 내듯 행동했다. 고객님의 데이터에서 얻고 싶은 게 무엇이냐, 고객님의 북극성 지표[75]를 함께 정의 내려보자, 같은 말을 천연덕스럽게 늘어놓았다. 고객들의 북극성 지표는 늘 똑같았다. 최대한 많은 돈을 벌어들이는 것. 나는 회의실의 안락한 의자에 등을 기댄 채 전문가다운 분위기를 풍기려 애썼다. 나의 이런 버릇이 어디에서 온 것인지, 내가 어떤 판타지에 심취해 있는 건지 나조차 알 수 없었다.

　내가 설득력이 부족한 것과 별개로, 나와 고객의 만남은 나름대로 잘 굴러가는 듯했다. 우리 각자가 맡은 직업이 21세기의 산물이란 사실을 떠올리면 한결 마음이 편해졌다. 중요한 것은 고객 관리, 영업, 프로그래밍과 같은 포괄적인 직책이 아니라 그 직책이 놓이는 맥락이었다. '우리는 그냥 누군가 미리 만들어둔 각본을 따르는 것뿐이야.' 나는 남의 회사의 엔지니어, 제품 관리자, CTO와 마주 앉아 있을 때면 혼자 이렇게 생각하곤 했다.

---

75. North Star Metric. 한 회사가 측정하고 분석하는 사업 지표 가운데 사업의 핵심 가치를 가장 정확하게 가리키는 지표.

# 이직

나는 오늘의 운세를 챙겨 보듯 채용 모집 이메일과 공고를 항상 훑어보았다. 특히 맨 아래에 명시된 혜택을 유심히 살폈다. 높은 급여, 치과·안과 보험, 퇴직 연금, 헬스장 무료 회원권, 사내 뷔페, 자전거 보관소, 스키 여행, 와이너리 투어, 라스베이거스 출장, 맥주와 콤부차 기계, 와인 시음회, 주 1회 위스키 파티와 오픈 바 파티, 마사지실, 요가 클래스, 당구대, 탁구대, 탁구 로봇, 볼풀, 게임의 날, 영화의 날, 카트장, 집라인 등등. 구인 공고문은 각 회사 인사팀이 생각하는 오락거리와 스물세 살 직원들이 짜낸 워라밸 아이디어를 실컷 구경할 수 있는 장이었다. 어떤 때는 여름 캠프 공고를 보는 것만 같았다. '맞춤형 환경! 최신 하드웨어로 업무 공간을 디자인하세요.' '주변 세상을 바꿔보세요.' '우리는 열심히 일하고, 열심히 웃고, 서로를 격려합니다.' '우리는 그저 그런 소셜웹 앱이 아닙니다.' '우리는 흔하디흔한 프로젝트 관리 툴이 아닙니다.' '우린 평범한 배달 서비스가 아닙니다.'

나는 머리를 자르고 연차 휴가를 냈다. 티셔츠와 청바지가 아닌 한껏 꾸민 차림으로 회사에 들어설 때마다 영업직 직원들은 다 안다는 듯한 눈빛을 보냈지만, 나는 그들을 가볍게 무시했다.

고객사들을 방문하며 알게 된 사실은 스타트업 사무실이 다 고만고만하게 생겼다는 것이었다. 어딜 가나 미드센추리 모던[76] 스타일을 흉내 낸 가구들과 벽돌 벽, 스낵 바, 음식 카트가 있었다. 물리적 세계에 형상화된 테크놀로지는 나름의 미적 스타일을 뽐냈고 그 자체로 하나의 현실이 되었다. 예컨대 집 공유 웹사이트를 운영하는 그 유명한 회사는 고객의 풀하우스나 아파트 방처럼 사무실을 꾸몄다. 한 호텔 예약 스타트업은 벨이 잔뜩 달린(그러나 안내원은 없는) 안내 데스크를 로비에 그대로 구현했다. 어느 차량 공유 앱의 본사는 엘리베이터가 있는 곳까지 온통 앱의 시그니처 컬러로 도배를 했다. 책과 관련된 한 스타트업은 작고 후줄근한 도서관을 사무실 안에 마련해두었는데, 책장은 절반이 텅 비어 있었고 나머지 공간엔 페이퍼백 책들과 프로그래밍 매뉴얼들이 서로 비스듬히 기댄 채 꽂혀 있었다.

76. midcentury-modern. 1940년대 중반부터 1960년대에 걸쳐 유행했던 가구 디자인 사조로, 군더더기 없이 심플한 형태와 부드러운 곡선이 특징이다.

그 광경을 보고 있자니, 마이클 잭슨 코스프레를 하고서 마이클 잭슨 장례식에 참석했던 사람들의 모습이 떠올랐다.

그러나 수익 모델 없는 블로그 플랫폼 회사의 사무실만큼은 아주 특별했다. 그 사무실은 다른 곳들과 달랐고 내 마음에 쏙 들었다. 사방으로 도심 전경이 내다보였고, 두툼한 2인용 가죽 의자와 앰프에 연결된 전기 기타, 하얀색 전자 제품이 놓인 고급 원목 수납장이 곳곳에 있었다. 스물두 살의 내가 꿈꿨던 유명 뮤지션 애인의 집 같았다. 옷과 신발을 벗어 던지고 커다란 양모 러그에 누워 환각제를 한 움큼 먹거나 빈티지 볼체어에 몸을 웅크린 채 오래 머물고 싶어지는 그런 공간이었다.

내가 그곳에 간 까닭은 점심 식사인지 면접인지 모호한 자리에 참석하기 위해서였다. 그런 경우는 흔했다. 나는 식사 겸 면접을 보러 간다 생각하고 편한 옷차림으로 그곳엘 갔다. 안내 직원이 나를 공동 주방으로 데려갔다. 그곳에는 모든 스타트업이 과시하듯 쟁여놓는 식료품들이 있었다. 트레일 믹스, 치즈 크래커, 각종 과자와 작은 초코바가 한가득이었고, 대량으로 구매한 에너지 바도 박스째 쌓여 있었다. 냉장고에는 플레이버 워터와 스트링 치즈, 초콜릿 우유 등이 빼곡했다. 직원들이 단체로 마라톤을 준비하고 있다거나, 오후에 다 함께 간식 시간을 가질 예정이라 해도 이상하지 않았다. 물론 낯선 풍경은 아니었다. 얼마 전 내가 다니는 회사의 주방에서도 직원 둘이서 마라톤 선수용 포도당 젤리를 먹는 모습을 본 적이 있었다.

아프가니스탄 음식이 차려진 자리에서, 마이크로블로그 플랫폼으로 돈방석에 오른 남자[77]를 비롯해 그 회사 사람들을 만났다. 그 남자는 내게 어느 회사에서 일하느냐고 물었다.

"그 회사 알아요." 그가 납작한 빵을 죽 찢으며 말했다. "내가 인수하려고 했던 곳인데."

다른 스타트업들의 불안정한 궤적을 옆에서 지켜보다 보니 괜히 피로해지고 까다로워졌다. 사실 그렇게까지 까다로운 것은 아니었다. 나는 덜 기회주의적이며 혁신적인 회사, 안정적인 수익 모델을 가졌으며 공감할 수 있는 목표를 좇는 회사에서 일하고 싶을 뿐이었다. 이 시대의 금을 캐는 이른바 곡괭이 회사도 좋았지만, 다른 평범한 회사도 좋았다. 쓸모 있는 곳, 그리고 숨막히지 않고 지분을 받을 수 있는 곳이면 좋았다.

친구 중에 개발자용 툴을 만드는 스타트업에 다니는 애가 한 명 있었다. 소프트웨어 엔지니어를 위한 소프트웨어를 만들어 소프트웨어 구축을 돕는 것이 그 회사의 일이었다. 친구는 워라밸의 중요성을 입이 마르도록 강조했다. 친구네 회사는 유명했다. 실리콘 밸리부터 미국 정부까지, 모두가 소스 코드의 저장·추적·협업을 용이하게 만들어주는 그 회사의 제품을 사용했다. 또 그 회사는 수백만 개의 오픈소스 소프트웨어 프로젝트를

77. 트위터의 공동 창업자 에번 윌리엄스는 2012년 블로그 플랫폼 미디엄을 설립해 현재까지도 CEO를 맡고 있다.

관리하는 공용 플랫폼을 운영함으로써 누구나 프로젝트에 참여하고 작업물을 내려받을 수 있도록 했다. 몇몇 테크 저널리스트들은 그 플랫폼을 가리켜 '코드를 위한 알렉산드리아 도서관'이라고 부르며 호들갑을 떨었다.

"내가 널 빼내려거나 하는 건 아닌데, 솔직히 너 우리 회사랑 진짜 잘 어울릴 것 같긴 해." 점심을 같이하게 되었을 때 친구는 자기네 회사를 극찬하다가 불쑥 이런 말을 꺼냈다. 직원이 200명에 경쟁사가 사실상 전무하며 2억 달러나 투자받은 회사였다. 친구는 감자튀김을 밀크셰이크에 푹 찍었다. "팀장이 되고 싶으면 우리 회사에서 충분히 해볼 수 있을 거야. 도전해봐. 시험해보는 셈 치고." 혹하는 말이었다.

알렉산드리아 도서관은 비극으로 끝이 났다지만, 그래도 나는 호기심이 동했다. 친구네 회사의 비즈니스 모델은 공고했다. 그 회사는 협업과 오픈소스 방식으로 자체 소프트웨어를 개발하려는 기업들에게 셀프 호스팅을 지원하는 사설 플랫폼을 제공해 수익을 냈다. 누구나 무료로 이용 가능하다는 점도 놀라웠다. 회사는 툴과 지식 그리고 전문가들의 온라인 커뮤니티를 아무런 장벽 없이 모두에게 개방했다. 투자금이 있었기에 가능한 일이었다. 이상주의와 기술 유토피아주의 덕분에 그 회사는 더욱 빛나 보였다. 나는 그 회사로부터 긍정적이고 실험적이며 무엇보다 이 산업 전체를 구원할 가능성을 엿볼 수 있었다. 어쩌면, 정말로 그 회사가 이 세상을 더 나은 곳으로 만들지 모른다는 기대가 생겼다.

물론 걱정되는 부분도 있었다. 그해 봄, 세상을 떠들썩하게 했던 성차별 스캔들의 주인공이 바로 친구네 회사였다. 개발자이자 유색인이며 테크 업계의 다양성을 옹호해온 한 여성이 그 회사 엔지니어링 팀의 첫 여자 직원이 되었다. 얼마 후 그 직원은 마이크로블로그 플랫폼에다 회사에 대한 불만을 올렸다. 주장에 따르면, 그 회사는 보이 클럽과 다름없었으며 뼛속들이 여성 차별적이었다. 남자 동료들은 그녀를 무시했으며 그녀의 코드 작업을 되돌리고 심지어 지워버리기까지 했다. 그 회사 남자들은 여자에게 적대적인 업무 환경을 조성했다. 그녀는 그 회사의 문화 자체가 여자를 무시하고 위협한다고 비판했다.

그 게시글은 일파만파 퍼져 전국 언론의 관심을 받았다. 회사는 내부 조사에 착수했다. 주동자로 지목된 창업자가 자리에서 물러났고, 다른 창업자는 프랑스로 떠났다. 그 와중에 소프트웨어가 세상을 씹어 먹고 있다고 말한 유명 벤처 캐피털리스트는 소셜 미디어에 그 회사를 향한 충정을 드러냈다.

상황이 이렇다 보니 망설여지기는 했으나, 한편으로는 지금이 그 회사에 합류할 적기가 아닌가 하는 생각이 들었다. 어차피 나는 대단한 페미니즘 유토피아를 기대하는 것이 아니었다. 회사 홈페이지에 가보면 여성 직원 수는 전체의 20퍼센트에 불과했다. 하지만 그 회사의 보이 클럽은 이제 세상의 쑥덕거림과 눈총을 의식해서 힘이 예전만은 못할 것이었다. 적어도 내부적으로는 성차별이 공론화되었을 것이다. 성차별은 그 회사 내부에서 당연히 다뤄야 할 주제였다. 아주 오래전 푸코의 책에서 읽었던, 담론에는 여전히 힘이 있다는 문장이 떠올랐다. 한바탕 난리를 겪은 후 그 회사의 여성들에게 담론에 참여할 권리가 주어지리라는 것은 당연했다.

   이런 셈법을 통해 나는 현재 전략적 선택을 하는 것이라고 스스로를 합리화했다. 이때의 나는 자기기만 혹은 순진함에 빠져 있었다.


   나는 이유를 밝히지 않고 연차를 썼다. 내가 눈치를 봐가며 반항한 이유야 뻔했다. 그날 오후 바로 그 오픈소스 스타트업과 면접을 보기로 한 것이다. 오픈소스 스타트업의 사무실은 야구장 옆 건과일 공장으로 쓰이던 3층짜리 건물이었다. 로비에는 회사의 역사를 상징하는 물건들이 유리 진열장에 전시되어 있었다. 그중 낡은 노트북은 회사 창업에 참여한 엔지니어가 쓰던 것이었다. 나는 그걸 물끄러미 들여다보며 감동을 느껴보려 애썼다. 회사 로고와 '보안' 글자가 적힌 셔츠 차림의 보안 요원이 대기실로 날 데려가 노란 소파에 앉으라고 손짓했다. 나는 자리에 앉아 무릎 위에 두 손을 가지런히 포갰다. 그리고 주변을 둘러보았다. 머리가 멍해졌다.

   대기실은 벽지부터 모든 것이 오벌 오피스[78]를 흉내 낸 공간이었다. 파란 러그에는 회사의 마스코트인 문어 고양이가 그려져 있었다. 문어의 촉수와 고양이의 큰 눈을 가진 상상 속 동물이 올리브 나뭇가지를 들고 있고, 그 아래에는 '우리는 협업을 믿는다'라는 문장이 쓰여 있었다. 미국 대통령의 '결단의 책상'[79]을 본뜬 책상 옆엔 성조기가 서 있었고, 그 뒤 벽면에는 구름 낀 내셔널 몰[80]의 영상이 영사되었다. 삼각 몰딩을 얹은 하얀 문은 아마도 웨스트 윙의 나머지 공간으로 이어지는 듯했다.

이 광경은 테크 생태계를 지탱하고 있는 벤처 캐피털의 절정을 보여준다고 할 수 있었다. 이 회사가 수억 달러의 투자금을 지출하는 모습을 보고 있노라면, 젊은 20대 창업자들이 남의 돈을 펑펑 쓰고 있다는 생각을 지울 수 없었다.

적나라한 형광등이 비추는 데이터 분석 스타트업의 검소하고 휑한 사무실이라든가 창고를 개조한 이안네 회사의 쿨하고 시크한 사무실과 굳이 비교하지 않더라도, 이 회사의 사무실은 확실히 독특했다. 그것은 달뜬 열망이고, 환상이자, 놀이터였다. 다소 과한 정도를 넘어, 남사스럽고 경박한 분위기를 풍겼다. 1차 면접을 위해 백악관 상황실을 빼다 박은 유리 회의실에 들어가자 테이블 양옆으로 '우리는 능력주의를 믿는다'라고 쓰인 깃발이 눈에 들어왔다. 웃음이 터지고 말았다. 문어 고양이가 양각으

---

78. Oval Office. 미국 백악관 웨스트 윙(서쪽 별관)에 있는 대통령 집무실.
79. Resolute Desk. 오벌 오피스에 있는 대통령 전용 책상.
80. National Mall. 백악관 앞에 있는 국립공원으로, 워싱턴 D.C.의 랜드마크인 워싱턴 기념탑이 있다.

로 새겨진 인조 가죽 테이블 깔개가 자리마다 놓여 있었다. 모든 것이 참으로 노골적이었다.

놀랍게도, 나는 이런 것들이 마음에 들었다. 데카당스 같은 분위기가 내 마음을 움직였다. 이곳에서 앞으로 무슨 일이 일어날지 궁금해졌다. 여기 직원들은 대체 무슨 일을 꾸미고 있을까?

'야근 수당' 얘기 한번 못 꺼내본 채 '목적을 받드는' 초과 근무 생활을 몇 달째 하고 있던 나는, 이 회사가 일은 엉덩이로 해야 한다 따위의 소리를 같잖게 여긴다는 것을 알게 되었을 때 속으로 쾌재를 불렀다. 금요일도 아닌데 저녁 6시쯤이 되자 사무실은 휑하게 비었다. 사내 바에서 맥주와 칵테일을 마시는 직원 대여섯 명을 제외하고는 모두가 퇴근한 뒤였다.

하룻밤 만에 모든 짐을 빼고도 남을 조촐한 스타트업 사무실이나, 각양각색의 컵과 외풍 드는 창문이 있는 출판사 사무실에서 근무할 일은 영영 없겠다는 예감이 들었다. 이제 나는 옷을 대충 입고 출근하지 않을 것이다. 사무실에서 쥐를 보는 일도 없을 것이다. 워라밸을 누리며 능력치를 최대한으로 발휘할 것이다. 응당한 보상을 받는다는 기분으로 회사의 대접을 받을 것이다.

이런 곳이 미래의 노동 환경이라면 나는 올인할 생각이었다. 모든 노동 환경이 마땅히 이래야 했다. 모두가 이런 환경에서 일해야 했다. 나는 이런 환경이 지속 가능하다고, 변함없이 계속될 것이라고 굳게 믿었다.

'귀하와 함께 일하게 되어 기대가 큽니다.' 회사가 합격 통보 편지를 보내왔다. 읽다 보니 생색을 내는 듯한 문구가 조금 거슬렸다. '이제 스스로 자긍심을 가지셔도 됩니다.' 나는 나 자신이 자랑스러웠지만 한편으론 아니기도 했다. 그저 지쳐 있었을 뿐.

회사는 의료보험 완전 보장, 퇴직 연금 부분 지원, 무제한 휴가 등을 제안했다. 그러나 급여가 지금보다 1만 달러 깎였고 직급도 내려갔다. 일반 고객지원직을 다시 맡는다는 것은 수평 이동도 아니고 아예 사다리 아래로 내려간다는 뜻이었다. 커리어를 생각하면 당연히 문제가 있는 이직이었다. 테크 업계에서는 특히나 순진한 결정이었다. 유망한 스타트업의 초창기 직원으로서 큰돈을 만질 수도 있는 스톡옵션을 포기하는 것이었으니 말이다. 하지만 내가 가진 스톡옵션은 이직을 망설일 만큼 대단한 양이 아니었다. 또 내게는 대단한 할당금이나 이름뿐인 명예가 그토록 중요하진 않았다. 명예에 관심이 없다는 것은 다행이라 할 수 있었다. 편지에 명시된 나의 직책명은, 회사 마스코트에서 영감을 얻었는지 무려 '문어냥 상담원'이었으니까. 이 정도 굴욕쯤이야 감당할 수 있었다.

내가 직장에서 원하는 것은 단순했다. 믿음직한 상사를 만나고 싶었다. 정당하고 공평하게 보상받고 싶었다. 스물다섯 살짜리에게 어처구니없이 괴롭힘 당하고 싶지 않았다. 회사의 시스템이 어떻든 간에 그것이 책임을 다하고 있음을 신뢰하고 싶었다. 공과 사가 구분되어 그 둘이 너무 가까워지지 않았으면 했다.

　나는 파커에게 전화를 걸어 이직 소식을 전했다. 파커는 곰곰이 생각하더니 말했다. "뭐, 애드 테크 쪽은 아니니 그건 잘됐네. 그리고 그 회사, 그쪽 업계에서 인기가 많잖아. 어디가 됐든 새 직장을 구한 건 좋은 일이기도 하고. 이제 그 회사가 널 대신해 모든 걸 결정하겠지. 돈 많이 주는 수도원에 들어가는 것 같다고 해야 하나. 그 대가로 너는 뭘 하고 있는지 스스로 반성했다가는 곤란해질 거야. 하지만 너도 다 알고 있겠지. 네가 그런 문제를 충분히 고민했으리라 믿어."

　하지만 나는 별생각이 없었다. 나는 그에게 그 회사의 목표에 공감하며 그곳의 문제점을 딱히 찾지 못했다고 고백했다. 오픈소스 플랫폼의 급진적 가능성에 대한 기대감도 솔직하게 털어놓았다. 파커는 잠시 말이 없었다.

　"내 눈에는 중앙 집중화의 망령 같던데. 그 플랫폼에서 할 수 있는 일은 굳이 그걸 통하지 않더라도 충분히 할 수 있거든. 그것도 더 자유롭게." 파커는 한숨을 내쉬었다. "네 선택을 비난할 생각은 없어. 사실 선한 목표를 좇는 회사가 거의 없잖아. 적어도 상황을 망치진 않는 비영리기관 몇 군데를 빼면 그런 곳은 정말 드무니까. 그 바닥에서 하는 일은 뭐든 유해할 수밖에 없지."

　나는 그냥 이직할 생각이라고 말했다.

　"그래, 알아." 파커가 말했다.

회사 측에 퇴사 의사를 알리기 위해 면담을 잡았다. 나와 솔루션 팀장은 펜타곤 회의실에서 마주 보고 앉았다. 나는 미리 연습한 대로 말을 꺼냈다. 무척 많은 걸 배웠고 매우 즐거웠다, 아무것도 아닌 내게 기회를 줘서 참 고마웠다고 말이다. 거짓말이 아니었다. 회사는 정말로 아무것도 아닌 내게 기회를 주었다. 회사일을 즐겼던 것도 어느 정도 사실이었다. 아주 값진 배움이었다.

솔루션 팀장은 의자에 등을 기댄 채 손에 낀 결혼반지를 만지작거리며 고개를 연신 끄덕였다. 팀장은 노아에게 해고를 통보하며 눈물을 흘렸었지만 내가 나간다는 말에는 무덤덤했다. 조금 실망스러웠다. 팀장은 회사가 무엇을 해주면 이곳에 남을 생각이냐고 형식적으로 물었다. 나는 아무것도 없다고 했다. 내 말에 팀장은 안심한 표정이었다.

나는 CEO에게도 직접 퇴사를 알리는 것이 가장 보기 좋은 모양새라고 생각했다. CEO가 읽던 경영서도 그것을 매너라고 가르쳤을 것이다. 그런데 솔루션 팀장이 선수를 치고 말았다. 그날 내내 나는 CEO와 눈을 마주치려 애썼으나 그는 의도적으로 내 눈을 피했다. 내가 그에게 다가가면 그는 몸을 홱 틀어 사라졌다.

그날 저녁, 홀가분한 심정으로 회의실에 혼자 앉아 있는데 CEO가 내 쪽으로 성큼성큼 걸어오는 게 보였다. 그는 여전히 내 시선을 피하며 회의실로 들어와 앉았다. 그리고 내 소식을 들었다고 말했다. 소식이라, 마치 내가 임신이나 사망처럼 대단한 사건에 휘말렸다는 투였다. 나는 고개를 끄덕인 뒤 변명하고 싶은 마음을 꾹 참고 가만히 있었다. CEO는 연극 대사를 읊는 연극부원처럼 어색하게, 그간 열심히 일해줘서 고맙다고 인사를 건넸다. "저번에는 울려서 미안해요." 그는 내 뒤편 유리창에 시선을 고정한 채 덧붙였다.

나는 아직도 CEO에 대해 잘 알지 못했다. 우리는 친구가 아니었고 가족은 더더욱 아니었다. 그가 회사를 위해 무엇을 희생했는지, 어느 정도로 회사를 지킬 생각인지 나는 알 수 없었다. 그가 어떤 생각을 하며 사는지도 몰랐다. 그의 쌀쌀맞은 태도는 나를 움츠러들게 했다.

나는 그에게 괜찮다고 대답했다. 거짓말이었지만, 꼭 그를 위해서 한 말은 아니었다. 누구보다 내가 그렇게 믿고 싶었다.

8월 말의 어느 날, 회사 노트북에 깔린 개인 파일을 전부 삭제한 뒤 마지막으로 트레일 믹스를 잔뜩 집어 먹었다. 업무 팀장은 퇴직자 면담을 진행할 겨를조차 없이 바빴다. 다행이었다. 어차피 내가 회사에 도움을 줄 만한 부분은 없었다. 동료들과 다소 감상적인 작별 인사를 나눈 뒤 몇 가지 서류에 서명을 마쳤다. 변호사 입회 없이 그런 일을 해도 되는지 아리송했지만, 고민할 시간을 달라거나 서명하지 않겠다고 버텨야겠다는 생각은 들지 않았다.

사원증을 반납한 후 회사를 나와, 앞으로 펼쳐질 미래에 잔뜩 설레는 마음으로 자전거를 타기 시작했다. 마켓 스트리트의 오르막길을 오르자 업무용 노트북이 빠져 가벼워진 배낭이 등에서 펄럭였다. 자유롭고 후련했다. 팬핸들 공원을 지날 때, 단체 티셔츠를 입고 잘 훈련받은 조랑말 떼처럼 유칼립투스 나무 사이를 뛰어가는 스타트업 직원 무리와 마주쳤다. 연민이 느껴졌다.

그날 저녁, 이안이 렌터카로 나를 데리러 왔다. 우리는 구불구불한 언덕을 지나 버클리로 향했다. 그리고 전망 좋은 곳에 차를 댄 뒤 바위에 걸터앉아 저렴한 샴페인과 함께 카레맛 쿠스쿠스[81]를 먹었다. 바다 너머로 샌프란시스코의 도심 불빛이 반짝였다. 자욱한 안개가 공원과 언덕과 부두에 내려앉아 있었다.

사실 언제라도 그곳을 떠날 수 있었다. 몇 달 전에도 그럴 수 있었다. 하지만 나는 젊은 남자들의 패기에 홀려 2년에 가까운 세월을 그곳에 바쳤다. 그들이 만들어낸 세상은 전혀 복잡하지 않았다. 그들은 원하는 게 무엇인지 알았고, 그것을 얻어냈다. 당시 나는 그들을 신뢰할 준비가 언제든 되어 있었다. 그들이 세운 원칙에 맞춰 내 삶을 꾸려나가고자 했다. 그들이 말하는 내 모습이 진짜라고 믿었고, 무엇이 중요하다고 말하면 정말 그런 줄 알았으며, 어떻게 살아야 한다고 말하면 당연히 그래야 한다고 생각했다. 나는 그들에게 계획이 있다고 믿어 의심치 않았

81. couscous. 밀을 쪄서 작은 알갱이로 만든 요리. 보통 야채나 고기와 곁들여 먹는다.

고, 그 계획이 내게도 최선이라고 믿었다. 내가 알지 못하는 무
언가를 그들이 알고 있으리라 생각했다.

　나는 물속에서 느긋하게 헤엄치다 밖으로 나와 이안의 외
투로 몸을 감싼 채 도시 풍경을 바라보았다. 사실 착각한 것은
나뿐만이 아니었다. 이미 온 세상이 그들에게 홀려 있었다. 나긋
나긋한 미국 소도시들 출신의 야심 차고 거침없으며 오만한 젊
은 남자들을 맹목적으로 신뢰했던 것이 나만의 문제인 줄 알았
는데, 실은 전혀 아니었다. 한참 전부터 그것은 전 세계적인 증
상이 되어 있었다.

2부

# 커뮤니티

    내가 입사한 오픈소스 스타트업[1]은 규모가 상당했다. 네 명의 앳된 20대 프로그래머들이 이 회사를 차려 그 바닥을 혁신시키고 돈을 쓸어 담기 훨씬 이전부터, 사람들은 수십 년째 협업을 통해 프리 소프트웨어를 개발해온 참이었다. 그러나 이 오픈소스 스타트업은 그 과정을 더욱 빠르고 안정적이게 만들었고 사람들끼리 좀 더 긴밀히 교류할 수 있도록 했다. 개발자들은 자신의 마음을 알아주는 사람들이 설계한 간편하고도 명쾌한 솔루션을 바라왔는데, 이 회사의 플랫폼이 바로 그러한 개발자들의 삶을 향상시키고 있었다. 회사는 처음부터 수익을 냈고 시장의

---

1. 한국에서도 유명한 오픈소스 서비스 깃헙GitHub이다.

니즈를 정확히 파악한 모범 사례로 꼽혔다. 벤처 캐피털리스트 들이 당연히 달려들었다. 창업자들이 색다른 선택을 해도, 아무 도 그것을 막지 않았다.

회사는 기존의 프리 소프트웨어 커뮤니티에 내재해 있던 체 제 전복적이고 반문화적인 성향과 굳건한 기술 유토피아주의적 태도를 그대로 표방했다. 한동안 회사는 오픈소스가 지향하는 투명성, 협업 정신, 탈중앙화와 같은 가치를 받아들여 철저히 수 평적으로 운영되었다. 위계질서도, 조직도도 존재하지 않았다. 직원들은 자신들이 받을 보상과 우선순위를 스스로 정했다. 모 든 결정은 모두의 동의를 거쳤다. 창업자들은 경영 관리의 필요 성을 일절 거부하고 능력주의를 신봉했다. 가장 뛰어난 자가 자 연스레 꼭대기에 오르리라는 것이었다.

언제, 어디서, 어떻게 일할지를 각자가 정했다. 어떤 사람은 본사로 불리는 샌프란시스코 사무실에 새벽 3시에 나와 일했고, 어떤 사람은 하와이 오하우섬의 해먹 위에서 일했다. 최선을 다 해 일한 만큼 최선을 다해 쉬었다. 휴가는 무제한으로 주어졌고 기록으로 남지 않았다. 정해진 근무 시간은 없었다. 직원 절반이 회사 밖에서 일했고, 디지털 노마드도 흔했다.

회사는 개발자 집단을 특별하게 생각했고, 개발자 집단은 회사를 신뢰했다. 사용자들은 회사를 향한 광신에 가까운 충성 심을 보였다. 자신의 몸에 회사 마스코트를 새겨 잉크도 채 마르 지 않은 듯한 타투와 그 주변의 붉은 살갗이 드러난 사진을 보내

230

오는 사람도 있었다. 회사의 온라인 쇼핑몰은 로고가 박힌 옷과 스티커, 컵, 장난감, 유아복 등을 팔았는데, 따로 사업을 차려도 될 만큼 장사가 잘됐다. 전 세계에서 찾아온 단체 관광객들이 사무실에 들러 '결단의 책상' 뒤에서, 그리고 로댕의 '생각하는 사람' 자세를 취하고 있는 180센티미터짜리 문어냥 청동상 앞에서 사진을 찍고 돌아갔다.

　　몇몇 직원은 유명 오픈소스 저장소의 관리자 또는 프로그래밍 언어 개발자로 오픈소스 커뮤니티에서 꽤 알려진 사람들이었다. 어떤 직원은 회사의 명성에 기대어 개인 블로그를 운영하여 소소하게 유명 인사가 되었다. 그들은 자칭 전문가가 되어 전 세계를 누비며 무수히 많은 컨퍼런스에 참석했다. 도쿄에서 개발 프레임워크 짜기에 대해 이야기하고, 런던에서는 디자인적 사고에 대해, 독일에선 노동의 미래에 대해 강연했다. 그들은 개발자와 디자이너, 창업가, 그리고 1일 입장권을 끊고 컨퍼런스에 참석한 일반인들 앞에서 교수에 버금가는 권위를 행사했다. 그들은 잦은 회의의 유해함에 대해 진보적인 주장을 내놓았고 협업의 잠재력에 관해 장황한 말을 늘어놓았다. 그들은 개인적 경험을 보편적 진리인 듯 부풀려 말했다. 샌프란시스코로 돌아와서는 마치 사람들이 자신을 알아볼 것마냥 회사 후드티를 입고서 시내를 쏘다녔다. 그러면 정말로 그들을 알아보는 사람이 나타나곤 했다.

나는 이직 후 첫 주 내내 사내 게시판을 샅샅이 살피고 채팅방의 이전 대화 내용을 읽는 데 모든 시간을 썼다. 무려 1000만 달러를 들였다고 알려진 본사 건물이 아무리 으리으리한들, 원격 근무를 장려하는 회사의 진정한 본사는 클라우드 안에 존재했다. 직원이 어디에 있든 빠짐없이 정보를 확인할 수 있도록 업무의 대다수는 텍스트 형태로 이뤄졌다. 마치 회사가 소스 코드의 집합체라도 되는 것처럼, 오픈소스 플랫폼의 비공개 버전이 업무 저장 공간으로 쓰였다. 회사 사람들은 업무와 회의 내역, 의사 결정 과정을 기록으로 남기는 일에 유달리 집착했다. 내부에서 일어나는 모든 의사소통과 프로젝트 내용이 전 직원에게 공개되었다. 업무 특성상 모든 파일의 모든 버전이 저장되었다. 이는 회사에서 일어나는 모든 일을 역으로 추적할 수 있다는 뜻이었다.

어떤 면에선, 회사가 200명가량의 직원들로 비밀 인터넷 커뮤니티를 만든 셈이었다. 직원들은 온라인에서는 물론 오프라인에서도 플랫폼에서 쓰는 닉네임으로 서로를 호명했다. CEO 또한 이메일 서명란에 버젓이 닉네임을 써넣었고 그 이름으로 내부 게시글을 올렸다. 사내 채팅방에는 몇 초 간격으로 새로운 자료가 올라왔고 그 범위는 아주 다양했다. SF 애독자들, 만화책 마니아들, 올빼미형들이 모이는 대화방과 정치 토론장이 만들어졌다. 반려견 사진을 올리는 방, 남의 반려견 사진을 올리는 방, 맨발에 신발 신기를 좋아하는 사람들의 방, 무술 수련자들의 방, 힐링 음악을 즐겨 듣는 사람들의 방, 노래방·농구·테마 파크·밍밍한 음식·수비드 머신²을 좋아하는 사람들의 방, 소형 주택에 사는 사람들의 방, 뜨개질하는 사람들의 방 등이 생겨났다. 오로지 인체공학적 컴퓨터 키보드에 대해서만 토론하는 방에는 40명의 직원이 참여했다.

　동료들은 이모티콘을 어찌나 좋아하는지 아무 때나 그것을 남발했다. 그들에게 이모티콘은 문자의 대체물이자 수동적 공격성을 드러내는 수단이었다. 작은 돌고래, 콘아이스크림, 김이 모락모락 나는 똥더미 이모티콘, 혹은 자체 제작한 문어 고양이나 CEO의 얼굴을 합성해 만든 이모티콘이 채팅방을 도배했다. 나는 공공장소에서 개인 노트북으로 업무를 보는 상상만 해도 부끄러워지고는 했다. 모르는 사람들 눈에 내 업무는 어린애들이 하는 비디오 게임 같을 것이기 때문이었다.

　그래도 채팅방은 회사의 역사가 담긴 기록 보관소라는 점에서 무척 흥미로웠다. 공식적인 인수인계 절차가 없었기에 나는 스스로 분위기를 파악해야 했다. 일단은 성차별 문제가 세간에 공개된 시점부터 채팅방에서 오간 대화를 읽어 내려갔다. 사태 수습을 위해 전원이 참석한 회의의 대화록과 인사팀의 논의 내용도 확인했다. 동료들이 실시간으로 어떤 반응을 보였는지 알 수 있었고, 그중 누가 폭로자에게 먼저 등을 돌렸는지도 알게

2. 진공 저온 방식으로 부드럽게 조리하는 수비드sous vide 요리에 사용되는 기계.

되었다. 옛날 기록을 몰래 읽는 행위는 스스로 생각하기에도 소름 끼치게 느껴졌지만, 그래도 보람은 있었다. 누구를 피하고 누구를 신뢰하는 게 좋을지 구분할 수 있게 되었으니까.

　　이직 후 둘째 주가 되었을 때, 나는 '개발자의 집HACK HOUSE' 행사에 참가하기 위해 시카고로 갔다. '개발자의 집'은 주기적으로 열리는 회사 행사였다. 몇 달에 한 번씩 직원들은 원하는 도시에 며칠씩 머물면서 밀린 이야기를 나누고 앞으로의 계획을 구상한 뒤 술을 마셨다. 모임 장소는 미국 오스틴, 그리스 아테네, 캐나다 토론토, 일본 도쿄, 어디든 가능했다. 사이버 공간에 익숙한 동료들에게 이 행사는 현실 공간에서 서로의 생사를 확인하는 자리였다.

　　회사는 골드 코스트에 있는 커다란 맨션을 한 채 빌렸다. 한때 신발 회사 상속인이 소유했던 모던 스타일의 별장이었는데, 리모델링 후로는 포르노 촬영 세트장을 연상시키는 야릇한 미니멀리즘 공간으로 변신했다. 기하학적인 가구들과 얼룩말 무늬 러그, 하얀 그랜드 피아노, 실제 크기에 가까운 황소 인형이 실내를 장식했다. 내가 묵게 된 방에는 침대 옆 허리까지밖에 오지 않는 유리 벽 너머로 욕조가 설치되어 있었다.

　　첫날 밤, 나는 잠금장치가 없는 방문을 짐 가방으로 막고 잠을 청했다. 동트기 전 새벽, 경미한 비행 공포증을 갖고 있어 콜로라도에서 열여덟 시간 기차를 타고 온 기술지원 엔지니어가

막 도착해 자기 방으로 들어가는 소리에 설핏 잠이 깼다. 아침에 나가 보니 그의 방문이 활짝 열려 있었다. 그는 침대에 얼굴을 파묻은 채 팔다리를 축 늘어뜨린 자세로 코를 골고 있었다.

고객지원 팀은 낮 시간 동안 거실에 있는 어두운 색깔의 가죽 소파에 앉아 어떤 음식을 시켜 먹을지 이야기하고 채팅방에서 장난을 치며 업무를 진행했다. 날이 저물면 농장 직거래를 고집하는 유명한 뉴아메리칸풍 식당에서 다 같이 저녁을 먹은 후 코미디 공연을 보러 극장으로 향했다. 다음 날 아침이면 다들 늦게 일어나 잠옷 차림으로 집 안을 어슬렁거리다 베이컨을 굽고 업무를 시작했다.

처음 만나는 동료들과 일주일씩이나 합숙해야 한다는 것이 썩 내키진 않았지만, 막상 동료들을 보고 나니 마음이 놓였다. 다들 성격이 좋고 유머러스하며 느긋했다. 대부분 나보다 나이가 많았고 절반 정도가 여자였다. 도서관 사서나 기록보관원으로 일했던 사람도 여럿이었다. 오픈소스 스타트업으로 이직을 결심한 이유도 대체로 비슷했다. 자유롭고 손쉽게 유통 가능하며 잘 짜인 지식 플랫폼의 유토피아적 약속과 괜찮은 월급, 그리고 훌륭한 복지가 모두의 마음을 움직인 것이었다.

내 사수는 남부 출신에 교육계 비영리기관에서 일한 적이 있는 성실하고 꼼꼼한 사람이었다. 그는 내부에서 쓰이는 고객 상담용 소프트웨어를 내게 소개해주었다. 고객 상담 내역까지 오픈소스 플랫폼에 통합시키다니, 회사의 엔지니어들은 확실히 유별났다.

고객 상담 소프트웨어는 회사의 첫 문어냥 상담원이 직접 만든 것으로, 결함이 있을 수 있다고 했다. "문제가 생기면 그 사람한테 연락하세요." 사수는 내게 그의 닉네임을 알려주었다. 새 끼 곰에 어울릴 법한 귀여운 별칭이었다. 그의 이름이 뭐냐고 묻자, 사수는 웃으며 대답했다. "그게 그 사람 이름이에요." 사수는 느긋하게 몸을 뒤로 기댔다. "그 사람은 자기를 일본 너구리라고 생각해요. 본명은 창업자들만 알고요." 나는 할 말을 잃었다. "그 사람 가끔 본사에 들르거든요. 꼬리 달린 사람을 보면 그 사람이겠거니 생각해요." 사수가 말했다.

둘째 날 밤, 숙소 근처 허름한 바에 모여 술을 마셨다. 분위기가 무르익으면서 문어냥 동료들의 성토가 시작되었다. 동료들 말로는 회사가 삐걱거리고 있었다. 적어도 사내 문화 측면에서는 그랬다. 지금 회사는 이상한 사춘기를 지나고 있으며, 이제는 진짜 어른이 되어야 할 때라고 했다. 지난번 스캔들이 터지고 회사를 떠난 창업자가 실은 회사의 대들보였으며, 현 CEO는 사람은 좋지만 갈등을 회피하는 성향이 짙다고도 했다. 직원들은 창사 이래 처음으로 퇴사를 고민하고 있었다.

직원들은 첫 여성 엔지니어에게 벌어진 일의 여파를 여전히 떨쳐내지 못하고 있었다. 다수가 그 사건을 자기 자신과 연관해서 받아들였다. 가족인 줄 알았던 사람들이 보인 반응에 실망하고 상처받았다고 했다. 직원들은 그런 일이 있는 줄도 몰랐으나 어느새 공범이 되어 있었다. 그리고 비슷한 일이 또 벌어질까 봐 걱정하고 있었다.

하지만 이 문제는 생각보다 복잡하기도 했다. 한 동료가 말했다. "성차별이나 성희롱 문제가 발생했으면 해결해야죠. 그런데 그 문제는 모두를 다치게 할 수도 있어요." 내가 무슨 뜻이냐고 묻자 그녀가 머리를 한쪽으로 쓸어 넘기며 답했다. "회사가 과연 이 위기를 완벽하게 극복할 수 있을까요. 까놓고 말해서, 우리 다 회사 지분 갖고 있잖아요."

회사로 돌아오고 나니, 게임 업계 여성들을 향한 사이버 공격으로 이런저런 말들이 많았다. 악성 네티즌들이 소셜 네트워크를 통해 인종차별과 여성 혐오와 시대착오적 수사를 버무린 말들을 쏟아내고 있었다. 그들은 페미니스트와 인권운동가를 욕했고 바른말 하는 사람들을 사회 정의의 사도들이라며 비꼬았다. 대부분의 플랫폼이 그들의 활동을 막자, 그들은 부당한 검열이라며 수정헌법 제1조에 명시된 표현의 자유를 보장하라고 항의했다. 몇몇 우파 논평가, 백인우월주의 세력은 그들을 감싸고돌았다.

우리 회사의 오픈소스 플랫폼은 트롤[3] 집단이 표적으로 삼은 여성들의 사진, 주소, 개인정보 등을 보관하고 어떤 식으로

3. troll. 온라인 공간에서 논란을 일으키고 사람들의 화를 돋우기 위해 일부러 문제적이고 불쾌한 콘텐츠를 올리는 사람.

스토킹·괴롭힘·미디어 압박을 가할지 전략을 모의하는 공간으로 악용되었다. 이 저장소와 관련된 계정들은 대부분 가짜 계정이거나 일회용 이메일 계정이었고 IP 주소가 가려져 있었다. 배후 세력이 누구인지 불분명했고 추적할 수도 없었다.

동료들은 이 사안을 어떻게 처리할지 진지하게 논의했다. 이런 식으로 소셜 미디어가 무기화되는 것이 하루 이틀 일은 아니었다. 동료들은 트롤과 헛소리꾼은 어느 플랫폼에나 존재한다고, 스팸으로 처리하거나 무시하는 것이 상책이라고 했다.

한 동료는 말했다. "게임 커뮤니티에 5분만 있어도 이런 사람들을 볼 수 있어요." 다 크고 난 뒤로 게임과 담을 쌓고 살아온 나는 게임 커뮤니티라는 게 있는지조차 몰랐다. "그냥 부모한테 얹혀사는 놈들이에요. 이러다 말 거고요." 하지만 그 역시, 저장소에 올라온 여성들의 정보가 이상하리만치 체계화되어 있다는 점은 시인했다.

회사에는 이러한 상황에 공식적으로 대응할 조직이랄 게 없었다. 일부 경영진, 고객 상담 직원, 변호사, 그밖에 참견하고 싶은 사람 몇몇이 '해즈맷[4]'이라는 채팅방을 개설해 이따금 논란이 생겼을 때 가벼운 의사 결정을 내려오고는 있었다. 몇 주간의 내부 논의와 침묵, 계속되는 커뮤니티에서의 항의 끝에, 해즈맷 사람들은 문제가 된 저장소의 운영을 중지시켰다. 그러기가 무섭

---

4. 유해 물질을 뜻하는 'hazardous materials'를 줄여 해즈맷Hazmat이라고 부른다.

게 소셜 미디어에서는 회사 직원들이 조리돌림을 당했다. 상담 직원들의 메일함에는 살해 협박이 난무했다.

나는 심각하게 위험해 보이는 항의 글을 동료에게 보여주었다. 우리는 관리자 툴을 이용해 발신자의 이메일 주소를 확인하고 관련 계정을 찾아냈다. 얄쌍한 수염과 성난 눈을 한 남성 아바타가 사용자 프로필 사진에 걸려 있었다. 엔지니어가 물었다. "이런 사람을 무서워한다고요? 에이, 어떤 부류인지 잘 알잖아요. 앞뒤로 구멍 난 다키마쿠라⁵ 끼고 사는 남자들. 걱정 마요. 지들 엄마한테 차를 못 빌려서 죽이러 오지도 못할 거예요."

엔지니어는 의자 바퀴를 굴려 자기 자리로 되돌아갔다. 나는 인터넷 창을 켜서 '다키마쿠라'를 검색했다. 사진을 훑어보면서, 이 세상은 참 넓고 알 수 없다는 생각이 들었다. 나만 너무 순진했던 게 아닌가 싶었다.

동료들은 눈을 굴리는 유명인의 GIF 이미지 따위를 채팅방에 올리면서, 가짜 계정 뒤에 숨은 사람들은 그냥 찌질이 무리일 뿐이라는 대화를 주고받았다. 미성숙하고 할 일 없는 학생들일 수도 있다고 했다. 실제로 욕설 신고는 방학이나 장기 연휴 때 급증하는 경향을 보였다. 그런 인간들은 그렇게 어쩌다 한 번씩 등장하는 말썽꾼들이라고, 시간과 노력을 들여 대응할 가치도 없는 족속들이라고 동료들은 날 안심시켰다.

---

5. 일본어로 '안는 베개'를 뜻하며 주로 일본 애니메이션 캐릭터가 프린트된, 사람 키만 한 쿠션을 가리킨다.

# 회사 생활

오픈소스 스타트업은 신입 직원에게 입사 선물로 걸음 수를 측정해주는 손목 밴드를 주었다. 직원이 건강해야 불만이 적고 보험비 걱정도 없다는 이유에서였을 것이다. 나는 일주일 동안 손목 밴드를 차고 다니면서 걸음 수와 칼로리 섭취량을 측정하다가, 문득 섭식 장애에 걸릴지도 모르겠다는 위기감을 느껴 그만두었다.

테크 업계는 집중력 향상 앱부터 업무용 타이머, 은둔 모드, 이메일 일괄 전송, 시간표 짜기 등 최적화와 생산성 높이기에 집착했고 급기야 바이오해킹[6]에까지 손을 뻗쳤다. 체계를 그 무엇

---

6. biohacking. 컴퓨터 시스템에 침입하여 내부 구조를 파악하고 바꾸는 해커처럼, IT 기술과 생화학 기술을 인간 몸에 적용해 신체 기능성을 강화하거나 바꾸는 행위.

보다 중시하는 사람들이 온라인 커뮤니티뿐 아니라 시내의 고급 카페에서 효율적인 작업 방식과 약 복용법에 관한 조언을 공유했다. 사람들은 붉은색 조명과 수면 유도 음악을 이용해 수면 사이클을 최적화했다. 버터를 넣은 콜드브루를 마시고, 허벅지에 주사기로 남성 호르몬을 투여하고, 150볼트의 전기 충격을 가하는 손목 밴드를 차고 다니면서 자기 관리를 멈추지 않았다.

바이오해커들은 인간의 몸 또한 하나의 플랫폼이라고 주장했다. 만일 노트북 운영 체제를 업그레이드할 수 있다면 아무 고민 없이 업그레이드를 선택하지 않겠느냐면서, 인간의 몸도 마찬가지라고 했다. 최고의 퍼포먼스를 내는 데 목말라 있는 사람들을 겨냥한 신생 회사들이, 인지 능력을 강화해 고차원적 사고를 가능케 해준다는 무허가 향정신제를 팔았다.

나는 평균 이상이고 싶었지만 그렇지 못했다. 대학 시절 룸메이트들이 먹던 ADHD 약의 효과가 어떨지 궁금해졌고 탐이 나기 시작했다. 결국 나는 '인간 2.0' 버전을 만들어준다는 향정신제 캡슐을 주문했다. 식품의약국FDA의 허가를 받지 않은 제품이었다. 그래도 그 캡슐을 파는 스타트업은 우리 회사 투자자들의 투자를 받은 곳이었다. 나는 생산성이 높아지리란 기대에 부풀어 캡슐을 복용했다. 하지만 생산성은 계속 제자리걸음이었다.

"이런 시도는 영 별론데." 이안은 향정신제 약통을 이리저리 살피며 말했다. 캡슐이 담긴 유리병에는 번개 모양의 로고가 붙어 있었다. "L-테아닌? 이거 마치 동종요법' 의사가 대충 포장해서 파는 제품같이 생겼어." 이안은 내가 건넨 모카맛 카페인 껌을 거절했다.

신체 최적화는 사람을 조금 서글프게 만드는 구석이 있었다. 향정신제를 먹은 뒤 오후 내내 화장실에 틀어박혀 쌍꺼풀 테이프를 붙인 채 완벽한 캣아이 메이크업 영상을 따라 하다가 문득 그런 생각이 들었다. 신체 최적화의 목적은 기쁨이 아니라 생산성이었다. 그런데 도대체 무엇을 위해서? 누구를 위해서? 어쩌면, 현재 20대들이 높은 생산성에 매달리는 현상은 가장 쌩쌩한 시절의 생산성을 최대한 짜낸 뒤 아직 젊음이 남아 있는 몸으로 일찍 은퇴하기 위해서인지도 몰랐다. 하지만 신의 소관인 시간을 그렇게 제멋대로 주무르려 한다는 것은 다소 무모한 짓으로 보였다.

바이오해킹은 마치 경영 블로그를 관리하는 것처럼 또 다른 형태의 자기계발이었다. 테크 업계의 문화는 몸 관리와 같이 주로 여성에게만 요구되던 행동을 남성도 똑같이 하도록 끊임없이 기회와 분위기를 조성했다. 개인의 활동 지표를 추적하는 일은 스스로에게 나아지고 있고 빨라지고 있다는 감각을 부여했다. 성과 순위표와 피트니스 앱은 사람들의 경쟁심을 부추겼다. 수량화는 통제 수단이 되었다.

자기계발은 내게도 매력적인 단어였다. 나는 운동을 더 자

---

7. homeopathy. 질병과 유사한 증상을 유발하여 질병을 치료하는 요법으로, 전 세계에서 널리 쓰이고 있으나 실효성과 안전성을 둘러싼 논란이 있다.

주 하고 짠 음식을 의식적으로 멀리하는 사람이고 싶었다. 개방적이고 사려 깊으며 가족과 친구, 이안에게 도움이 되는 사람, 불안정과 슬픔과 분노를 솔직하게 표현하는 사람이 되고 싶었다. 재치 있는 말로 심리 상담사를 웃기고 싶었고, 정서적으로 안정적인 사람으로 인정받고 싶었다. 나 자신의 욕망을 더 잘 이해하고, 삶의 목적을 발견하고 싶었다. 그러나 심박 변이도나 수면 잠복기, 포도당과 케톤 수치 등을 비의학적으로 모니터링하는 것은 자기 이해와 무관했다. 그런 건 그냥 메타데이터일 뿐이었다.

사무실 출근은 의무가 아니었지만, 나는 한동안 매일 사무실에 출근했다. 본사에서 보내는 시간은 부티크 호텔 로비에서 몇 시간씩 죽치고 있는 것만큼이나 재미있었다. 사무실에는 신상 키보드, 헤드폰, 케이블, 코드 등이 진열된 자판기들이 있었는데 사원증을 찍기만 하면 그 물건들을 공짜로 받아볼 수 있었다. 엔지니어 중에는 실내의 택배 보관 컨테이너 위에서 몰래 잠을 자면서 아예 사무실에 살았던 사람도 있다고 했다. 그 사람은 한동안 그렇게 지내다가 데이트 상대를 사무실로 데려오는 바람에 보안 요원들에게 발각되고 말았다.

동료들은 회사 사무실을 클럽하우스처럼 생각했다. 맨발로 돌아다녔고, 저글링을 하거나 기타를 연주했다. 그들은 유니콘 이모티콘이 그려진 스판덱스 레깅스, 동료 얼굴이 박힌 티셔츠, 초커, 커다란 털모자 등 난해하고 현란한 차림으로 나타났다. 몇몇은 일하다 말고 수시로 비디오 게임을 했고, 누구는 코더의 동굴이라 불리는 으슥한 구석으로 가서 낮잠을 청했다. 동굴처럼 어둡고 푹신한 그 부스는 감각적 자극이 없어야 안정을 찾는 사람들을 위해 만들어진 곳이었다.

엔지니어의 절반 정도는 디제이로도 활동하는 듯했다. 미션 디스트릭트의 클럽에서 개발자 무리가 정기 공연을 했고, 한 데이터 과학자는 네모나고 기하학적인 비주얼 영상을 만들어 그들의 무대 뒤편에 쏘았다. 몇몇은 사무실 바 맞은편에 아예 믹서를 갖다 놓고 디제잉을 연습했다. 그러면서 사무실에서 댄스파티를 열었던 기억과, 이웃들이 경찰을 부르겠다며 항의했던 소동을 자랑스럽게 추억했다.

이렇게 훌륭한 편의 시설과 흥미진진한 사내 문화에도 불구하고 사무실이 꽉 차는 일은 드물었다. 회의는 화상 회의 소프트웨어를 통해 진행되었고, 직원들은 아무 데서나 회의에 참여했다. 대중교통을 이용하는 중이든, 수영장에 있든, 침대에 누워 있든, 낮잠 자는 애인을 배경 삼아 거실에서 일하고 있든 상관없었다. 한 엔지니어는 실내 암벽 등반을 하면서 일간 회의에 참석하기도 했다. 몸에 안전장치를 두르고 플라스틱 바위를 붙잡고 있는 그의 모습이 모두에게 공유되었다. 회사 건물의 1층 행사장에서는 카메라가 달린 로봇이 수상쩍고 흐느적거리는 몸짓으로 이리저리 돌아다니며 가상과 현실의 세계를 부지런히 연결했다.

사람들은 각자의 일정에 맞춰 사무실을 들락날락했다. 본사 건물에서 누구와 마주칠지, 누가 있기는 할지 전혀 예측할 수 없었다. 실내에는 층마다 적외선 열지도를 보여주는 텔레비전 화면이 여러 개씩 쌓여 있었다. 화면에는 누가 어디에서 근무 중인지를 알 수 있도록 직원 아바타 명단도 표시되었다. 적외선 열지도는 사생활 침해처럼 느껴졌으나 피할 도리가 없었다. 나는 화장실에 갈 때마다 곁눈질로 힐끔 텔레비전 화면을 확인했다. 내 실루엣은 밝은 주황색 덩어리로 화면에 잡혀 있었다. 열지도는 회사 사람들과 나 사이의 유대감을 느끼게도 해주었다. 간혹 외딴섬처럼 이 공간에 나 홀로 있다는 사실을 자각할 때면 이루 말할 수 없이 쓸쓸해지곤 했다.

나는 소속감을 갈망했다. 그래서 엔지니어들이 모여 일하는 곳으로 가 주인 없는 스탠딩 데스크를 차지했고 모니터 옆에 새로 받은 명함을 남겨두었다. 일종의 영역 표시였다. 그리고 회사 쇼핑몰에서 구매한 문어냥 스티커로 개인 노트북을 꾸몄다. 또 나는 사내 마사지실의 단골이 되어 민망함에 몸이 굳는 것도 견뎌가며 상의를 탈의한 채 정성 어린 등 마사지를 즐겼다. 책장 뒤에 숨겨진 방에서 동료들과 스카치를 마시기도 했다. 그 방은 벨벳 재킷이 걸린 옷걸이부터 뚜껑이 열리는 지구본, 벽난로 위에 걸린 나폴레옹 문어냥 초상화까지 19세기 응접실을 충실히 옮겨다 놓은 듯한 공간이었다. 나는 사내 축구부에도 가입했다. 드리블을 하다가 혼자 넘어지기 일쑤였지만, 그래도 여성 2인

할당제를 충족하는 데 제 몫을 다했다. 사내 헬스장을 이용한 후 라커룸에서 눈치 보며 샤워를 하다가 다시는 회사에서 옷을 벗지 않으리라 다짐한 적도 있다. 나는 평소에도 소매에 플랫폼 닉네임이 적혀 있고 가슴께에 문어냥 실루엣이 그려진 직원용 후드티를 떳떳하게 입고 돌아다니게 되었다.

나는 230번대 직원 중 한 명이었다. 사실 그쯤이면 입사 순서의 의미가 없었다. 나와 달리 초창기 직원은 쉽게 눈에 띄었다. 그들 중 몇몇이 소셜 미디어 프로필에다 자신의 입사 순서를 떡하니 적어놓았기 때문만은 아니었다. 채팅방을 장악한 그들의 존재감과, 늘어난 비기술 인력을 향한 그들의 업신여김, 그리고 과거에 대한 그들의 향수가 먼젓번 회사를 다닐 때의 내 모습과 겹쳐 보였다.

나는 자기들끼리만 아는 농담을 주고받고 이유 있는 자부심을 과시하는 초창기 직원들이 부러웠다. 그들이 올린 익살맞은 글이나 그들의 자녀가 핼러윈 기간에 문어냥 코스튬을 입은 사진을 구경할 때, 또는 엔지니어들이 개인 블로그에 비동기식 협업[8]을 극찬하고 오픈소스가 주는 깨달음에 관해 올린 글을 읽을 때면, 한때 내게도 있었던 내부자의 권위가 그리워졌다. 수건함

---

8. asynchronous collaboration. 회의나 전화처럼 모두가 동시에 의사소통에 참여하는 것이 동기식 협업이라면, 수신자가 즉시 답하지 않아도 된다는 전제하에 메시지를 주고받는 것이 비동기식 협업이다. 보통 비대면 상태에서 협업 소프트웨어를 통해 이뤄진다.

밑바닥에 깔려 있을 '데이터 주도 형' 티셔츠들이 떠올랐다. 마음 속에서 향수병이 일고 욕망이 도졌다. 회사원의 고독이 절절히 느껴졌다. 나는 무언가를 소유하고 어딘가에 소속되어 있다는 느낌을 갈망했다. 확실한 정체성과 강력한 소속감을 간절히 바랐다. 하지만 그럴 때마다 나는 스스로 마음을 다잡았다. '내가 어떻게 할 수 있는 문제가 아냐.'

고객지원 팀은 일주일에 한 번, 한 시간씩 화상 회의를 진행했다. 회의 시간이 가까워지면 나는 얼른 머리를 빗고, 커튼을 치고, 눈에 띄는 잡동사니를 황급히 침대 위에 올려놓은 뒤 이불로 감췄다.

"네 일을 우리 둘이 나눠서 하는 건 어떨까." 어느 날 아침, 속옷이 치렁치렁 걸린 건조대가 안 보이게끔 노트북 각도를 조절하던 나를 보고서 이안이 불쑥 말을 꺼냈다. "둘 다 파트타임으로 일하면서 한 사람치 월급으로 그럭저럭 살아갈 수 있을 거야. 그러면서 세계 일주를 하자. 누가 눈치나 채겠어?" 아무도 눈치채지 못할 것이다. 이안과 함께라면 회사에서 엔지니어링 팀으로 승진할 수도 있었다. 내가 화상 회의를 하고 이안이 코드를 작성하는 식으로 분업한다면 말이다.

동료들은 가끔씩 본사에 들르곤 했는데, 형체를 지닌 그들과 대면하는 경험은 낯설기만 했다. 그들의 전신을 보는 것이 어색했다. 소프트웨어를 바탕으로 다져진 우리의 관계는 물리적 현실로 자연스레 옮겨지지 않았다. 채팅방이나 화상 회의에서 신나게 수다를 떠는 사이더라도 회사에서 마주치면 데면데면할 때가 많았다.

나는 영상이 주는 친밀함이 좋았다. 화면 속 사람들이 숨을 쉬고, 코를 훌쩍이고, 껌을 씹고, 음소거 누르기를 깜빡한 채 코를 팽 푸는 그런 친밀함 말이다. 또 나는 서로 주고받는 짓궂은 농담과, 절묘한 표정으로 멈춰버린 화면과, 책상 밑에서 갑자기 등장하는 반려동물 같은 것들이 좋았다. 화상 회의를 할 때 모두가 동료들을 보는 척하지만 실은 계속 자기 모습만을 보고 있는 것, 그렇게 무한히 자신을 감시하게 되는 것이 좋았다. 회의가 시작되면 소프트웨어를 조정하느라 처음 10분을 그냥 보내버리는 경우가 허다했는데, 그 시간에 나는 동료들이 집 안을 어떻게 꾸며놓았는지 구경했다. 색깔별로 정리된 책장과 결혼식 사진과 개인 취향이 담긴 포스터와 난해한 예술품을 보았고, 그들의 취미와 룸메이트에 대해서도 알게 되었다. 그들의 자녀와 반려동물에게도 애정이 생겼다.

회의 시간이 되면 나는 로그인 후 노트북 앞으로 몸을 내민 채 화면 속 사람들과 따뜻한 동료애를 즐겼다. 한 시간 동안은 웃음과 수다 소리가 끊이질 않았다. 소프트웨어가 멈추거나 버벅거려도 대화는 이어졌다. 그러다 회의가 끝나면, 나는 자리에서 일어나 기지개를 켜고 노트북 카메라에 테이프를 도로 붙인 뒤 커튼을 젖혔다. 그리고 혼자 있는 집 안의 고요함에 다시 익숙해졌다.

# 불평등

엔지니어들은 검열이 철저한 온라인 게시판을 애용했다. 마운틴 뷰의 한 시드 액셀러레이터에 의해 운영되는 뉴스 어그리게이터[9]이자 토론장이기도 한 그 커뮤니티에는, 창업가와 테크노동자, 컴퓨터 공학 전공자, 자유주의자, 그리고 그들과 사사건건 싸우려 드는 사람들이 자주 방문했다. 그들은 기본적으로 모든 대화를 토론하듯 했으며 참여자 대부분이 남자였다. 양극단 진영의 남자들이 그 게시판[10]에 몰려들었다.

날 위한 공간은 아니었지만, 나 또한 그 게시판을 자주 이용

---

9. news aggregator. 뉴스 헤드라인이나 블로그, 팟캐스트, 비디오 블로그 등의 콘텐츠를 한데 모아놓은 웹사이트.

10. 소셜 뉴스 사이트인 해커 뉴스Hacker News를 가리킨다.

했다. 그 게시판은 테크 업계 남성들이 가진 날것 그대로의 무의식이 그리스 비극의 코러스처럼 메아리치는 공간이었다. 그 커뮤니티의 설립자는 정치 토론이 지적 호기심을 해치므로 정치적 언급이나 논쟁을 금지한다는 방침을 세워두었다. 따라서 이용자들은 게시판의 성격에 맞게 정치보다 해킹에 관한 이야기에 초점을 맞추도록 요구받았다. 나는 해킹에 대해 진지하게 고민하는 편은 아니었으나, 그래도 늘 해킹이 정치적 행위라고 생각해왔었다. 그러나 해킹의 그러한 정체성은 업계에 의해 희석된 듯 보였다. 이제 해킹은 국가의 감시를 피하거나 진실을 폭로하는 수단이 아니었다. 그것은 단순히 코드를 작성하는 행위에 지나지 않았다. 한때 해커를 꿈꿨던 사람들이 이제는 원하는 정보에 쉽게 접근할 수 있는 거대 테크 기업에 취직하게 된 것인지도 몰랐다. 어쨌든 나야 해커가 아니니 상관없는 일이었지만.

   이용자들은 참여형 온라인 백과사전으로 처음 접했을 새로운 이데올로기를 게시판에 적용해보곤 했다. 또 그들은 업계에 떠도는 소문부터 온갖 백서, 신제품 발표 내용, 서로의 개인 블로그 글에 대해 이야기했고, 윤리와 철학과 경제학에 관해 토론했다. '당신이 개발한 운영 체제의 근간을 이루는 책들은?' 같은 질문이 아주 진지하게 올라왔다. 그들은 멘탈 사이클을 유지하고 딥 워크[11] 상태에 이르는 방법을 함께 고민했다. 개발자 윤리

---

11. Deep Work. 완벽히 몰입한 상태에서 인지 능력을 한계까지 밀어붙여 일하는 것. 칼 뉴포트의 저서 《딥 워크》를 통해 널리 알려졌다.

강령, 자연적 독점 상태, 칭찬의 가치 창출 효과, 대중이 받아들일 수 있는 혁신의 범위 등을 놓고 열띠게 논쟁했다. 자기계발 수단으로서의 스토아 철학에 대해, 쉽지 않은 자아실현의 과정에 대해 이런저런 말들이 오갔다.

우리 회사의 성차별 사건이 세상에 처음 알려졌을 때, 그 게시판에서 이름 좀 있다 하는 사람들은 이 회사의 위신이 추락한 것을 함께 안타까워했다. 그들은 그 사건과 관련해 새로운 정보가 나올 때마다 눈에 불을 켜고 달려들어서는 반박할 거리를 찾았다. 음악을 들으며 훌라후프를 돌리는 여자 직원들을 남자 직원들이 대놓고 구경했다는 사실이 밝혀지고, 남직원들이 스트립 클럽에 온 것마냥 여성 동료들에게 추파를 던졌다는 엔지니어링 팀 첫 여직원의 폭로가 알려지자, 게시판에는 훌라후프 하는 것을 구경했다고 강간범이란 소리냐, 스트립 클럽에 다닌다고 다 강간범인 건 아니다, 라는 글들이 올라왔다.

어떤 사람은 CEO가 직원들을 데리고 스트립 클럽에 가는 것까지 허락을 맡아야 하느냐고 물었다. 여자 직원들이 '먼저' 그곳에 가자고 CEO를 꾀는 건 어떻게 되는 건데? 어떤 이는 사무실에서 훌라후프를 돌린 여자들이 꼬리를 친 거라고 맞장구쳤다. 여자들이 남자의 환심을 살려고 그랬다는 것이다. 진화심리학에 일가견이 있다는 한 사람은, 욕망은 진화를 위해 필수 불가결한 것이라고 지적하기도 했다.

여자 엔지니어의 코드 작업을 누군가 되돌려놓은 사건과

관련해 범죄 과학 수사가 시작되자 게시판에는 곁가지 의견이
추가로 올라왔다. 몇몇은 오픈소스 스타트업이 프로그래밍 언
어를 채택하는 과정에 사내 환경이 당연히 반영될 수밖에 없지
않느냐고 주장했다. 누군가는 테크 업계 성비가 평균 미달인 것
은 사실이지만 그걸 성희롱 발생률과 연결 지어서는 안 된다며,
테크 업계의 성비 문제를 다른 업계와 단순히 비교하는 건 곤란
하다고 억울함을 내비쳤다.

'기껏 남자들이 노력해서 일하기 편하고 성공한 회사를 만
들어놨더니만, 이제는 페미들 입맛에 맞춰 그 공간을 파괴해야
할 판이다.' 평소 게시판에 자주 글을 쓰던 한 사람은 악에 받쳐
이런 글을 올렸다.

고양이 만화 캐릭터의 이름을 따서 닉네임을 지은 어떤 이는
바람직한 사무실 환경에 관한 논쟁에 불씨를 붙였다. '행복하게
일하는 젊은 남성들로 가득한 사무실 환경이 꼭 나쁜 건가요?'


컴퓨팅 업계 종사 여성을 위한 연례 컨퍼런스에 참석하러
애리조나주 피닉스로 갔다. 컨퍼런스는 제2차 세계대전 때 군사
기술을 개발하는 데 공을 세운 여성 엔지니어를 기려 만들어진
행사였다. 기원으로 따져보건대, 의도하진 않았겠지만, 국가에
복무해온 테크 업계의 역사를 긍정하는 자리라고도 할 수 있었
다. 나는 비행기 옆자리에 앉은 동료와 국가안보국도 채용 부스
를 여는 것 아니냐는 농을 주고받았는데, 나중에야 그게 형편없

는 농담이었음을 깨달았다. 국가안보국은 컨퍼런스의 주요 후
원자 중 하나였다.

　엄밀히 말해, 나는 컴퓨팅 업계에 종사하는 여성이 아니었
다. 정확히는 그 업계 주변부에 있는, 컴퓨터 앞에서 일하는 여
성 정도였다. 하지만 나는 그 컨퍼런스에 꼭 가보고 싶었다. 마
침 우리 회사가 그 컨퍼런스의 후원사이기도 했다. 성별과 무관
하게 관심 있는 직원 누구나 그 행사에 참석할 수 있었다. 시내
가 초대형 주차장처럼 생긴 피닉스에 가게 된 것에 들뜬 직원은
아무도 없었다. 그래도 회사는 컨퍼런스에 참석하는 직원들을
위해 수영장과 멕시코 레스토랑이 딸린 소형 호텔을 예약해주
었다. 레스토랑 바는 회사 직원들의 모임 장소가 되었다.

　첫째 날 밤, 과카몰리와 마르가리타가 차려진 모임이 열렸
다. 대부분 오랜만에 동료들의 얼굴을 볼 겸 컨퍼런스에 참석한
사람들이었다. 성차별 사건 이후로 동료들을 처음 만났다는 이
들도 많았다. 쌓인 이야기가 그만큼 많다는 뜻이었다.

　나는 여자 엔지니어들과 말을 섞고 싶어 그들 주변을 맴돌
았다. 내 눈에 그들은 굉장한 존재, 똑똑하고 열정적이며 적어도
동료들 앞에선 개소리를 개소리라고 말할 줄 아는 사람들이었
다. 몇몇은 머리를 현란한 색깔로 물들이고 펑크 로커처럼 피어
싱을 하고 있었는데, 그것은 하위문화에 대한 소속감을 양껏 드
러내는 것만큼이나 이쪽 업계에서도 꽤 안정적으로 자리를 잡
았다는 의미였다. 그 전까지 나는 테크 업계에서 역량을 인정받

는 여성 노동자들이 어떤 모습인지 몰랐고, 막상 그들 또한 다른 비기술직 여성들의 모습과 별반 다르지 않다는 점에 조금은 기대감이 꺾이기도 했다.

여자 직원들은 사내 문제가 일부나마 세상에 까발려진 걸 대체로 반기는 눈치였다. 회사에는, 비유적으로든 문자 그대로든, 입으로 똥을 싸는 사람들이 너무 많았다. 차별에 관해 일말의 고민도 없는 사람들 역시 태반이었다. 백인 남성 미국인이 압도적으로 많고 엔지니어링 팀의 여성 직원이 열다섯 명도 채 안 되는 이 전도유망한 회사에는, 능력주의에 대한 집착이 짙게 깔려 있었다. 동료들 말에 따르면, 공식 조직도가 없는 대신에 사내 정치와 창업자들과의 친분에 따라 만들어진 비공식 조직도가 존재한다고 했다. 어떤 사람들은 평사원임에도 경영진에 준하는 권력과 영향력을 갖고 있었다. CEO와 친한 사람들은 직원 채용과 내부 정책 결정에 관여했고 동료들에 대한 평판을 조성했다.

"평등하되 급여랑 권한은 다르다 이거죠." 내부 툴 개발자가 어이없다는 표정을 지으며 말했다. "이 회사에선 여자로 사느니 털북숭이 동물로 사는 게 더 쉬울걸요."

"〈무구조의 횡포〉[12]를 읽어본 사람이 있기는 할까요." 얼마

---

12. 〈The Tyranny of Structurelessness〉. 1970년대 초반 미국의 페미니즘 정치학자 조 프리먼이 발표한 에세이. 권력 구조의 부재가 오히려 강압적이고 비민주적인 조직 질서를 만들 수 있다고 경고한다. 프리먼이 1960년대 미국 페미니즘 운동에 참여하며 느낀 문제점을 다룬 글이지만, 수평적 질서를 지향하는 스타트업 문화에도 유의미한 통찰을 주는 글로 평가받는다.

전 그 에세이를 읽었다는 엔지니어가 말했다.

인터넷 커뮤니티를 본뜬 회사가 문제를 겪으리란 것은 어쩌면 정해진 수순이었다. 그런데 그중에서도 오픈소스 소프트웨어 커뮤니티를 본뜬 회사의 경우에는 문제가 특히 복잡했다. 팽배한 능력주의와 구심점 없는 업무 방식의 문제는 차치하더라도, 오픈소스 커뮤니티의 문제점은 역사적으로 그것이 보이 클럽이라는 사실이었다. 오픈소스 커뮤니티에 참여하는 여성의 비율은 전체의 5퍼센트가 채 못 되었다. 여성을 배제하는 언어가 그 커뮤니티를 지배했다. 기술 관련 회의나 컨퍼런스에서도 상황은 마찬가지였다. 남자 엔지니어들이 화려한 조명이 비추는 무대에 올라 거들먹거리고 잘난 체할 때, 여자 엔지니어들은 음흉한 시선과 깔보는 말들과 더러운 손길을 감당해야 했다. '그래도 원격 근무를 하면 성희롱 당할 일은 없잖아.' 우리는 이런 농담을 주고받곤 했다. 물론, 그건 사실이 아니었다.

그나마 내 상황이 낫다는 것을 깨우치기까지는 얼마 걸리지 않았다. 고객지원 업무의 특성상 내 동료들은 소통과 공감 능력이 뛰어난 사람들이었다. 반면 말로만 협업의 중요성을 떠드는 엔지니어링 팀에서는 모두가 기를 쓰고 자신의 작업물을 평가받고 인정받으려 들었다. 몇몇 남자들은 내부의 좋은 평판 덕에 성과를 크게 인정받았지만, 여자들은 꼬투리 잡히거나 무시당하기 일쑤였다. 회사는 평등과 개방을 내세웠지만 주식 할당에 있어서만큼은 아니었다. 주식 할당의 조건은 협상 불가능하다고 명시되어 있었으나, 알고 보니 협상에 능한 사람들에 한해서는 협상이 가능했다. 그 유명한 급여 선택제는 심각한 수준의 임금 격차를 낳았다. 최근에야 회사는 임금 격차 해소의 일환이라며 상당수 여성 직원의 급여를 4만 달러 가까이 인상했다. 그동안의 격차에 대한 보상금은 주어지지 않았다.

이후 며칠 동안 나는 컨퍼런스가 열리는 컨벤션 센터 구석구석을 돌아다니면서, 서로의 관심을 끌려고 바삐 움직이는 8000여 명의 학생과 테크 업계 종사자 무리를 구경했다. 대형 테크 기업들의 부스가 들어섰고, 투자 회사의 총애를 받는 스타트업들의 부스도 세워졌다. 어두운 색깔의 싸구려 천을 씌운 임시 가판대가 부스 양쪽에 들어섰고 안쪽에서는 채용관들이 면접을 진행했다. 참가사들은 바이오테크, 로봇, 헬스케어, 재생 에너지 등 따분하고 진지한 분야의 회사들로, 내가 샌프란시스코에서 봐온 한없이 가벼운 컨슈머 테크 스타트업들과는 결이 달랐다.

컴퓨터 과학 전공자들 사이에서 나는 묘하게 겉돌았고, 테크 업계 여성들을 임파워링하기 위해 열린 컨퍼런스에서 이토록 자신 없는 모습으로 있는 것이 부끄러웠다. 나는 오픈소스 스타트업 로고가 큼지막하게 박힌 티셔츠에다가 오픈소스 스타트업 로고가 큼지막하게 박힌 명찰을 꼭 붙이고 다녔다. 그리고 가판대에 서서 리벳공 로지[13], 자유의 여신상, 해골, 그리고 머리를 질끈 묶고 문어냥 후드티를 입은 여성 엔지니어로 변신한 문어냥 스티커를 사람들에게 나눠 주었다.

젊은 여성들이 열심히 이력서를 돌리고 진로 상담을 하는 모습을 보고 있자니 괜히 대견하고 나까지 힘이 났다. 언젠가 내가 그들 밑에서 일하게 될 날이 올지도 모른다고 생각하니 쓸데없이 마음이 벅차오르기까지 했다. 한편으로는 작년에 프로그래밍 훈련을 계속 받았더라면 어땠을까 살짝 후회도 되었다. 나의 업무 역량은 이미 첨단 기술과는 꽤 동떨어져 있었지만, 그마저도 벌써 뒤처지고 있는 듯했다. 갑자기 이 공간이 나와 동료들을 대신하게 될 사람들을 대면하는 자리처럼 느껴졌다. 나는 이곳에 온 젊은 여성들의 창창한 앞날이 부러웠다. 동시에 선배 여성으로서 책임감 또한 느꼈다.

평소 내가 알고 지내는 테크 업계 여성들은 곤란한 일을 한번쯤 겪었거나 소문으로 건너 들었다. 컨퍼런스 기간에 나는 새로운 사연을 여럿 알게 되었다. 어느 회사로부터 엔지니어 자리를 제안받은 여성이 급여 인상 협상을 시도했다는 이유로 회사에 못 들어가게 됐다고 했다. 회사는 그녀의 면전에다 사내 문화와 맞지 않아 입사가 어렵겠다고 통보했다. 또 어떤 여성은 출산 휴가를 쓴 후로 좌천되었다. 어떤 여성은 한 '10X'[14] 엔지니어에게 강간당했는데 그 사실을 인사팀에 신고하자 도리어 그녀가

13. Rosie the Riveter. 제2차 세계대전 당시 참전한 남성들을 대신하여 일터에 뛰어들었던 여성들을 상징하는 아이콘. 파란 작업복에 물방울무늬의 빨간 반다나를 머리에 두르고서 강인한 팔뚝을 드러내고 있는 자세로 유명하다.
14. 동료 엔지니어보다 업무 능력이 10배는 더 뛰어난 천재 엔지니어.

회사에서 쫓겨났다. 회사 CEO의 친구가 자신에게 데이트 강간 약물을 먹였다는 여성의 사연도 있었다. 테크 업계 여성들은 다양성 정책이 백인 남성을 역차별한다거나, 엔지니어링 분야에 남자들이 많은 이유는 남자들이 선천적으로 이쪽 분야에 재능이 있기 때문이라는 소리를 항상 듣고 살았다. 여자들은 자신들이 겪은 사건 일지를 기록했고, 스프레드시트와 일람표로 남겨 놓았다. 그리고 그중 몇몇은 자신들이 당한 피해를 소리 내어 고백하기 시작했다. 커다란 변화의 시작이었다.

　이러한 공론화를 모두가 반긴 것은 아니었다. 스타트업들의 쾌활한 업무 환경을 극찬해온 언론 보도에 길들여진 유력 창업자들과 투자자들, 언행에 거침이 없고 이상주의에 심취한 CEO들은 이런 식으로 언론의 관심을 받는 것을 달가워하지 않았다. 그들은 기자들이 테크 업계를 폄하하려고 성희롱 사태를 물고 늘어진다며 책임을 전가했다. 테크 업계로부터 위협을 느낀 언론이 자신들을 질투하는 것이라고도 주장했다. 또 테크 업계를 보이 클럽으로 매도해버리면 STEM(과학·기술·공학·수학) 공부를 하려는 여학생들의 의욕이 꺾이지 않겠느냐며 불평하기도 했다. 마치 이 상황에서 업계 이미지를 지키는 것이 가장 중요한 문제라는 듯이. 남성들 편에 선 일부 여성은 테크 업계에서 남성 멘토들을 만났으며 자신들은 아무런 피해도 보지 않았다고 주장해 논란을 촉발했다.

　시애틀에 본사를 두었으며 소송을 자주 걸기로 유명한 소프트웨어 대기업[15]의 CEO가 컨퍼런스의 기조연설자로 나와 여성들에게 급여 인상 요구를 참으라는 메시지를 전했다. "돈을 더 달라고 요구할 게 아니라, 이 시스템이 당신에게 걸맞은 보상을 줄 것임을 믿고 신뢰해야 합니다. 어쩌면 그것이 급여 인상을 요구하지 않는 여성들에게 주어진 엄청난 힘일지 모릅니다." 그러니까 그의 요지는, 덕을 쌓는다 생각하라는 것이었다.

'남성 동지 패널 총회' 행사장에서 여성 엔지니어 무리가 참석자들에게 직접 만든 빙고 종이를 나눠 주었다. 빙고 칸에는 남성들의 꼴불견 언행이 적혀 있었다. '자기 엄마 얘기하기', '우리 회사는 안 그래, 같은 소리하기', '웨어러블', '남성 임원이 선의로 그런 것이라고 두둔하기', '페미니즘 운동이 테크 업계에 진입하려는 여성을 겁준다고 주장하기' 등등. 빙고의 정중앙 칸에는 '파이프라인'이라는 단어가 쓰여 있었다. 파이프라인 이론은 나도 들어본 적이 있었다. STEM 분야의 여성과 소수자 인구가 애초에 몇 안 되기 때문에 그들이 자연스럽게 업계에서 자리를 차지하지 못한다는 논리였다. 실제 채용 과정이 어떤지 잘 알고 있는 나로서는 믿기 힘든 소리였다.

같은 줄에 앉아 있던 여성 엔지니어에게 빙고에 적힌 '웨어러블'이 무슨 의미냐고 묻자, 그녀는 무지개색 커튼이 드리운 무대를 대충 가리키며 대답했다. "그런 거 있잖아요. 스마트 브라,

---

15. 마이크로소프트를 가리킨다.

테크 주얼리 같은 거. 남자들은 여자들이 그런 종류의 하드웨어에만 관심을 가질 거라 생각하죠." 스마트 브라라니? 나는 브라 와이어를 매만지며 상상에 빠져들었다.

남성 동지 패널들은 하나같이 말쑥하게 차려입은 백인 경영자들이었다. 그들은 사내 차별에 대응하는 방법에 관해 저마다 조언을 내놓았다. "최고의 방법은 누구보다 일을 잘하는 겁니다. 눈앞에 보이는 장애물을 밀어내면서 탁월함을 발휘하세요." 스카이다이빙이 취미인 걸로 유명한 거대 검색 엔진 회사의 부사장이 말했다.

"용기를 잃지 마세요, 계속 최선을 다하세요." 다른 남자가 읍소하듯 말했다. 행사장에는 빙고 칸을 채우는 연필 소리가 쉴 새 없이 이어졌다.

"당당하게 목소리를 내고 자신감을 키우세요. 모두에게 들리도록 자신 있게 요구하세요." 세 번째 남자가 말했다.

"엔지니어들은 상황을 복잡하게 만드는 경향이 있습니다. 예컨대 파이프라인 이론처럼요." 스카이다이빙이 취미인 남자가 또다시 말했다.

그러자 자리에 앉아 있던 한 여자가 연필을 탁자 위에 거칠게 내려놓으며 외쳤다. "빙고!"


내가 몸담은 오픈소스 스타트업은 여전히 위기 모드에서 빠져나오는 중이었다. 한창이던 파티가 갑자기 중단되어 모두

가 황급히 주변을 정리하고, 페이퍼 타월과 쓰레기봉투를 찾아
다니고, 벌게진 눈을 비비면서 박하사탕을 집어 먹는 광경 같았
다. 회사는 인사팀을 신설했고 경영 경험이 전무한 직원들을 이
름뿐인 중간급 관리직으로 승진시켰다. '우리는 능력주의를 믿
는다'는 깃발은 사라졌다. '막 놀아봅시다'와 같은 문구가 채용
공고에서 지워졌다. 사내 문화 적성 면접이 추가되었다. 회사 채
팅방에 덜렁거리는 성기 GIF를 띄우는 '/메트로놈' 지시어가 금
지되었다. 또한 회사는 바텐더를 고용해 직원들의 음주량을 제
한했다. 그러면서 또 어떤 문제가 터질지, 터진다면 그걸 얼마나
빠르게 해결할 수 있을지 고민했다.

회사는 '다양성 분야'에서 업계의 선두 주자가 되겠노라고
선언했다. 그리고 그것을 위기관리, 사회적 책임, 또는 시대정신
이라 불렀다. CEO가 고용한 경영 컨설턴트는 명랑하고 사리 분
별에 밝은 라틴계 여성으로, 테크 업계의 인력 공급소라 할 수
있는 팰로앨토 소재의 명문대를 나와 최고 명문 경영대학원을
졸업한 수재였다. 그녀와 함께 1990년대 초반에 대학을 다닌 사
람들은 인터넷 경제에 시동을 건 창업가, 벤처 캐피털리스트, 자
유주의자 무리였다. 그들은 30대 초반의 나이에 어마어마한 돈
을 벌었고 테크 업계에 투자하는 것을 사회 환원이라고 주장했
다. 그녀는 누구보다 가까이에서 그들을 목격했으며, 그들만큼
부자가 되지 못한 사람들을 알고 있었다. 이 사실은 어째서 그녀
가 테크 업계에 차별이 존재하고 그 문제를 해결해야 하며 그럴

수 있다는 말로 힘 있는 사람들을 설득하는, 결코 완수할 수 없는 임무에 자신의 커리어를 열심히 바치고 있는지를 짐작하게 했다.

　우리는 랫 팩[16] 스타일로 꾸민 회의실에 모여 무의식적 편견 없애기 훈련과 원형 토론을 진행했다. 회의실은 언뜻 보면 1960년 대 광고업계 사람들이 나올 법한 드라마 스튜디오 같았다. 한쪽 끝에 설치된 평면 스크린에 런던, 도쿄, 사우스캐롤라이나에서 근무 중인 직원들의 얼굴이 지지직거린다는 점만 빼면. 우리는 묵직한 나무 테이블 앞에 놓인 오렌지색 의자에 앉아 은근한 차별과 교차성, 사내 규칙에 내재된 문화적 가치 등에 대해 토론했다. 나는 은색 카트와 1960년대풍 고급 진열장을 둘러보면서, 회사 인테리어 디자인에 내재된 문화적 가치에 대해서도 고민할 필요가 있지 않을까 하고 속으로 생각했다.

　새로 온 컨설턴트는 자신이 누구를 상대하고 있는지를 정확히 파악한 듯했다. 다양성을 마치 기업용 소프트웨어인 것처럼 우리에게 설명해주었으니 말이다. 그녀는 많은 기업이 다양성을 보여주기식으로 다뤄왔다고 지적했다. 다양성과 포용성을 그저 기업 홍보에 이용하고 있으며, 있으면 좋은 것쯤으로 여긴다는 것이었다. 인사팀 산하의 별도 부서가 좋은 일을 하는 비영리기관들에 세금 공제가 가능한 선물을 이따금 기부하는 것이

---

16. Rat Pack. 20세기 중반 험프리 보가트, 프랭크 시나트라, 메릴린 먼로 등 당대 유명 인사들로 이뤄졌던 사교 집단. 복고풍의 분위기를 함의한다.

그 예였다. 하지만 다양성이란 단순히 옳은 일을 하는 것이 아니라고 그녀는 설명했다. 다양성은 사업 자산이자 가치 제안의 핵심이었다. 혁신에 없어서는 안 되었고 그러므로 전사적 차원에서 다뤄야 할 대상이었다.

동료들은 다양성과 포용성 정책에 열띤 반응을 보였다. 내가 아는 대다수의 테크 노동자들이 그러하듯, 내 동료들은 개방적이고 똑똑했으며 새로운 아이디어에 우호적이었다. 다만 몇몇 사람에게는 그런 논의가 전혀 새롭지 않았고 오히려 너무 뒤처진 감도 있었다. 회사가 이제라도 그 문제를 진지하게 받아들인 것이 참으로 다행이었다.

하지만, 교차성의 관점에서 권력을 바라보는 것이 뉴노멀이자 도덕적으로 올바른 입장이라는 얘기를 아주 낯설게 받아들이는 소수의 사람도 있었다. 그 사람들은 다양성에 초점을 맞추면 회사의 수준이 낮아지는 것 아니냐며 의아해했다. 단지 궁금해서 묻는 말인데 경험과 사상의 다양성도 함께 존중받아야 하는 것 아니냐고, 테크 업계에 이미 아시아인과 미국계 아시아인이 충분하지 않으냐고, 그들이 고위직에 있는 건 아니지만 그래도 그만큼 있다는 것이 의미 있지 않느냐고 했다. 또 그들은 파이프라인 문제를 부정했다. 타고난 자질은 어쩔 수 없다는 것이었다. 테크 업계가 완벽하다고 할 수는 없지만 금융 쪽이나 다른 업계보다는 개방적이지 않으냐고도 했다. 그들의 비판 논리에는 능력주의가 내면화되어 있었다. 컨설턴트는 자신을 은근히 깔보는 그들의 말을 참을성 있게 들어주었다.

‘능력주의’. 사회 풍자의 목적으로 만들어졌으나 그 풍자의 대상인 업계가 누구보다 진지하게 받아들인 단어였다. 재미 삼아 직원과 입사 지원자에게 IQ 테스트를 보게 하는 회사들과, CEO 유형의 남자들로 가득한 스타트업들과, 벤처 캐피탈의 96퍼센트가 남자에게 돌아간다는 사실에 눈 하나 깜짝 않는 투자자들과, 자산이 주식에 묶여 있으니 자신을 여전히 언더독이라고 여기는 억만장자들이 떠받드는 신념이기도 했다.

경제가 불안정한 이 시대에 금융 위기와 함께 어른이 된 세대가 능력주의에 열광하는 이유를 나는 알 것도 같았다. 누구도 미래를 보장받지 못했다. 하지만 잔해를 딛고 살아남은 듯 보이는 사람들은 분명히 존재했고, 강압적으로 존재감을 드러낸 업계에서 자리를 확보한 그 사람들에게 능력주의 서사는 구조적 분석의 공백을 메울 수 있게 해주었다. 능력주의는 모든 것을 말끔하게 정리해주었다. 그들에게 능력주의는 듣기 좋고 죄책감을 덜어주는 말이었다. 반면 어쩔 수 없이 떠나야 하는 사람들에게는 고통이었다.

컨설턴트는 직원들로 이뤄진 태스크 포스 팀, 일종의 사내 포커스 그룹을 조직하여 다양성 위원회라고 명명했다. 나는 자원하여 위원회에 들어갔다. 윗사람에게 잘 보이고 싶은 나의 열망은 병적인 수준으로 뿌리가 깊었다. 스무 명 남짓한 위원회는 일주일에 한 번씩 회의실 테이블에 둘러앉아 사내 문제들에 관해 토의했다. 앞다퉈 불만을 성토하고 비밀을 폭로했다. 그리고 해법을 고민했다. 내부 툴 개발자로 있는 한 여자 직원이 남자 직원들에게 《모두를 위한 페미니즘》[17]을 읽히자고 제안하자 모두가 진지하게 고개를 끄덕였다. 회의는 똑똑한 사람들이 모여 중요한 일을 하는 자리처럼 느껴졌다. 돈을 받고 이런 일을 하다니 믿기지 않을 정도였다.

하루는 아침 늦게 회사로 출근하는 길에 경전철역에서 문어냥 후드티를 입고 있는 중년 남자를 보았다. 남자는 판지 조각 위에 허리를 꼿꼿이 세운 채 앉아 있었고, 옆에는 구겨진 종이컵이 놓여 있었다. 맨발이었고 무릎에는 상처가 나 있었다. 그때 저편에서 내가 타야 할 전철이 들어오는 게 보였다. 나는 회전문에 급히 몸을 구겨 넣으면서 저 사람에게 돈을 줘야 하는 것 아닌가, 저 사람이 문어냥 후드티를 입고 있어서 내가 이런 부담감을 느끼는 건가, 생각했다. 전철에 올라탄 나는 어린애처럼 창문에 고개를 박고 바깥을 바라보았다.

지상 철로로 올라온 전철은 거대한 활과 화살 모양의 팝아트 조각상을 지나 엠바카데로 역으로 향했다. 멀리 바닷물이 파도를 일으키며 반짝였다. 갈매기들이 빵 봉지를 향해 하강했다.

17.《Feminism Is for Everybody》. 벨 훅스가 2000년에 발표한 페미니즘 입문서.

나는 마음이 혼란스러웠다. 조금 전의 그 남자는 소설에나 나올 법한 허깨비, 환영 같았다.

사무실에 도착한 나는 내가 겪은 초현실적이고 얼떨떨한 경험을 동료에게 이야기했다. 내가 볼 때 그 남루한 남자는 이 도시의 사회경제적 격차를 고스란히 체현하고 있었다. 그가 하필 흑인이었다는 점은 더욱 의미심장하게 다가왔다. 샌프란시스코의 흑인 인구가 빠르게 줄어들고 있기 때문만은 아니었다. 내가 알기로 우리 회사의 흑인 직원은 지금껏 단 두 명이었다.

정말 그랬다니까요, 하고 내가 말하자 동료가 고개를 끄덕이며 맞장구쳤다. "참 안됐네요." 우리는 잠시 침묵했다. 이내 동료가 다시 입을 열었다. "누가 준 걸까요. 회사 후드티를 그렇게 아무한테나 주면 안 되는데."

# 인터넷

　　20대 후반의 나는, 훗날 이 시절을 돌이켜보면 참 운이 좋았다고 생각하게 되리라는 것을 알고 있었다. 비록 하루 종일 부자연스럽게 구부정한 자세로 컴퓨터 화면만 들여다보아야 했지만, 그 시절의 나는 전국에서 가장 아름다운 도시에 살았고, 빚에 허덕이지 않았고, 원하면 집에서 일할 수 있었고, 누군가를 뒷바라지할 부담이 없었고, 삶에 사랑과 자유와 건강이 넘쳤으며, 다신 없을 기회를 누리고 있었다. 하지만 나는 훗날 그 시절을 후회하게 되리란 것도 알았다.

　　나는 밀레니얼 지식 노동자를 위한 약속의 땅에 들어선 사람이었다. 인터넷을 위해, 또 인터넷상에만 존재하는 일에 종사하면서 1년에 8만, 9만, 그다음엔 10만 달러를 벌게 되었다. 돈을 벌기 위해 내가 하는 일이라고는 이메일 작성이 대부분이었다. 그리고 거의 매일 집에서 일했다. 가끔은 근무 중이라는 것을 까먹을 만큼 업무 강도도 낮았다. 나는 그저 온라인 상태이기만 하면 되었다.

어떤 날은 터널을 한 차례 빠져나가듯 예열 과정을 거쳤다. 일단 팀 채팅방에 인사하는 이모티콘을 띄운 다음, 밀린 문의 글을 한 차례 처리하고, 메일을 확인하고, 카피라이팅 업무를 몇 개 해치우고, 사내 게시판을 방문해 입사 기념일을 맞이한 직원이 상사에게 감사를 전하고 자축하는 글('겸손해진 기회가 됐고, 배우고 성장할 수 있어 감사합니다')과 신제품 출시 공고문('우리 팀의 최신 기술을 선보이게 되어 뿌듯합니다'), 그리고 그 공고문을 패러디한 출산 소식('우리 팀의 최신 가족을 선보이게 되어 뿌듯합니다') 등을 구경했다. 나는 여러 채널을 오가며 부지런히 정보를 수집했고 다른 시간대의 나라에 가 있는 동료들이 밤새 주고받은 메시지 내용을 확인했다. 나는 이 사이클을 반복한 후에야 인터넷 창을 켜서 진짜 일과를 시작했다. 그 일과란, 하염없이 인터넷 창을 바꿔가며 시간을 때우는 것이었다.

인터넷 세계는 사람들이 쏟아내는 의견과 잘못된 정보로 곪아 터지고 있었다. 나는 한꺼번에 수많은 정보를 받아들였다. 머릿속에 타인의 말들이 둥둥 떠다녔다. 농담과 논평과 맹비난의 말들은 하나같이 어지럽고 부질없었다.

이런 경험이 나만의 것은 아니었다. 내 주변 사람들 모두 각자의 피드백 루프에 갇혀 살았다. 테크 기업들은 모두의 도서관이자 기억 저장소이자 취향의 공간을 만들었다. 나는 소셜 네트워크로 연결된 사람들이 읽는 책을 따라 샀다. 알고리즘이 추천하는 대로 음악을 들었다. 인터넷 서핑을 할 때마다 과거의 나를 투영한 데이터 흔적을 발견했다. 예컨대 방문하는 웹사이트마다 옥으로 만든 페이스 롤러의 광고가 따라붙으면, 나는 피부 홍조로 고민하고 약간의 허영심에 차 있던 지난날의 나를 떠올렸다. 개인 플레이리스트에 음울한 싱어송라이터들의 노래가 빼곡히 차 있는 걸 알았을 때는, 내가 이젠 알고리즘까지 우울증에 빠트리는구나 자책할 수밖에 없었다.

알고리즘에 따르면, 내 뉴욕 친구들은 나 없이도 잘 살고 있었다. 내가 모르는 사람들도 물론 나 없이 잘 살았다. 모두가 자신의 삶을 멋지게 포장했다. B급 배우들과 셀럽 피트니스 강사들은 아이슬란드로 떠났다. 통 넓은 면바지 차림의 예쁜 여자들이 예쁜 일들을 했다. 사탕을 만들고, 도자기를 굽고, 직접 그린 패턴의 벽지를 바르고, 온갖 음식에 요거트를 뿌리고, 아침 샐러드를 해 먹고 하는 일들을. 알고리즘은 나의 미적 취향이 내가 아는 사람들의 것과 정확히 일치함을 보여주었다.

무한한 데이터를 담고 수집하도록 만들어진 플랫폼들은 무한한 스크롤을 유발했다. 그 플랫폼들은 여가 시간을 온통 다른 누군가의 생각으로 채워야 한다는 문화적 강박을 만들었다. 인터넷은 집단 성토장이자 자신의 존재 가치를 증명하려는 사람들의 배출구가 되었다. 소셜 플랫폼에는 인간의 희로애락이 존재했다. 고통, 기쁨, 불안, 권태의 감정이 그 안에 흘렀다. 사람들은 시시콜콜한 것들을 끊임없이 이야기했다. 비밀을 털어놓고 어설픈 심리 조언을 얻었다. 아무에게도 말한 적 없는 불륜 이야기라든가 공공장소에서 오줌을 지리고 말았다는 실수담을 아무렇지 않게 고백하는가 하면, 침실 인테리어 사진, 오래전 세상을 떠난 가족의 빛바랜 사진, 유산된 태아의 초음파 사진 등을 스스럼없이 공유했다. 사람들은 기회가 생길 때마다 기꺼이 자신을 드러냈다.

유용한 정보와 맥락 없는 정보가 마구 뒤섞였다. 택배 도난과 너구리 출몰을 경고하는 글 위에 실종 아동을 찾는 배너가 게시됐다. ASMR 영상 위에 1990년대 래퍼들의 GIF 이미지가 떠다녔고, 리얼리티 쇼에 관한 심층 토론이나 닭다리 요리 영상 사이에 테러 공격과 교내 총기 난사에 관한 영상이 끼어들었다. 인권 캠페인을 펼치는 시민단체 계정 아래로 유명 데님 브랜드의 후원을 얻으려고 구애하는 인디 뮤지션들의 모습이 나타났다. 모든 것이 동시다발적으로 일어났고 영구적으로 보존되었다.

나는 종종 생판 모르는 남이 간식을 만들어 먹는 영상을 멍하게 보거나, 코어 근육이 부족해 따라 할 엄두도 안 나는 무시무시한 복근 운동 영상을 찾아보곤 했다. 또는 애스펀[18]에 있다

18. 미국 콜로라도주 중서부에 있는 도시.

는 와인 저장실의 사진을 확대해 보거나 손이 많이 가는 우동 요리 영상을 보았는데, 그러고 나면 자괴감이 밀려왔다. 내 머릿속은 이미지들이 차곡차곡 쌓인 쓰레기 소굴이 되어가고 있었다. 도대체 와인 저장고가 뭐길래.

그렇게 인터넷 세계에서 나는 술주정뱅이처럼 여기저기를 쏘다니며 온갖 것을 구경했다. 작은 공간 꾸미는 법. 작가 인터뷰. 케이크 만들기. 페미니즘적으로 해석한 르네상스 작품들. 레몬을 먹는 고양이. 완두콩을 쪼는 오리. 루브 골드버그 장치[19]. 〈소울 트레인〉[20] 에피소드. 1970년대 테니스 경기. 보르시 벨트[21]에서 열린 코미디 공연. 내가 태어나기 전에 열린 대형 콘서트. 커플의 청혼. 가족과 재회한 파병 군인. 아기 성별 확인 파티. 그리고 본 적 없고 앞으로도 볼 일 없을 사람들이 얼싸안고 기뻐하는 모습들.


미국 중부에 사는 모르는 사람이 줄무늬 고양이를 안고 화장실 거울 앞에 섰다. 고양이는 고무처럼 몸을 늘어뜨렸다. "안녕하세요, 해야지." 하고 그 여자가 말했다.

고양이가 "안녕하세요." 하고 말했다.

19. Rube Goldberg machine. 아주 간단한 일을 하기 위해 아주 복잡한 연쇄 반응을 일으키는 기계. 미국 만화가 루브 골드버그가 인간이 간단히 할 수 있는 일을 얼마나 복잡하게 만들며 살아가는지 보여주기 위해 처음 고안했다.
20. 〈Soul Train〉. 1971년부터 2006년까지 미국에서 방영된 음악 프로그램.
21. Borscht Belt. 뉴욕주 북부 캣츠킬 산맥에 있는 유대인들의 호텔 단지.

모르는 사람이 다리 사이에 아기를 끼고서 폴댄스를 추었다.

모르는 사람의 클로즈업된 손이 천천히 비누를 깎았다.

모르는 사람이 프랑스 니스에 있는 성에서 결혼식을 올렸다.

모르는 사람이 여자를 번쩍 들고서 케틀벨 스윙 동작을 반복했다. 한쪽에서는 강아지가 소파 위에 앉아 몸을 핥았다.

나는 인터넷 창에다 시도 때도 없이 무언가에 대한 해답과 설명, 배경지식과 결론을 검색했다. '테크노크라시'. '캘리포니아 이데올로기'. '제퍼슨식 민주주의'. '온라인 아고라'. '에볼라'. '주별 슬로건'. '점이 생기는 이유'. '일본 너구리'. '페미니스트 포르노'. '페미니스트 포르노 추천'. '통조림 햄'. '로스쿨 늦깎이 입학'. '로스쿨 순위'. '로스쿨 등록비'. '이슬람 국가'. '실크 잠옷'. '팔꿈치 보습제'. '안 줄어드는 울 스웨터'. '먹방'. '파토스의 정의'. '상부 구조의 정의'. '고용 없는 성장'. '북극 해빙 백색 소음'. '쿠바 관광'. '어깨 셀프 마사지'. '거북목 증후군'. '비타민 D 결핍'. '집에서 좀벌레 트랩 만들기'. '월세 계산기'. '대지진 예측'. '손톱 물어뜯기 최면 치료'. '홍콩 시위대'. '식기 세척기 내부 영상'. '퍼거슨 경관 기소'. 그리고 내가 어릴 적 살았던 부모님 집 위성사진과 전 남자친구가 활동하는 밴드 이름, 일몰 예측 시간 등을 검색했다.

인터넷에서 1960년대 반전 시위 영상을 보고 나서는, 내가 10대 때 직접 참가했던 반전 시위의 영상을 검색했다. 여객기 실종 사건을 둘러싼 음모론을 상세히 파헤치는 영상도 보았다. 볼 생각이 없던 영상까지 어쩌다 보게 되었다. 이를테면〈열대 우림에 숨어 살다 발견된 자연인〉,〈쌍둥이의 신기한 DNA 결과〉,〈아기 성별 확인한 날!! (신남)〉,〈세상에서 가장 어이없는 언박싱 영상〉,〈신기한 마술 트릭〉,〈실화: 제 아들은 총기 난사범입니다〉,〈바디 슬램 하는 법〉같은 제목을 달고 있는 영상들을.

가끔은 스스로도 인터넷 중독이 걱정되어 컴퓨터를 멀리하고 잡지나 책을 집어 들었다. 하지만 요즘 나오는 책들은 차분함과는 거리가 있었다. 그 글들에는 정보 뭉텅이와 희미한 역사적 연결고리 그리고 작가가 밤새 검색 엔진을 뒤져 찾아냈을 사소한 사실들이 어수선하게 엮여 있었다. 각종 명언으로 가득했고, 그렇게 여러 작가들이 얽혀 있었다. 소셜 미디어에서 화제를 모은 책들을 읽어보면 일종의 큐레이션 같다는 인상을 받았다. 실체가 보이지 않는 무언가를 아름답게 묘사하여 그걸 고상한 소품문으로 엮어낸 것들이었다. 말하자면 분위기를 내는 데 치중한 글이었다. 주름진 리넨 시트나 달리아 꽃다발과 다르지 않은 텍스트였다.

'아, 이 작가도 인터넷에 중독된 걸까.' 나는 책장을 넘기며 이렇게 생각하곤 했다.

나와 내 아이디뿐이었다. 나는 혼자 마우스를 딸깍이며 시간을 보냈다.

파리채로 파리를 잡듯이, 문의 글을 한 건 한 건 처리했다.

신문을 정독했다. 소셜 미디어를 빠짐없이 확인했다. 검열이 철저한 그 온라인 게시판을 들락거렸다. 스크롤을 내리고 내리고 또 내렸다.

어쨌거나, 시간은 이런 식으로, 단조롭지만 필연적으로 흘러갔다.

# 외부인

저녁에 사무실 소파에서 느긋하게 업무를 보고 있는데, 퇴사한 데이터 분석 스타트업 CEO의 메시지 알림이 노트북 화면에 떴다. 나는 화들짝 놀랐다. 그와 나는 사적으로 연락하는 사이가 아니었다. 그러다 순간, 내가 그 사람 밑에서 일하지 않는다는 사실이 떠올랐다. 위축될 이유가 없었다. 대답할 의무도 없었다.

'안녕하세요!' 하지만 나는 즉각 답장을 보냈다.

CEO가 제안을 하나 하겠다고 했다. 나는 반사적으로 벌떡 일어나 얼마 전 '엄마들의 방'이라는 명판을 붙인 모유 수유실로 들어갔다. 스스로 생각하기에도 어처구니가 없었다. 왜 숨는 거지? 상사는 암스테르담에 있었다. 내 노트북을 들여다보는 사람이 있지도 않았다. 내가 모유 수유 중인 것도 당연히 아니었고. 그러나 수유실은 아늑했고 의자도 푹신했다.

데이터 분석 스타트업에서 마케팅 인력을 증원하는 중이라고 했다. 그는 내게 다시 돌아와 콘텐츠 업무를 맡아볼 생각이 있느냐고 물었다. 내가 예전부터 그쪽에 관심이 있었고 회사 제품도 잘 알고 있지 않느냐며 말이다. '혹시 아직도 애정이 남아 있나 궁금해서요.' 그가 말했다.

애정 같은 소리, 나는 또 한 번 마음이 차게 식었다.

나는 문밖의 동료들을 떠올렸다. 몇몇은 요가 클래스를 마치고 나와 튀긴 곡물을 먹고 있었다. 내가 모유 수유실로 황급히 자리를 옮길 때 개발자 하나는 소파에 맨발로 앉아 전선을 연결하지 않은 전기 기타를 연주하고 있었다. 하루 내내 거의 아무와도 말을 섞지 않았다는 점만 빼면 무척 정다운 풍경이었다.

'회사가 많이 성장했어요. 달라지기도 했고.' CEO가 추가로 메시지를 보내왔다. '아, 아주 많이 달라진 건 아니고요.' 그는 조심하고 있었다. 나는 그에게 제안해줘 고마우며 고민해보겠다고 답했다.

"지난번에 콘텐츠 업무를 맡았을 때 돈도 제대로 못 받았잖아." 그날 밤, 내게서 이야기를 전해 들은 이안이 이 점을 상기시켜주었다. "이번이라고 다를까. 진짜로 고민하는 건 아니지?"

"진지하게는 아냐." 나는 마음에 없는 소리를 했다.

결국 나는 퇴사를 스스로 선택했지만 실은 아직도 그 무리에서 쫓겨났다는 느낌을 받노라고 실토했다. 이 패배감을 떨쳐 낼 기회가 생긴다면, 그래서 CEO와 나 자신에게 내가 그 무리에 어울리는 사람임을 증명한다면 참 좋을 것 같았다. 내 말에 이안 은 얼굴을 찌푸렸다. "그렇게 고집부려봤자 소용없을 것 같은 데. 기회를 잡고 싶은 거면 고객 유입 전략이니 뭐니 고민할 게 아니라 스스로 의미 있다고 생각하는 일에 더 신경을 써."

나는 무언가를 책임질 좋은 기회가 될 수도 있지 않느냐고 대꾸했다. 확신이 있어 한 말은 아니었다. 그 회사 CEO가 직원 에게 무언가를 책임질 기회를 준다는 것은 좀체 상상할 수 없는 일이었다. 그래도 이번 기회를 통해 포트폴리오를 채우고 재미 있는 경험을 할 수도 있지 않을까.

하지만 이안도 나도 그렇게 되지 않으리란 걸 알고 있었다. "그렇게 재밌진 않을걸." 이안이 말했다.

나는 한동안 뉴욕에 있는 고향 집에서 지냈다. 데이터 분석 스타트업에서 일하던 시절에 방문했던 뉴욕은 내게 가지 않은 길에 대한 미련을 불러일으키는 공간이었다. 과거의 내 모습들 이 뭘 좀 알고 있다는 듯 도시 여기저기를 배회하면서 테크인이 된 나를 비난했고, 실수하고 있는 거라며 내 마음을 돌려놓으려 했었다. 하지만 이번에 뉴욕에 갔을 때는 마음이 한결 가벼웠다. 나는 어릴 때 쓰던 방에서 새벽 6시부터 근무를 시작해 이른 오 후에 일찌감치 퇴근했다. 대학 시절 친구들을 만나, 테크 업계로 오라는 말 같은 건 뻥긋하지도 않고 즐겁게 시간을 보냈다. 엄마와 커피를 마시면서 커피잔을 다 비우거나 커피가 차게 식을 때까지 수다를 떨었다. 수십 년째 그대로인 할머니 할아버지 집을 방문했다. 집 창고를 정리하다가 옛날에 기워 입곤 했던 낡은 재킷, 대학 시절에 끄적거린 글들, 20세기 말에 혹시 모를 종말을 대비해 쟁여둔 껍질 벗긴 감자 단지 따위를 발견했다. 별것 아닌 일이었지만 기분이 좋았다. 진짜 내 모습으로 돌아가는 느낌이었다.

테크 머니를 벌어 돌아오다니, 감회가 새로웠다. 나는 출판 에이전시 상사를 통해 알게 된 고급 식당에 친구들을 데려가 한턱을 냈다. 진탕 술을 마신 뒤에는 열차를 기다리지 않고 택시를 호출해 집으로 갔다. 그러던 어느 날 저녁, 웨스트 빌리지의 와인 바에서 시원한 에어컨 바람을 쐬며 술을 홀짝이다가 문득 노아와 나눈 대화가 떠올랐다. 그는 테크 업계에 발을 들이고 나면 개인으로서는 패배를 맛보게 되지만 동시에 도시의 또 다른 면에 눈을 뜨게 된다고 말했었다. 돈이 생긴 다음부터는 샌프란시스코를 장악한 사적 공간들의 네트워크에 자신이 접근할 수 있게 되었다고 했다. 결국 중요한 것은 돈이었다.

뉴욕은 나의 고향이었지만 내가 알던 도시의 모습은 더 이상 존재하지 않았다. 대학 방학 때 일하곤 했던 고양이 냄새 나는 책방처럼 옛 흔적을 고집스레 간직한 문화 공간이 일부 남아 있긴 했지만, 내게 익숙했던 동네들은 예컨대 어딘가 과잉인 듯한 플레이리스트를 틀어두는 식당 또는 로컬리티를 브랜딩해서 제품을 판매하는 상점 들로 뒤덮여 있었다. 내게는 그런 가게들이 우스꽝스럽고 거리감 있게 느껴졌다. 새로워진 도시의 모습은 혼란스러웠고 정체를 알 수 없었다. 누가 이런 걸 원했던 거지? 누굴 위해 생겨난 걸까?

　나는 노스 브루클린에 있는 어느 책방에 갔다가 부둣가에 새로 들어선 건물들에 관해 그곳 주인과 잠시 이야기를 나누었다. 그 책방에는 큼지막한 예술 서적이 빼곡했는데, 유리벽이 있는 아파트에서 유리로 된 테이블 앞에 앉아 읽으면 어울릴 법한 책들이었다. 내가 읽고 싶은 책은 아니었다. 나는 새 건물들에 어떤 사람들이 사는지 물었다. 책방 주인은 진열된 무선 노트들을 바르게 정리하며 어깨를 으쓱했다. "월가 사람들, 헤지펀드 사람들, 그리고 테크 업계 사람들이겠죠." 테크인들은 여기에도 있구나, 나는 속으로 생각했다.

　도시란 본래 끝임없이 변화하는 공간이었다. 나는 괜한 권리 의식이 내 안에서 고개를 들려고 할 때마다 그 점을 유념하려고 애썼다. 1980년대 초반 브루클린에 정착한 엄마 아빠도 한때는 그 동네를 변질시킨다고 여겨지던 외부인이었으며, 나 역시 폴란드계와 푸에르토리코계가 모여 살던 그린포인트 지역에서 그들이 쫓겨나는 데 4년 가까이 일조한 사람이었다. 서부로 이사 간 후에도 마찬가지였다. 스스로는 그곳에 잠시 머무는 것이라 생각했지만, 어쨌거나 나는 그곳을 변질시키고 있었다. 서부에서든 동부에서든 자신이 공모자임을 인정하는 일은 소극적 행위에 불과했다. 그것만으로는 무엇도 나아지지 않았다.

도시는 획일화되어가고 있었다. 아마도, 부유한 대도시는 어떠해야 한다고 생각하는 부동산 개발업자의 머리에서 나온 계획이었을 것이다. 개발업자들은 장소를 가리지 않고 뚝딱뚝딱 건물을 지었다. 갓 들어온 자본이 활개를 쳤다. 공유 오피스와 고급 샐러드 가게가 넘쳐났고, 좁은 발코니가 딸린 신축 건물들이 빽빽이 들어섰다. 혼잡한 브루클린 시내를 걷다 보면, 불현듯 내가 목격했던 샌프란시스코 토박이 주민들의 분노와 슬픔 같은 것이 내게도 절절히 와닿았다.

뉴욕에서의 일정이 끝나갈 즈음, 친구 리아를 만나 같이 알고 지내던 음악가 겸 안무가 친구의 공연을 보러 갔다. 공연은 아름답고 독특했으며 강렬했다. 무대 바닥을 우아하게 구르는 무용수들을 보면서, 나는 조금 울었다. 감동하고 들뜬 마음에 흥분이 가시질 않았다. 내 안무가 친구에게도 깊은 감명을 받았다. 창작물의 가치를 제대로 쳐주지 않는 이 세상에서, 예술을 만들고 그걸 중심으로 자기 삶을 꾸려나가다니. 그것도 이토록 우아하고 결연하게. 나는 흥분을 애써 억누르며 옆에 있는 리아를 흘끔 바라보았다. 두 손을 턱에 갖다 댄 채 서 있는 리아는 나보다 훨씬 의연했지만 나와 마찬가지로 압도된 듯 보였다.

공연은 이틀 연속으로 상연되었다. 카메라로도 촬영되어 남앗을 테지만 그것은 왠지 우리만을 위한 공연처럼 느껴졌다. 안무가 친구는 수줍게 상기된 얼굴로 극장 로비에 나와 방습지에 싸인 꽃다발들을 건네받았다. 범상치 않은 옷을 입은 사람들이 일회용 컵에 담긴 와인을 마시면서 감상을 나눴다. 나와 리아는 친구를 안아주며 축하 인사를 건넸다. 그리고 친구를 기다리는 다른 사람들을 위해 얼른 자리를 비켜주었다.

극장을 나와 햄버거를 먹으러 가는 동안, 내 속에선 짜증과 원망이 조금씩 차올랐다. 무언가에 갇혀 있다는 느낌에 좌절감이 느껴졌다. 내가 아끼는 것들을 좀먹고 있는 업계에 내가 스스로 갇혀 있다는 사실이 원망스러웠다. 배은망덕한 소리처럼 들리겠지만, 벤처 펀딩을 받는 스타트업에서 고객 상담 메일을 쓰는 사람이 예술가나 시민 활동가보다 경제적으로 더 안정적이고 나은 보상을 받고 있다는 것이 납득하기 어려웠다. 물론 이것은 새삼스러운 문제가 아니었다. 충분한 보상을 받던 예술가들의 황금기를 갑자기 테크 산업이 파괴해버린 것도 아니었다. 하지만 나는 그것을 새삼스럽게 절감했다. 나는 리아에게 이러한 내 의식의 흐름을 털어놓았고, 택시를 호출하는 리아 옆에 서서 광고 차단 앱과 음악 스트리밍 앱부터 지우겠노라고 구시렁댔다.

"그럼 그냥 관두고 좋아하는 일을 찾아보지 그래?" 우리를 태운 택시가 리아가 일하는 식당으로 가기 위해 윌리엄스버그 다리를 지날 때, 리아가 내게 말했다.

돈과 의료보험 그리고 라이프 스타일 때문이라고, 나는 솔직히 대답했다. 나는 내가 확고한 라이프 스타일을 향유하는 유형은 전혀 아니라고 생각했었다. 하지만 실은 그런 사람이었다. 나는 적어도 지금의 라이프 스타일을 마음에 들어 했다. 테크 업계는 그것이 창조한 세계에 완벽히 들어맞는 소비자로 나를 바꾸어가고 있었다. 단순히 여가 활동을 즐기고 괜찮은 음식을 먹고 프라이빗한 교통수단을 이용하고 문화 활동을 풍부히 누릴 수 있어서가 아니었다. 실리콘 밸리가 적절하게 조성하여 유지하고 있는 업무 문화 역시 포기할 수 없었기 때문이었다. 실리콘 밸리에는 자신의 욕망을 솔직하게 표현하고 실현할 줄 아는 사람들이 뿜어내는 에너지라는 게 있었다. 그 안에 있으면 무한한 낙관에 사로잡혔다.

　"내가 너무 큰 의미를 부여하고 있었던 걸까? 테크 업계가 만든 서사에 내가 너무 몰입했던 거야?" 내가 리아에게 물었다. 나는 실리콘 밸리의 유난스러우면서도 콧대 높은 업무 문화를 떠올렸다. 사람들은 다들 오래 살 작정으로 열심히 몸 관리를 했다. 그리하여 생산성 높은 인력이 되었다. 테크 업계에 종사한다고 해서 대단한 임무를 맡은 게 아니고 로켓선의 자리를 꿰찬 것도 아니며 그저 업무를 하는 것뿐이라는 사실을 인정하기란 무척이나 눈치 보이는 일이었다. 이런 점에서 테크 업계는 출판계와 별반 다르지 않았다. 그저 돈을 벌려고 일한다고 말하는 것은 선을 넘는 짓이었다. 일에 과도한 의미를 부여하는 것은, 어쩌면 테크 업계뿐 아니라 우리 세대 전반의 특징인지도 몰랐다.

일이 시간과 노동력을 돈과 맞바꾸는 거래라는 사실을 왜 이렇게까지 쉬쉬하는 거지? 이미 다들 그렇게 일하고 있는데. 나는 진심으로 궁금했다. 왜 재밌어서 일하는 척해야 하는 거야?

리아가 곱슬한 머리를 끄덕였다. "일리 있는 말이네. 그런데 혹시 네가 너무 강박적으로 생각하고 있는 건 아닐까. 지금 하는 일이 어쩌면 평생 직업이 될 수도 있잖아." 리아는 내 손목을 지긋이 잡고는 다시 자기 쪽 창문에 머리를 기댔다. "그냥 네 인생을 즐기면서 살아도 괜찮아." 창밖으로 도시 풍경이 빠르게 지나갔다. 윌리엄스버그 다리의 케이블 불빛이 불안정하게 점멸하고 있었다.

일주일 후 공항에서 비행기 탑승을 기다리는데, 줄 앞쪽에 서 있는 한 남자가 눈에 띄었다. 어딘가 낯이 익었다. 먼 친척이거나 누군가의 남편 정도 되는 지인 같았다. 꽉꽉 채운 짐가방을 짊어진 채 다가가 보니 뜻밖에도 내가 다녔던 전자책 스타트업의 CEO였다. 그의 옆에는 CPO와 CTO도 있었다. 적나라한 형광등 조명 아래서도 세 사람은 단정하고 활기차 보였다. 그들의 기내 휴대용 가방은 적당한 크기에 아주 깔끔했다. 하필 나는 조금 전 푸드코트에서 터키 샌드위치를 해치운 뒤여서 머스타드 냄새를 약간 풍기고 있었다. 흐트러짐 없는 그들 앞에서 난 이미 기가 죽었다.

그들과 나는 반갑게 인사를 나눴다. 그들이 날 즉각 알아보았다는 점에 조금은 놀랐다. 2년이 넘는 세월이란 스타트업 세계에서는 10년에 가까웠다. 내가 그들과 일한 시절은 머나먼 과거가 되어 있었다. 그들의 전자책 스타트업은 몸집을 불려 1700만 달러를 추가로 투자받았고 여성 직원들과 편집부까지 채용했다고 했다. 심지어 온라인 문예지를 발간하고 있었다. 나는 애써 아무렇지 않은 척했다. 속으로는 그들이 날 정말로 안 좋아했던 건가, 비행기에서는 비즈니스석을 타려나, 같은 생각을 하면서.

　"요즘 뭐해요?" CEO가 특유의 열정적인 투로 물었다. 그들의 소식을 까마득히 놓쳤던 것보다 속상한 부분은, 내가 회사를 차렸다거나 벤처 회사의 주니어 애널리스트로 일한다고 말할 수 없는 현실이었다. 나는 오픈소스 스타트업에서 일한다고 답했다. 그들은 꽤 인정할 만하다는 눈치였다. 그러나 내가 고객지원 업무를 한다고 말하자 표정이 미묘하게 굳었다. 나는 잡지에 책 리뷰를 여러 편 기고하기도 했다고 조심스레 덧붙였다. 요즘 내가 글을 싣는 잡지는 오래전 엄마가 '혼잣말이나 늘어놓는 좌파 잡지'라고 다소 짓궂게 표현했던 바로 그 매체였다. 최근 그 잡지는 새 주인을 맞이한 후로 분주하게 사업을 키워가는 중이었다. 모두가 싫어하는 소셜 네트워크의 억만장자 공동 창업자가 새 주인이었다. 전자책 스타트업 사람들은 당연히 그 공동 창업자를 알 테지만 그 잡지를 읽는 것 같지는 않았다. 그들은 잘해보라는 듯 고개를 끄덕였다.

전자책 스타트업 창업자들은 베이 에어리어에 가는 이유를 얼버무렸다. 그냥 회의가 있다고 했다. 가면 여유 시간이 좀 나느냐는 나의 질문에, 그들은 갔다가 곧바로 돌아올 예정이라고 잘라 말했다. '그래, 그냥 출장이구나. 하긴, 내가 이 사람들이랑 만나서 뭘 하겠어. 또 현장 학습이나 가게?' 대단한 착각이었다. 나는 그들에게 작별 인사를 건넨 뒤 내가 있어야 할 뒷줄로 돌아갔다.

몇 달 후, 검열이 철저한 온라인 게시판에 들어갔다가 그때 그들이 얼버무린 이유를 알게 되었다. 그 전자책 스타트업[22]은 서비스 종료를 앞두고 있었다. 그러니까 그들이 그때 샌프란시스코에 갔던 목적은 사업 종료 건을 두고 투자자들을 만나기 위해서였다. 그 회사는 거대 검색 엔진에 매각되었다. 소문으로는 수천만 달러 규모의 어크하이어[23]였다고 한다.

샌프란시스코에 도착하고 나니, 익숙한 도시의 아름다움과 친근한 미적 취향이 새삼 강렬하게 다가왔다. 거리에서 마주친 지식 노동자의 절반이 나처럼 얇은 캐시미어 스웨터를 입었고 내 것과 똑같은 가느다란 테의 안경을 썼다. 어떤 사람들과는 틴

22. 오이스터Oyster라는 전자책 스타트업으로, 구글에 인수된 뒤 2016년에 서비스를 종료했다.
23. acquihire. 인수하는acquire 동시에 고용한다hire는 뜻으로, 주로 대기업이 인재 확보의 일환으로 스타트업을 통째로 인수하는 경우를 가리킨다.

트와 파운데이션 종류까지 일치했다. 우리는 똑같은 메모리폼 매트리스를 썼고 그로 인한 허리 통증을 호소했다. 아파트마다 똑같은 가구가 놓였고 똑같이 하얀 페인트를 벽에 칠했다. 똑같은 도자기 화분에다가 잘 죽지 않는다는 식물을 하나씩 키웠다.

효율성은 소프트웨어의 핵심 가치를 이루는 동시에 현세대의 소비를 혁신시켰다. 실리콘 밸리는 개인주의 스타일을 고취했다고 할 수 있으나 넓게 보면 획일한 집단을 탄생시켰다고도 볼 수 있었다. 벤처 펀딩을 받아 온라인을 통해서만 소비자와 직거래하는 유통 업체들은 친근한 홍보 문구를 내세워 돈 많고 씀씀이가 헤픈 소비자들에게 구애했고, 우리는 그런 말들에 계속해서 반응했다.

소비자와 직거래하는 회사들은 면 티셔츠부터 칫솔, 고무나무, 발진 진정 크림, 영양 크림, 가죽 가방, 식사 대용품, 짐가방, 리넨 의류, 콘택트렌즈, 과자, 염색약, 운동복, 손목시계, 비타민 등을 팔았다. 전국 곳곳에서 퇴근 후 지친 부모나 특별한 날 메뉴를 고민하는 사람들이 배달 스타트업에서 음식을 주문했다. 똑같이 생긴 종이 박스를 배달받고, 똑같이 생긴 일회용 용기들을 내다 버리고, 똑같이 생긴 그릇을 앞에 두고 식사했다. 결정 피로DECISION FATIGUE를 말끔히 지워주는 것에 비하면 획일성이라는 대가는 작게 느껴졌다. 그 덕에 우리는 일이나 다른 수고로운 것들에 더 신경을 쓸 수 있었다.

회사 인프라 엔지니어들의 간증에 넘어가 하룻밤 사이에 체형 교정 맹신론자가 되어버린 나는, 매리노 울[24] 소재의 수수한 단색 운동화를 한 켤레 주문했다. 커피숍에서, 노 캐시 푸드트럭의 대기 줄에서, 소셜 미디어 홍보 피드에서 보았던 신발이었다. 마치 어린아이가 그린 신발처럼 단순해 보였지만, 막상 신으면 말도 안 되게 편안했다. 그런데 왠지 나는 그 신발을 신고 외출하는 것이 자기애의 극단적인 실천 같기도, 혹은 그것의 정반대 행위 같기도 했다. 결국 그 신발은 현관에 덩그러니 놓인 채, 내 탐미벽의 종말을 기념하는 물건으로 남게 되었다.

24. merino-wool. 일반 양모보다 가늘고 부드러우며 탄력이 우수한 고품질 양모.

# 효율성

하루는 마이크로블로그 플랫폼을 무심코 들여다보다가 한 스타트업 창업자라는 사람이 쓴 글을 읽게 되었다. 그는 7만 명의 자기 팔로워에게 책이란 자고로 짧고 굵어야 한다는 주장을 펼치고 있었다. '이 세상이 간결함의 가치를 높게 쳐주지 않는 건 애석한 일이다. 책이 짧아지면 그만큼 학습 속도가 효과적으로 높아진다. 달리 말하자면, 요즘 나오는 책들은 우리가 학습하는 속도를 *반토막* 내고 있다는(어쩌면 그보다 더 늦추고 있다는) 얘기다. 어이없지 않은가!'

나야말로 어이가 없었다. 테크 창업자들은 삶을 풍성하게 만드는 음악과 책과 서브컬처를 깎아내리지 못해 안달이었다. 독서라는 게 단순히 정보를 주입하는 일이 아닌데도 말이다. 테크 업계에 팽배한 효율성 페티시는 정말 지긋지긋했다. 그가 괜히 사람들을 더 부추긴다는 생각이 들었다. 나는 그의 게시글을 캡처한 다음 저격하는 듯한 의견을 덧붙여 공유했다. '테크 업계는 내가 사랑하는 것들을 이제 그만 망치려 들 필요가 있다.'

보통 나는 소수의 친구들과 책에 관한 잡담을 나누는 목적으로 소셜 미디어를 사용하곤 했다. 그런데 내가 올린 그 글이 일파만파 퍼져 나가기 시작했다. 무척 당황스러웠다. 이렇게까지 주목받아본 적이 없기도 하거니와, 애초에 관심을 바란 적도 없었다. 나는 늘 관망하는 편이 좋았다. 눈에 띄지 않으면 더 좋았고. 게다가 내가 뭐 대단한 일을 한 것도 아니지 않은가?

나는 그 창업자의 프로필 페이지를 클릭해 둘러보았다. '낙관주의자이자 오류 긍정주의자입니다.' 계정 소개란에 'CEO'라는 직책명과 함께 이런 글귀가 적혀 있었다. 프로필 사진은 프로페셔널해 보이는 증명사진이었다. 사진 속 그는 어깨를 비스듬히 내밀고 있었는데, 헐렁한 면 티셔츠 위로 쇄골이 돋보였다. 내가 알기로 이런 증명사진을 찍는 부류는 할리우드 영화나 제약 광고 오디션을 준비하는 배우 지망생들뿐이었다. 사실 그도 오디션에 어울려 보였다. 잘생긴 데다 자신감까지 가득 차 보였으니까. 사진작가가 그에게 부드러운 눈빛을 요구하며 똘망똘망하되 친근한 표정을 지어보라고 주문하는 소리가 귓전에 들리는 듯했다.

낙관주의자라. 어떤 낙관을 얘기하는 거지? 볼테르, 토머스

제퍼슨, 오스카 와일드의 낙관 중 무엇일까? 나는 인터넷 검색
창에 '낙관에 관한 오스카 와일드의 명언'을 검색했다. 그러자
"낙관주의의 밑바닥에는 순전한 공포가 있다"라는 문장이 나왔
다. 나는 그 말에 전적으로 동의했다. 다음으로는 '오류 긍정주
의자'를 검색해보았다. 철학과 중세 수학에 관한 웹사이트가 나
왔다.

　　낙관주의자이자 오류 긍정주의자인 CEO의 이름을 검색하
니, '여자친구'와 '순 자산'이 자동 연관 검색어로 떴다. 그는 자신
의 소셜 미디어에 물리학자와 테크 전문가의 전기를 정성껏 올
리고, 기차나 자전거를 타고 다니며 찍은 광활한 풍경 사진을 공
유했다. 나이는 나보다 적었는데, 그런 건 이제 놀랄 일도 아니
었다.

　　검색창을 닫으려는데 그가 10대 시절 가톨릭 학교의 교복
차림으로 찍은 사진 한 장이 눈에 들어왔다. 그는 스웨터 안에
넥타이를 얌전히 넣고서 권위 있는 과학 대회에서 받은 트로피
를 번쩍 들고 있었다. 그는 수줍어하면서도 스스로를 자랑스러
워하고 있었다. 고등학교 시절 내 친구들 같았다. 나도 모르게
미소가 지어졌다.

　　CEO는 처음에 아무 대응도 하지 않았지만 나는 추가로 글
을 올렸고, 그를 향한 사과의 메시지에 그의 계정을 태그했다.
그는 곧바로 답변을 보내왔다. 우리의 의견 차이는 수차례의 이
메일 토론으로 이어졌다. 그리고 끝내는 그가 나를 점심 식사에

초대했다.

몇 주 후 약속 당일, 나는 그의 회사가 있는 미션 디스트릭트로 자전거를 타고 갔다. 10대 같은 치기와 헛된 구원자 콤플렉스가 발동한 나는 그에게 줄 책을 한 아름 챙겨 나왔다. 저마다 나의 미적·정치적 성향에 부합하는 책들이었다. 소셜 미디어 인플루언서와 말을 섞게 되었으니, 이참에 그를 설득하고 나아가 그에게 '예술'을 제대로 소개해주자는 마음이 동했던 것이다. 또 그 책들은 그의 관심사와도 맞아떨어졌다. 모두 짧은 책들이었으니까. 특히 책더미 맨 위에 놓인 《감옥은 정말 쓸모없는가?》[25]는 내가 골랐지만 참 잘 골랐다 싶은 책이었다. 권력을 향해 진실을 설토하고 잘나가는 남자 앞에서 불만을 성토하게 된 것에 마음이 설렜다.

CEO는 회사 로비에서 나를 맞이한 뒤 자신을 패트릭이라고 소개했다. 마른 몸과 주근깨 피부, 투명한 푸른색 눈동자와 곱슬거리는 더벅머리까지, 사진으로 보던 것보다 훨씬 덜 부담스러웠고, 잘나가는 남자치고는 공손해 보였다. 그는 활동하기 편한 경량 재킷과 스니커즈 차림이었다. 우리는 카페의 야외 벤치로 자리를 옮겼다. 그리고 렌틸콩 샐러드를 먹으며 마이크로블로그 플랫폼에서 한바탕 나눴던 대화를 반복했다.

---

25. 《Are Prisons Obsolete?》. 미국의 사회운동가 앤절라 Y. 데이비스의 2003년 저서. 미국 감옥 산업의 문제점을 지적하며 교도소 폐지 운동에 관한 논의를 본격화했다.

놀랍게도 나는 그가 마음에 들었다. 그는 냉소적이면서도 매우 매력적이었다. 무엇보다 완전한 문장을 유창하게 구사했다. 우리는 기업에 서비스를 파는 회사들에 대한 의견을 주고받고, 요즘 읽고 있는 책에 관해 토론하고, 어린 시절 이야기를 공유했다. 그는 어릴 때 시골에 살면서 수도사에게 고대 그리스어를 배운 경험담과, 첫 스타트업을 차리고 지금의 회사를 차리기까지 방황하고 헤맸던 시절의 이야기를 들려주었다. 나중에 그가 똑같은 일화를 언론 인터뷰에서 여러 번 재탕한 것을 알았을 때는 약간의 배신감을 느끼기도 했다. 나는 그처럼 자신의 성장 스토리가 세간에 널리 알려진 사람들에게 익숙하지 않았을뿐더러, 그런 걸 계속해서 질문받는 사람을 겪어본 적도 없었다.

나는 패트릭에게 요즘 하고 있는 책 리뷰 일에 대해 이야기해주었다. 그는 그 일을 풀타임으로 하고 싶은 거냐고 물었다. 나는 그건 아니라고 답하면서 회사의 의료보험이 황금 수갑과 같다며 농을 쳤다. 그러자 그는 의료보험 때문에 일을 그만두지 못하고 목표를 좇지 못하는 거냐고 다시 물었다. 나는 행여나 그가 의료보험을 대신 내주겠다고 제안할까 봐 얼른 아니라고 말했다. 내가 목표를 좇지 못하는 이유는, 내 목표가 뭔지 나도 모르기 때문이었다.

"아." 그는 렌틸콩을 생분해 용기 테두리로 밀어내며 반응했다. 나는 서둘러 말을 덧붙였다. 지금 직장에서 바라는 것들이 있다고 말이다. 나는 머리 쓰는 일을 좋아했고 그 일을 똑똑하고 호기심 많은 사람들과 함께 하고 싶었다. 또 장기 프로젝트에 참여하고 싶었다. 중요한 일을 하고도 싶었다. 내가 14년간 배운 인문학적 소양과 중상위 계층스러운 출세 지향적 메시지를 버무려 열변을 토하는 동안, 그는 내 말을 잠잠히 경청했다. 두서없는 말들이 그치고, 우리 둘은 잠시 말없이 거리를 바라보았다.

나와 패트릭은 내 자전거가 세워진 곳으로 걸어갔다. 나는 그의 회사 입구에서 그에게《감옥은 정말 쓸모없는가?》를 건넸다. 그는 좋아했다. 평소 미국의 감옥 산업 단지에 관심이 많았다고 했다. 미국의 감금 제도야말로 현대 사회의 가장 부끄러운 부분이라고, 훗날 역사가 우리를 손가락질할 것이며 이런 평가가 지당하다고 말이다. 그가 대학 중퇴자임을 알고 있던 나는, 대학 수강 때 받았던 감옥 산업에 관한 강의 요약 안내서를 보내주겠다고 제안했다. 그는 남은 아이스티를 마저 비웠다.

그의 회사 직원들이 보이기 시작하자 분위기가 달라졌다. 우리 둘 사이의 거리가 느껴졌다. 패트릭은 자기 회사를 운영하는 사람이었고, 나는 회사에서 카피라이팅과 고객지원 업무를 담당하는 직원이었다. 나는 인터넷에서 그를 저격한 사람이었고, 그는 그런 내게 점심을 사주러 시간을 낸 사람이었다. 우아함이 흘러넘치는 그와 달리 나는 하찮고 흐리멍덩한, 삶의 목적도 없는 그저 그런 사람이었다. 나는 그가 회사에서 어떤 보스일지가 궁금해졌다.

우리는 흡사 입사 면접관과 지원자처럼 길게 악수한 뒤 앞으로 연락하고 지내자는 인사말을 주고받았다. 물론 그를 다시 못 볼 가능성이 더 컸다. 하지만 나는 여전히 그에게 묻고 싶은 게 많았고 할 얘기도 많았다. 고대 그리스어를 아는 감옥 폐지론자라니, 흔히 볼 수 없는 유형의 테크 창업자였다. 나는 자전거를 타고 노숙자 천막과 낡은 전차를 지나, 안개를 헤치며 집으로 가는 오르막을 올랐다.

　　게시판 논객들은 열심히 일하는 사람과 똑똑하게 일하는 사람 중 누가 더 많은 보상을 받아야 하는지를 두고 토론했다. 그들은 참 놀라운 방식으로 질적인 것들을 정량화했다. 들어본 적 없는 한 회사의 데이터 과학자가 글을 올렸다. '이건 간단한 산수 문제입니다. 월요일부터 금요일까지는 일주일의 71퍼센트죠. 그런데 업무는 71퍼센트의 노력만으로 다 처리할 수 없어요.' 나는 침대에 벌거벗고 누워 업무용 노트북으로 회사 이메일 수신함과 토론 게시판을 번갈아가며 확인했다.

　　사람들은 번아웃이 실제로 존재하는 현상인지에 대해 토론하다가, 번아웃의 경제적 효과에 대해 이야기하기 시작했다. 그리고 일 미루기가 창의성을 자극한다는 통속 과학 기사의 링크를 퍼다 날랐다. 어떤 사람들은 중국에서 시행된다는 '996' 업무 스케줄, 즉 9시부터 9시까지 주 6일 일하는 방식을 선망했다. 한편 몇몇은 아동의 성격 형성기가 아주 중요하다면서, 그 시기를 지나는 어린 자녀들과 시간을 보내는 것의 효용을 고민했다.

또 남자들은 테크 업계에서 퍼큐 머니[26]가 되어주는 스톡옵션의 역할에 대해 이야기했다. '자립에 도움이 되죠. 개인적 리스크를 감수할 자유를 주기도 하고요.' 내게 리스크라는 개념은 돈과 무관했다. 내게 리스크란, 생리 기간에 하얀 바지를 입는 것, 비행기에서 커피를 마시는 것, 히치하이킹하는 것, 콘돔 없이 관계 맺는 것 정도였다. 이 남자들은 나와 전혀 다른 세상에 살고 있는 듯했다. 자칭 탑 퍼포머[27]라는 사람은 이렇게 말했다. '스톡옵션은 레버리지 같은 겁니다. 회사 경영진과 이사진 앞에서 막 나갈 수 있게 해주죠.'

퍼큐 머니는 일종의 유행어이자 동기 부여의 단어, 라이프스타일 그 자체였다. 자유주의를 얄팍하게만 알고 지지하는 사람들에게 퍼큐 머니는 미국적 자유의 상징이기도 했다. 한 스타트업 창업자는 자기 회사 블로그를 통해 퍼큐 머니는 마음가짐이자 태도라고 주장했다. 문제는 돈이 아니라고, 어느 정도는 돈이 있어야 하지만 중요한 건 그게 아니라고 했다.

훗날 성희롱 혐의를 받게 된 어느 벤처 캐피털리스트는, 맞장구랍시고 태국에 가면 퍼큐 머니로 더 많은 걸 할 수 있다고 떠들었다. 그의 계산법에 따르면, 동남아에서 100만 달러만 있으면 못 할 게 없었다. '어쩌면 몇십만 달러로도 충분할지 모릅

26. fuck you money. 마음만 먹으면 언제든 회사를 때려치울 수 있도록 해주는 여유 자금.
27. top performer. 동일한 환경에서도 주변 사람들보다 뛰어난 실적을 내는 직원.

니다.' 그가 적었다.

한편 퍼큐 머니를 얻을 수 있다는 달콤한 유혹이 과연 스타트업 직원들에게 적절한 인센티브인가 하는 논쟁도 불거졌다. 상상 속 동물을 연상시키는 닉네임의 누군가가 글을 올렸다. '나는 그런 전제에 동의할 수 없습니다. 우리가 단지 돈 때문에 일한다고요?'

나는 패트릭과 다시 만났다. 우리는 버널 힐[28] 끝자락에 있는 식당에서 저녁을 먹으며 온라인에서 끝내지 못한 토론을 이어갔다. 그다음에는 미션 디스트릭트에서 만나 지난번에 하던 대화를 이어갔다. 또 그다음에는 아우터 선셋[29]에서 저녁을 먹었다. 그쯤 되자 서로가 아주 편해져서 스스럼없이 말들이 오갔다.

패트릭은 창업가에 대한 내 편견을 깨부쉈다. 그는 컨퍼런스 무대에서나 온라인 공간에서 자신을 뽐내려는 욕구가 거의 없어 보였다. 그가 직원들을 닦달하거나 술을 원샷하는 모습은 상상이 가지 않았다. 패트릭을 만나본 친구들은 종종 그를 대학원생으로 착각했다.

일 이외의 관심사 면에선 우리 사이에 공통점이 많지 않았다. 하루는 저녁에 인디 공연장을 지나는데, 패트릭이 공연장 밖을 서성이는 아트 펑크족을 보며 무미건조하게 말했다. "요즘

---

28. 샌프란시스코 남쪽에 있는 언덕으로, 도시 전경을 한눈에 내려다볼 수 있다.
29. 샌프란시스코의 서쪽 연안을 따라 조성된 동네로, 안개가 많기로 유명하다.

애들은 이런 데서 노는가 보네요." 사실 내게는 익숙한 공간이었다. 있는 척할 필요도, 무언가를 꾸며낼 필요도 없는 곳. 그는 서브컬처와는 전혀 상관없는, 순전히 시력 교정을 위한 가느다란 테의 안경을 썼다. 그는 다방면으로 아는 게 많았다. 나는 그의 의견이 늘 궁금했다.

우리는 패트릭이 당일 예약을 잡기 편하도록 뉴아메리칸풍의 고급 식당들에서 주로 만났다. 그런 식당은 천연 섬유와 아카시아 향, 적당히 화려한 꽃들로 꾸며졌다. 리넨 치마를 두른 마른 몸의 웨이트리스들, 30-40대 커플들, 투박한 앵클부츠를 신고 손에는 수수한 약혼반지를 낀 여자들, 빙하 횡단 대원처럼 차려입은 남자들이 그 공간을 채웠다. 또 어딜 가든 회식을 하러 온 스타트업 직원들이 다른 손님을 방해하지 않을 만큼 적당히 구석진 자리에서 최소한 한 테이블씩은 차지하고 있었다.

샌프란시스코는 바야흐로 맛집 르네상스를 지나는 중이었다. 젊은 부자들의 이목을 끌기 위한 경쟁이 치열했다. 요리사들은 자기들끼리 경쟁하는 게 아니라 고급 사내 식당 그리고 레스토랑급 음식을 배달하는 앱이 촉발한 소비자들의 시큰둥함과 맞서 싸워야 했다. 레스토랑들은 멸치 튀김을 고급 메뉴인 것처럼 내놓는가 하면 사워 도우 조각을 기적의 음식인 것처럼 판매하는 등 온갖 방법으로 차별화를 시도했다. 제정신 같지 않은 음식이 팔렸다. 식사를 마치고 나면 테이블 촛대 밑에 숨겨져 있던, 근사한 형태로 녹은 치즈 디저트가 등장했다. 통메추라기 구

이를 넣은 빵도 팔렸다. 음식은 강렬했고 필요 이상으로 감각적
이었다. 이를테면 훈제 옥수수 껍질이 들어간 계란찜, 감자튀김
절임, 그린빈과 체리를 넣은 부라타 치즈 같은 것들. 어떤 음식
은 반드시 손으로 집어 먹어야 했다. 어떤 음식은 소셜 미디어에
서 유명해졌고 갈망의 대상이 되었다.

　격식 있는 자리에서 식사한 여러 번의 만남 이후로는 좀 더
공적인 형태의 우정이 시작되었다. 우리는 짬을 내서 만나곤 했
다. 7시 조찬 회의에 들어가야 하는 그와 6시에 만나 함께 하이
킹을 하는 식이었다. 그러다 마침내 나는, 패트릭에게 있어 나와
의 약속은 시간을 보내기 위한 하나의 일과에 불과했음을 깨달
았다. 하루 일정 중 개인 시간을 보내는 고정 일과였던 것이다.

　힘 있고 잘나가는 사람과 왜 가까이 지내느냐고 추궁하기
란 쉽다. 하지만 그게 막상 본인의 경우라면 이야기가 달라진다.
나는 패트릭이 회사 대표라는 사실을 크게 신경 쓰지 않았지만
다른 사람들은 그렇지 않다는 것을 알고 있었다. 나는 그가 나와
친해지려고 한다는 사실에 우쭐했고, 그가 날 위해 시간을 쓴다
는 사실에 놀라기도 했다. 그와의 관계는 내 안의 못난 면모를
끄집어냈다. 나는 다른 친구들이라면 따끔히 지적했을 부분도
그라면 눈감아주었다. 그는 소통에 능한 부류는 아니었고, 퉁명
스러운 구석이 있었으며, 상대에게 시간을 오래 잡아먹는 일을
아무렇지 않게 요구하는가 하면, 피드백을 깜빡하기도 했다. 그
는 내 친구를 불러 면접을 보아놓고는 그 후로 깜깜무소식이었

다. 무안하고 짜증이 났지만 나는 아무 말도 하지 않았다. 패트릭은 신경 써야 할 사람이 많았고 참석할 회의도 여럿이었으며 비행기를 타고 출장을 숱하게 다녀야 했으니까. 부서 관리, 임원진 채용, 투자자 관리까지 전부 그의 몫이었다. 물론 그의 시간이 내 시간보다 귀중하지 않았고, 그의 삶이 다른 누군가의 삶보다 중요하지도 않았다. 하지만 이 생태계를 지배하는 조건에 따르면, 그의 것은 우리의 것보다 더 가치 있어 보였다.

함께 저녁을 먹기로 한 이안을 만나러 미션 디스트릭트를 지나다가 이전에 다녔던 데이터 분석 스타트업의 고객지원 엔지니어와 우연히 마주쳤다. 그는 날 안으며 '전우'라는 표현을 썼다. 그에게서 망고맛 담배 냄새가 풍겼다. 나는 그가 진심으로 한 말인 줄 모르고 웃어넘겼다. "더러운 꼴 같이 보던 사이잖아. 네가 세상 끝난 것처럼 엉엉 울 때 내가 안고 달래줬었는데." 그는 좋은 사람이었지만, 그렇다고 내가 그 사람 품에 안겨서 운 적은 없었다. 울 때는 늘 화장실에 들어가 혼자 처리했으니 그런 일은 애초에 있을 수 없었다. 내가 그렇게 말하자 그는 어깨를 으쓱했다. "기억할 리가 있나? 거기서 그런 일은 비일비재했으니까." 나는 얼마 전 그 회사로의 복직을 고민했었단 것을 그에게 말하지 않았다.

우리는 지나다니는 직장인, 쇼핑객, 개인 물품을 카트에 싣고 가는 여성에게 길을 내준 뒤 거리 한쪽에 서서 주머니에 손을 찔러 넣은 채 이야기를 나눴다. 그는 퇴사했다고 했다. 눈이 커다란 독학 천재 CTO도 회사를 떠난 후였다.

"주식을 꽤 많이 되팔았다던데. 벼락부자가 됐을 거야. 장담해." 그 CTO가 정말 주식을 팔아 거액을 벌었는지는 알 수 없었으나, 그 소문은 꽤 그럴싸하게 들렸다. 우리가 꿈꾸던 일이 누군가에게, 그것도 우리가 실제로 알고 있고 호감을 갖고 있는 누군가에게 일어났다니 왠지 짜릿했다. CTO는 경영 직함을 달고 있긴 해도 늘 우리와 같은 부류로 느껴졌었다.

"그 사람 이제 뭘 할 거래?" 내가 물었다. 그 사람이라면 게임을 직접 개발할지도 몰랐다. 그의 앞날이 기대되었다.

고객지원 엔지니어는 잠시 생각하더니 말했다. "좋은 질문이군. 내 생각엔, 아무것도 안 하고 놀 것 같아."

# 미래상

나는 서비스 약관 팀에 합류했다. 법적으로 해결해야 할 만큼 심각한 문제가 빈번히 발생하고 논란성 콘텐츠에 대한 항의가 빗발치자 이를 해결하기 위해 새로 만들어진 부서였다. 기본적으로 오픈소스 플랫폼은 파일 호스팅 서비스였다. 사용자는 그곳에 텍스트, 이미지, 동영상, 문서 따위를 올릴 수 있었다. 인터페이스만 비프로그래머들에게 낯설 뿐 여느 소셜 테크놀로지와 같이 사용자가 생성하는 무료 콘텐츠에 의존했고, 유용하게 쓰이는 동시에 악용되었다.

서비스 약관 팀은 저작권 및 상표권 침해 사례와 스팸 콘텐츠를 처리했다. 사용자가 사망한 경우와 온라인아동개인정보보호법 위반 사례를 맡아 해결하기도 했다. 기존의 해즈맷 사람들이 담당하던 위험물 처리반의 역할까지 떠맡아 위협을 감시하고 암호화폐 사기, 피싱 사이트, 자살 암시 글, 음모론 따위를 제거했다. 만리장성 방화벽[30] 우회 시도가 감지되면 그걸 해결하느라 애를 먹기도 했다. 러시아 정부라고 주장하는 발신인에게서 이메일이 오면 그 내용을 번역기로 번역한 다음 물음표 이모티콘을 잔뜩 붙여 사내 법무팀에 전달했다. 괴롭힘, 리벤지 포르노, 아동 포르노, 테러리스트 연관 콘텐츠 등에 대한 신고를 꼼꼼히 추려냈다. 악성 소프트웨어나 스크립트를 확인하기 위해 동료 엔지니어들의 통신 상태를 시험했다.

그렇게 우리는 콘텐츠 검열자가 되었다. 나와 팀원들은 콘텐츠 정책의 필요성을 절감했다. 팀원들은 사려 깊고 영리했으며, 주관이 뚜렷했지만 동시에 공정했다. 하지만 그렇다고 해서 우리가 플랫폼을 대표해 발언하는 것은 불가능했으며, 우리에게 그럴 자격이 있는 것도 아니었다. 우리는 되도록 산뜻하게 통제해야 했다. 오픈소스 소프트웨어 커뮤니티의 핵심 사용자층은 기업의 감시에 민감하게 반응하는 사람들이었다. 우리는 과도한 힘을 휘둘러서 그들의 기술 유토피아주의를 해치고 싶지 않았다.

우리는 인권과 표현의 자유, 창의성과 평등을 옹호하는 편에 서고 싶었다. 그러면서 동시에 초국가적 플랫폼을 지향했다.

---

30. Great Firewall of China. 중국이 자국민 검열을 위해 개발한 인터넷 방화벽으로, 외국 웹사이트로의 접근을 차단하는 식의 규제를 가한다.

우리 가운데 국제 인권에 대해 모순 없는 입장을 표명할 수 있는 사람이 과연 몇이나 있을까? 우리는 각자의 아파트에 앉아 한 전자제품 회사에서 구매한 노트북을 두드렸다. 그 하드웨어 회사는 다양성과 자유를 옹호하는 기업 문화를 자신들의 매력으로 내세웠지만 콩고 어린이들이 캐낸 구리와 코발트를 원료로 쓰는 중국의 노동 착취 공장에서 제품을 제조했다. 또 우리는 한 명도 빠짐없이 북미 출신이었고, 백인이었으며, 20대 아니면 30대였다. 이러한 특징이 개개인의 도덕적 결함일 수는 없지만 그렇다고 자랑도 아니었다. 우리는 사각지대가 있다는 것을 늘 의식했다. 사각지대는 계속 존재했다.

　　우리는 정치적인 것과 정치적 관점을 갖는 것, 폭력적인 사람을 찬양하는 것과 폭력을 찬양하는 것, 무언가를 논평하는 것과 선동하는 것의 차이를 구분하고 그 사이에 선을 그으려 애썼다. 트롤 집단의 교묘한 반어법을 해독하려고 노력했다. 그 과정에서 실수를 저지르기도 했다.

　　결정을 내리는 일은 복잡하고도 모호한 과정이었다. 콘텐츠의 내용 자체는 물론 해석하는 시각에 따라 결정이 달라졌다. 포르노그래피만 해도 회색 지대가 존재했다. 젖꼭지가 노출된 맥락을 살피되 너무 꽉 막힌 도덕 잣대를 들이대서는 안 되었다. 젖을 먹이는 여성을 담은 예술 사진이, 말도 안 되게 큰 가슴에서 젖이 뿜어져 나오는 애니메이션 캐릭터 그림과 같을 순 없었다. 하지만 과연 예술이란 무엇이며 누가 그걸 정의하는 걸까?

중요한 건 의도다. 우리끼리 자주 나누었던 말이다. 예컨대 성교육 웹사이트의 자료를 보관하는 저장소는 문제 될 게 없었다. 하지만 동시에 그것을 담는 플랫폼은 교육적 의도를 갖고 있어야 했다. 패키지 매니저 툴을 찾던 사람들이 성기 사진이 잔뜩 담긴 폴더를 우연히 발견하는 일은 없어야 했다.

우리가 제공하는 플랫폼에 포르노나 네오나치스러운 잡소리가 넘쳐난다는 것을 회사 경영진이 과연 알고 있을지 가끔은 의구심이 들었다. 고객지원 팀에서 일하는 선의의 직원들, '우수한 판단력'과 '디테일을 놓치지 않는 꼼꼼함' 같은 무형적 자질을 높이 평가받아 고용된 그 사람들이 표현의 자유에 대한 회사의 입장을 확실히 규명하고 관철할 것을 법무팀에 수시로 요청하고 있다는 것을 알고는 있을까.

회사 사람들은 회사의 툴이 얼마나 쉽게 악용되고 있는지 대부분 모르는 듯 보였다. 내가 속한 팀의 존재조차 알지 못하는 듯했다. 물론 그들의 잘못은 아니었다. 우리 같은 사람들은 워낙 눈에 띄질 않으니까. 900만 명의 플랫폼 사용자를 상대하는 네 명의 직원에 불과했으니까.

라틴계, 신경다양성, 40대 이상, 인턴, 퀴어, 논바이너리[31], 흑인 등 주제에 따른 회사 채팅방 목록은 갈수록 늘어났다. 사내

31. non-binary. 남성과 여성으로만 나뉘는 이분법적 젠더 규정을 거부하는 사람 또는 그러한 젠더 정체성을 지칭하는 말.

다양성 위원회를 이끌던 컨설턴트가 '소셜 임팩트'라 불리는 신설 팀을 총괄하는 부사장으로 들어와 풀타임으로 일하게 되었다. 그녀를 중심으로 회사는 점차 다양성을 확대해갔다. 활동가들이 합류했고, 그중에는 한때 이 회사를 가장 맹렬히 비판하던 사람들도 있었다.

다닐로도 그런 사람 중 하나였다. 사실 그는 하마터면 능력주의의 화신이 될 뻔한 사람이었다. 푸에르토리코의 싱글맘에게서 태어나 임대주택에서 자랐고 어릴 적 코딩을 독학했다고 했다. 그는 실리콘 밸리의 강인한 개인주의 내러티브를 대놓고 경멸했다. 벤처 캐피털리스트 무리와 소셜 미디어에서 날뛰는 기술 자유주의자들을 조롱하는 일에도 거리낌이 없었다. 그의 등장에 몇몇 동료는 바짝 긴장했다.

다닐로가 제시한 테크 산업의 미래상은 신선했다. 다들 그러듯 그 역시 파괴를 이야기했지만, 그 파괴의 대상이 바로 실리콘 밸리였기 때문이다. 그는 테크 산업에 참여하는 데 필요한 비용이 빠르게 하락하고 있다는 점을 자주 지적했다. 교육과 하드웨어에 드는 비용이 낮아지고 툴에 대한 접근성이 높아지면서, 더 많은 사람이 참여할 수 있게 되었다고 했다. 앞으로는 제품과 기업이 점점 더 다양성을 꾀하고 권력 구조가 달라질 것이었다. "완전히 새로운 세대의 기술 전문가들이 우리가 만들어놓은 시스템을 건너뛸 거예요." 어느 오후, 그가 텅 빈 사내 행사장의 무대에 함께 앉아 일하고 있던 나에게 이렇게 말했다. "지금 우리는 사회를 변화시킬 수 있는 어마어마한 영향력을 갖고서 이 공간에 있죠. 그런데 고속 통신망과 함께 자라난 우리 다음 세대는 우리와 전혀 다른 집단이에요. 곧 그들이 와서 모든 걸 파괴할 거라고요." 벤처 캐피털리스트마저 결국엔 파괴되어 쓸모없게 될 거라고 했다. 나는 업계에 대한 비관을 미래에 대한 낙관으로 바꾸어가는 그의 이야기에 매료되었다.

늦가을, 소셜 임팩트 담당 부사장이 주택도시개발부 장관의 회사 방문을 주선했다. 회사는 저소득층 주택에 고속 인터넷, 컴퓨터, 교육 프로그램 등을 보급하여 디지털 격차를 메우는 정부 프로젝트에 얼마 전부터 참여하게 된 터였다. 그 일과 관련하여 나도 워싱턴 D.C.로 일주일간 출장을 가 회의에 참석했었다. 그때 나는 초국가적 디지털 사회의 지도층을 자처하는 테크 업계 사람들이 아닌 선출직 공무원들이 기술을 통한 변화를 이야기하는 모습에 깊은 인상을 받았다.

장관이 방문하는 날, 회사는 부산스러웠다. CEO는 사내 게시판에다 '진짜' 비밀경호국 사람들이 온다는 점을 모두에게 주지시켰다. 홍보 담당자들과 여러 등급의 보안 요원들이 장관을 수행하며 회사를 돌아다녔다. 그걸 보는 소셜 임팩트 팀원들은 잔뜩 긴장하고 들뜬 기색이었다. 우리 회사 보안 요원들이 입은 문어냥 셔츠와 달리 웃음기 쫙 뺀 비밀경호국 사람들의 점잖은 양복과 브로치는 실로 위압적이었다.

"설마 집무실까지 보여주진 않겠지?" 내가 옆에 있던 동료에게 물었다. 그녀는 눈을 질끈 감았다. "진짜 쪽팔린다."

예정된 시간에 전 직원이 3층에 있는 계단식 강당에 모였다. 헐렁한 티셔츠에 신발을 질질 끌고 나온 나와 동료들의 모습을 보고 있자니, 우리가 너무 성의 없고 무례했나 싶은 생각이 들었다. 중간 관리자들이 바삐 움직이며 직원들에게 앉을 곳을 지정해주었다. 회사에서 이렇게나 많은 직원을 본 것은 지난 연말 파티 이후 처음이었다.

다닐로가 나와서 짤막한 발표를 시작했다. "인터넷 기술은 성장을 촉진하고 계층 벽을 허뭅니다. 글로벌한 교실이자 공동체라 할 수 있습니다." 사내 변호사 한 명이 멍한 얼굴로 미니 초콜릿 바를 먹고 있는 모습이 흘끗 보였다.

"무엇보다 인터넷은 21세기의 번영으로 우리를 이끌 것입니다. 기술 전문가로서, 저는 인터넷의 혜택이 모든 사람에게 돌아가도록 해야 한다는 도덕적 책임감을 느낍니다." 부스럭거리는 봉지 소리에 이어 땅콩버터가 발린 초콜릿 바가 똑 부서지는 소리가 났다. 변호사는 정면을 응시하며 초콜릿 바를 씹어 삼켰다.

소셜 임팩트 담당 부사장과 장관이 프로젝트를 주제로 대담을 나눴다. 그들에 따르면 미국 가정의 4분의 1이 컴퓨터를 갖고 있지 않으며, 디지털 문해력의 격차는 곧 기회의 격차로 이어지고 있었다. 정장에다 가죽 구두를 신은 장관은 정치인답게 세련되고 극현실적으로 보였다. 그는 이 자리에 어울리지 않았다. 공직자로서 열심히 사다리를 오르고, 평판을 쌓고, 언행을 조심하고, 맞춤 정장을 해 입는 어른이 실리콘 밸리의 갓 떠오른 권력자들에게 입에 발린 말을 해야 할 때의 기분은 어떤 것일까. 게다가 그 권력자들이 대학을 중퇴해 직접 회사를 차린, 이 세상이 어떻게 돌아가는지 알고 있다고 생각하며 모든 걸 자신들이 고칠 수 있다고 믿는 풋내기 사업가들이라면. 또 그들이 정치 컨설팅 기관 출신을 사내 로비스트로 둔 유니콘 회사들, 규제와 전문성에 저항하는 부자들이라면. 아마도 우리 회사를 방문한 장관은 월가나 제약 회사, 농업 대기업에 아부를 떠는 것과 비슷한 기분을 느꼈을 것이다. 질투를 느꼈을지도 모르겠다. 테크놀로지는 정부의 문제로 지적되는 관료주의의 답답함을 더욱 커 보이게 만드니 말이다. 차량관리국[32]에 가본 사람이라면 누구나 기술 혁신의 필요성을 절감하게 되지 않던가. 그럼에도 오히려 나는 만약 스타트업 사람들이 정부 기관을 운영하게 된다면 그것이야말로 악몽이리란 생각을 지울 수가 없었다.

　　행사가 끝나갈 즈음, 헐렁한 청바지에 재킷 차림의 CEO가 마무리 발언을 하러 등장했다. 그는 직원용 후드티 한 장을 들고 무대에 올랐다. 회사 엔지니어들이 평소에 입고 다니는 바로 그 후드티였다. 그와 장관은 악수를 나눴다. 그는 개인적으로 아끼던 후드티를 장관에게 선물할 수 있어 뿌듯하다고 말했다.

---

32. Department of Motor Vehicles. 차량 등록과 운전면허증 발급을 책임지는 정부 기관. 느린 행정 처리로 원성이 자자하다.

열차를 타고 회사로 출근하던 어느 날 아침, 휴대폰으로 소셜 미디어 앱을 들여다보고 있는데 앱 알고리즘이 내게 데이터 분석 스타트업의 연말 파티 사진을 추천했다. 사진 속에는 전 직장 동료 두 명이 환하게 웃고 있었다. 그들의 치아는 여전히 새하얗게 빛났다. 사진 밑에는 '멋진 팀을 만나 고맙습니다.'라는 글이 달려 있었다. 나는 이 파티를 지칭하는 해시태그를 눌렀다.

그러자 만나본 적 없는 사람들의 사진이 쏟아졌다. 아름다운 사람들, 운동복이 잘 어울릴 사람들. 모두 활기가 넘쳤다. 다들 여유롭고 행복해 보였다. 나와 닮은 구석은 하나도 없었다.

스크롤을 내리니 플로어쇼처럼 현란한 행사 사진들이 등장했다. 타이츠를 입은 여성 곡예사가 발로 활과 화살을 잡고서 다리를 비틀어 활을 쏘려고 했다. 과녁은 회사 로고가 박힌 하트 쿠션에 붙어 있었다. 스크롤을 더 내리자 포토 부스에서 키스하거나 우스꽝스런 표정을 짓는 사람들의 이미지가 줄줄이 나왔다. 그들의 표정에선 자랑스러움이 묻어났다. 나는 그들의 자부심에 공감이 갔다. 1년 만에 그들은 기어코 이뤄냈으며 승리한 것이었다. 속이 조금 불편해졌다. 어린 시절 소외감을 느낄 때마다 찾아오던 메스꺼움과 비슷했다.

사진을 한참 구경하다가 애프터파티 영상을 하나 발견했다. 벽에 스타트업 로고가 영사되어 나타난다는 점만 빼면 클럽이나 성인식 파티장 같았다. 정장을 풀어 헤친 남자들과 몸에 딱 달라붙는 원피스를 입은 여자들이 번쩍이는 형형색색 조명을

받으며 춤을 추고 일렉트로닉 댄스 음악에 맞춰 야광 막대와 광
검을 흔들었다. 이제 회사는 프로 수준으로 올라서 있었다. 얼마
전에는 6500만 달러를 추가로 투자받았다고 했다. 주머니도 두
둑해졌으니 고속 성장은 정해진 수순이었다. 이제 그들은 돈을
쓰는 것에 아낌이 없었다.

　'어제 진짜 대박!' 내가 모르는 누군가의 댓글이었다. 그 회
사를 떠난 지도 1년이 훌쩍 넘었건만, 나는 무의식적으로 그 사
진들 속에서 내 얼굴을 찾고 있었다.

# 테크 노동

　　새해 초엽, 이안의 로봇 제작 스튜디오가 거대 검색 엔진 회사의 비밀 연구·개발R&D 시설과 합병하여 마운틴 뷰 지역으로 이전했다. 그 시설은 한때 캘리포니아 최초의 실내 몰로 쓰이던 건물에 입주했고 '문샷³³ 팩토리'라고 불렸다. 농담기 하나 없이 우쭐대기 위해 붙여진 이름이었다. 직원들은 이메일 서명란이나 이력서에도 문샷 팩토리라는 표현을 집어넣어야 했고, 총책임 자는 무려 '문샷 캡틴'으로 불렸다. 나는 여전히 이안이 무슨 일을 하는지 알지 못했다. 이따금 뉴스를 통해 소식을 듣기는 했다. 언론은 그 거대 검색 엔진 회사를 마치 별도의 관할 구역, 외

---

33. moonshot. '달을 향한 로켓'이라는 뜻으로, 야심 찬 계획을 의미한다.

국 정부, 신종 국가처럼 다뤘다.

　　그 회사가 종종 나눠 주던 티셔츠에는 내부 코드명이 적혀 있었기에 나는 거기서 단서를 찾아내고는 했다. "하이-로HI-LO가 뭐야?" 프로그레시브 록 콘서트에 어울릴 법한 회사 티셔츠를 입고 있는 이안에게 물었다. 그는 말해줄 수 없다고 했다. 나는 진심으로 짜증이 났다. 홍보용으로 티셔츠까지 제작했으면 적어도 직원들이 무슨 일을 하고 있는지는 말할 수 있어야 하는 거 아닌가. "그렇긴 하지. 하지만 이런 것도 재밌지 않아?" 이안이 대꾸했다.

　　물론 그 회사는 재미있는 곳이었다. 재미가 넘치는 곳! 게다가 그 회사는 모든 사람, 그중에서도 특히 직원들과 장차 직원이 될 사람들이 그 점을 알아주길 바랐다. 그 회사의 엔지니어들은 자전거와 스쿠터를 타고 몰을 돌아다녔다. 문샷 캡틴은 약속 장소로 이동할 때 늘 롤러블레이드를 타고 질주했다. 그게 효율적이고 심장 건강에 좋다면서 말이다. 이안은 네 발 달린 군사 로봇과 함께하는 피크닉에 참가했다. 스스로 문을 열 줄 아는 노새만 한 금속 덩어리 옆에서 식사하는 건 그 회사에서 지극히 평범한 일이었다. 회사는 멕시코 전통 축제인 망자의 날 파티를 열어, 멕시코 전통 음식을 차려내고 마리아치 악단을 초청했다. 양초를 켠 제단을 만들어, 출시되지 못하고 사라진 시제품의 넋을 기렸다. 보이스카웃 캠핑장으로 쓰이던 삼나무 숲에서 야영 행사를 열기도 했다. 유치하지만 상징적인 행동이 아닐 수 없었다.

거대 검색 엔진 회사는 대학교와 봉건 사회 사이 어디쯤에 있는 복지 혜택을 제공했다. 이안은 사내 건강 센터에서 검진을 받았고, 회사 로고 색상에 '왠지 느낌이 좋아I'M FEELING LUCKY'라는 문구가 박힌 콘돔을 받아 왔다. 직원들은 롤러블레이드를 비롯해 다양한 운동 강습을 받을 수 있었다. 이안은 점심시간에 고강도 피트니스 수업을 듣기 시작했다. 서서히 리프팅과 벌크업에 관심을 갖더니 언제부턴가 칼로리를 따지기 시작했다. 쓰레기통에서 프로틴 바 껍질이 발견되기도 했다. "브로그래머[34]가 되는 것 같아 걱정이야." 그가 운동 앱에 기록된 수치를 내게 보여주다가 말했다. 나는 이안이 브로그래머가 될까 봐 걱정하지 않았다. 그것보다는 그가 공동 탈의실에서 동료들의 알몸을 보게 되는 것이 더 걱정이었다. 그건 너무 사적인 일이었으니까. 그는 회사 규모가 크다며 나를 안심시켰다.

7만여 명의 직원이 일하는 이안네 모회사는 최고의 엔지니어 인재들을 수집하는 데 있어 세계 제일가는 곳이었다. 그들은 쓸 수 있는 인적 자원이 무한한 덕에 경이로운 조직을 일궈냈다. 하지만 한 발짝 떨어져서 보면, 약간의 경화증을 앓는 것처럼 정체되어 있기도 했다. 이안이 종종 하던 말대로, 그 회사는 일하기에 더할 나위 없이 좋은 곳이었지만 핵심 사업은 여전히 하드

34. brogrammer. brother와 programmer를 합친 것으로, 남초 집단인 컴퓨터 프로그래머 무리에서 전형적인 남자다움을 과시하는 유형의 남성 프로그래머를 일컫는 말.

웨어가 아닌 디지털 광고 수입에 의존하고 있었다.

문샷 팩토리가 피인수 회사들을 이리저리 재편하는 과정에서, 그 회사가 로봇 분야의 혁신 회사들을 싹쓸이한 뒤 몇 년씩 묵혀두고 있다는 사실이 점차 분명해졌다. 얼마 후, 이안이 슈퍼 보스들이라 부르던 임원 무리가 여러 건의 성희롱 혐의로 조사를 받고 있다는 소식이 흘러나왔다. 이는 회사의 일 처리가 지지부진한 이유를 조금이나마 설명해주었다. 슈퍼 보스들은 그간 다른 일로 정신이 없었던 것이다.

마운틴 뷰로의 출퇴근은 네 시간 가까이 시간을 잡아먹었다. 원래 이안은 저녁에 나와 함께 자전거를 타고 동네를 돌아다니거나, 뉴에이지 발레 수업을 듣거나, 친구들과 저녁을 해 먹곤 했었다. 하지만 이제는 회사 셔틀버스에서 그 시간을 보내야 했다. 아침에는 커피 보온병을 들고서 셔틀버스 정차 지점까지 헐레벌떡 뛰어가야 했다. 버스는 밤늦게야 그를 안개 속으로 뱉어냈다. 창가에서 이안을 기다리고 있으면, 의기소침하고 침울한 모습으로 터덜터덜 걸어오는 그의 모습이 보였다.

가끔은 테크 업계 노동자들끼리 마음의 짐을 나눠 갖고 있다는 생각이 들었다. 특히 클라우드에만 존재하는 소프트웨어를 만들고 지원하는 사람들끼리는 더욱 그랬다. 지식 노동이 주는 허무함이야 잘 알려져 있었지만, 테크 노동이 주는 감정은 그것과 또 달랐다. 물리적으로 존재하지 않는 툴로 돈과 권력을 얻는 데서 오는 인지적 혼란과 더불어, 모든 소프트웨어가 언제든 삭제될 수 있다는 취약함이 문제였다. 엔지니어들은 수년을 매달려 프로그램을 만들어놓고서, 그걸 계속 업데이트하거나 다시 만들거나 새로운 것으로 교체했다. 어딘가로 운송될 일 없는 제품을 만드느라 모든 시간과 에너지를 썼다. 부적절한 상상 같기는 하지만, 망자의 날 파티가 노동력의 결실을 보지 못한 사람들의 넋을 풀어주기 위한 것은 아니었나 하는 생각도 들었다.

내가 짊어진 마음의 짐은, 10만 달러의 연봉을 받으면서 사실상 아무것도 할 줄 모른다는 것이었다. 20대 후반에 들어서부터 나는 모든 것을 온라인으로 학습했다. 창턱에 핀 곰팡이 제거하기, 생선찜 요리하기, 삐져나온 머리 정리하기, 셀프 유방 검진하기 같은 것들. 가구를 조립하거나 헐거워진 단추를 다시 달때면 아날로그적 만족감을 생경하게 체험했다. 급기야 나는 여태껏 할 줄 모르는 게 또 어디 없나 찾는 사람처럼 충동적으로 재봉틀을 장만하기에 이르렀다.

나만 그런 게 아니었다. 스물두 살부터 마흔 살까지의 주변 남자 프로그래머들 절반 정도가 손으로 하는 일의 재미에 눈을 뜨기 시작했다. 그들은 손으로 무언가를 하는 느낌이 너무 좋다면서 목공과 술 담그기, 빵 굽기를 시작하게 된 계기를 들려주었다. 이는 5년 전 브루클린에서 사람들이 서로 만든 빵을 평가해주던 풍경과 꼭 닮아 있었다. 이번에는 빵보다 야채 절임이 더 인기이기는 했지만. 직장에서는 엔지니어들 사이에서 수비드 요리가 유행했다. 그들은 주말만 되면 정성껏 음식을 만들어 그 과정을 고화질 사진에 담아 소셜 미디어에 자랑스레 공개했다.

나는 이안이 부러웠다. 하드웨어라는 실체가 있는 세상의 관점에서 사고하도록 훈련받았으니 말이다. 온종일 컴퓨터를 들여다보기는 이안도 마찬가지였지만 그의 일에는 여전히 물리적 법칙이 적용되었다. 그와 인터넷의 관계는 나의 그것과 달랐다. 그는 소셜 네트워크 계정이 아예 없었고, 인터넷에서 유행하는 것들에 무관심했으며, 타인의 사소한 일상을 보며 일희일비하지 않았다. 일을 끝마치고 자리에서 일어날 때 나처럼 '참, 내게도 몸이란 게 있었지.' 하고 깨달을 일도 없었다.


영화관 콘셉트의 한 식당에서 패트릭과 저녁을 먹기로 하여 집을 나섰다. 늘 그러듯 화제는 곧장 테크 업계로 넘어갔다. 그리고 늘 그러듯, 나는 실리콘 밸리에 대해 느끼는 불안과 불만을 그에게 쏟아냈다. 열띠게 토론하는 팟캐스트 진행자들처럼, 우리는 업계에 관한 이견을 좀처럼 좁히지 못했다. 똑같은 정보를 두고도 우리는 전혀 다른 결론에 도달했다. 내가 볼 때는 따끔한 교훈인 것이 패트릭에게는 근사한 청사진이었고, 반대의 경우도 마찬가지였다. 그래도 나는 그와의 대화가 즐거웠다. 시야를 넓히고 논리를 날카롭게 다듬을 수 있었기 때문이다. 아주 가끔, 캄캄한 집에 돌아와 시끄러운 음악을 틀어놓고 우울에 잠길 때면, 차라리 다른 업종에 종사했더라면, 다른 도시에 살았더라면,

아무한테나 담배 한 대 얻어 피울 수 있는 곳에 살았더라면 어땠을까 생각하곤 했다.

"선하고 의미 있는 회사들만 존재하는 실리콘 밸리가 있다면 어떨까요?" 요거트와 두카[35]를 듬뿍 얹은 프라이드치킨을 함께 먹다가 패트릭이 이런 물음과 함께 말을 이어갔다. "물론 당연히 좋겠죠. 하지만 유전자 기술 스타트업이든 사기꾼 스타트업이든 모두 똑같은 과정을 거친 산물이에요. 독특하고 자기 파괴적인 성향의 결과물이란 거죠. 실리콘 밸리가 늘 합리적이고 신중하고 냉철하기만 하다면, 그래서 한결같이 선한 회사만 생겨난다면 물론 참 좋을 거예요. 하지만 그런 일은 일어날 수 없어요."

그 말에 나는 아니라고 반박했다. 여성 엔지니어를 희롱하거나 배척하지 않는 사람들이 운영하는 스타트업도 충분히 성공할 수 있다고, 지금보다 더 잘나갈 수 있다고 말이다. 젊은 백인 남성만이 혁신적인 회사를 운영할 수 있는 것은 아니었다. 게다가 성공이란 게 대체 뭔데? 나는 흥분한 나머지 성공 얘기를 먼저 꺼내놓고도 그에게 성공의 정의를 묻고 있었다. 지금보다 더 많고 다양한 사람들이 도전하고 실패할 기회를 부여받아야 하는 것 아닌가? 나는 의기양양해져 와인을 홀짝였다.

"어쨌든 나도 이 업계가 비판받는 이유에 대해서는 동감해

35. 허브, 견과, 향신료를 섞어 만든 소스로, 이집트 및 중동 요리에 많이 쓰인다.

요." 패트릭이 내 잔을 채우며 말했다. "나도 실리콘 밸리가 더 나아지길 바라고요. 조금 더 포용적으로, 더 높은 목표를 좇았으면, 좀 더 의미 있는 일을 하고 더 진지해졌으면, 더 긍정적이었으면 좋겠어요." 이 지점에서 우리는 의견이 일치했다. 하지만 그 목표를 어떤 식으로 드러내야 하는지에 대해서는 생각이 다른 듯했다. "실리콘 밸리가 이곳 하나뿐이라는 게 심각한 문제예요. 이곳의 불꽃이 사그라질까 봐 걱정이에요. 어쩌면 문제는 실리콘 밸리를 두 개 가질 것이냐, 아니면 하나 있는 것마저 잃을 것이냐는 거겠죠. 내 답은 아주 확실하고요."

　나는 접시 위의 먹고 남은 닭 껍질을 빙빙 돌렸다. 두 개의 실리콘 밸리라니. 이미 있는 하나만으로도 충분히 유해한데. 아니, 그럴 바에야 차라리 지금과는 전혀 다른 버전의 실리콘 밸리가 하나 더 있다면 어떨까도 싶었다. 아주 극단적으로 맞은편에 존재하는 또 하나의 실리콘 밸리가. 이를테면 모계 사회 버전의 실리콘 밸리라든가 분리주의 페미니즘[36] 버전의 실리콘 밸리 같은. 작은 규모에, 치밀하고 느리게 움직이며, 엄격히 통제되는 실리콘 밸리 같은 것이. 그런 곳에서 남자는 리더 자리에 오를 순 있지만 '블리츠스케일' 같은 단어를 쓰거나 비즈니스를 전쟁에 비유하는 짓은 할 수 없을 것이다. 물론 나는 이러한 상상이 모순적이라는 걸 알았다.

---

36. 남성이나 LGBT 등 다른 집단과 분리되어 오직 여성들의 힘으로 여성의 문제를 해결하자고 주장하는 페미니즘.

"진보는 특별하고 희귀한 사건이에요. 모두가 지상 낙원을 찾으려 하지만 대부분이 빈손으로 돌아가게 되죠. 냉철하고 책임감 있는 어른이라면 갑자기 하던 일을 그만두고 쓸모없어질지도 모를 회사를 차리려고 들진 않을걸요. 그러니까 이쪽 세계에 발을 들이려면 본능적으로 자기희생을 감수할 줄 알아야 해요." 패트릭이 말했다. 지금 생각해보면, 그때 그는 내게 무언가를 털어놓으려 했던 게 아닌가 싶다.

# 대항문화

친구들이 새크라멘토 델타[37]에서 레이브 파티를 열었다. '급진적 자립'을 위한다는 명분의 이벤트였다. 초대장에는 '건조한 이 땅에 당신의 땀방울을'이라는 문구가 적혀 있었다. '우리는 환희하고 갈망하는 육체들로 농장을 가득 채울 생각에 안달이 나 있어요.' 나 역시 환희하는 육체가 되고 싶었다. 적어도 시도해보고는 싶었다. 파티에 가기 위해 나는 검정 하렘 바지[38]와 마리화나용 전자담배, 소설책 한 권과 《아티스트 웨이》[39]를 챙겼

---

37. 캘리포니아 북부, 새크라멘토강이 샌와킨강과 만나 내륙 삼각주를 이루는 지역.
38. 통이 펑퍼짐하고 발목 부분을 끈으로 묶게 되어 있는 바지.
39. 《The Artist's Way》. 미국 작가 줄리아 캐머런이 1992년에 발표한 책으로, 예술을 통한 치유와 자신감 회복에 관해 이야기하는 유명 자기계발서.

다. "레이브 파티에서 책 읽을 시간이 있을지 모르겠네." 이안이 내 가방을 들여다보며 한마디 했다. 그래도 나를 말리진 않았다.

이안과 내가 농가에 도착했을 때, 웃옷을 벗은 남자 무리가 기하학적 돔 모양의 천막을 세우고 있었다. 그들은 불끈거리는 가슴 근육을 자랑하며 장대 주변에 LED 조명을 주렁주렁 달았다. 또 돔 안에 베개와 접이식 매트리스를 설치했다. 야외 주방에서는 사람들이 피자에 얹을 토핑을 썰고 있었다. 양 한 마리가 사람들 사이를 지나다니며 떨어진 음식을 주워 먹었다. 이동형 스피커에서 일렉트로 스윙 음악이 흘러나왔다.

파티 호스트는 서글서글한 성격에 관찰력이 남다른 농부로, 공동체주의 신봉자였다. 호두나무 옆에 텐트를 치는 동안 나는 우리를 도와주는 그에게 왜 양이 돌아다니는지 물었다. 천막 덮개에 장대를 끼우던 그는 오후에 양꼬치 구이를 해 먹을 계획이라고 했다. "그놈을 제압해 땅에 눕힌 다음 안정을 찾을 때까지 어루만져줘야 한답니다." 그는 과일 샐러드 레시피를 말하는 것처럼 태연했다. "그러고는 목에 손을 뻗어 멱을 따죠."

오후 늦게 남녀 한 쌍이 숲속에서 등장했다. 두 사람 모두 하얀색의 헐렁한 리넨 차림이었다. 그 둘은 이제 의식을 치를 시간이라고 말했다. 페이스페인팅을 하고서 햇빛에 익어 얼굴이 핑크빛인 그들은 아주 엄숙한 표정이었다. 모두 일렬로 서서 앞 사람부터 차례로 대마초를 한 모금씩 빤 후 개울로 행진했다. 그리고 개울 앞에서 옷을 벗었다. 옷을 다 벗지 않은 두 인솔자는 힘차게 물속으로 걸어 들어가더니 마치 세례식을 하듯 교대로 모든 이들을 물에 빠트렸다. 인솔자의 리넨 옷이 거품처럼 수면에 둥둥 떠올랐다. "난 안 할래. 너무 사이비 같잖아." 내가 이안에게 속닥였다. 나는 옷을 벗지 않고 뒤에 남아 있다가 의식이 다 끝난 후에야 무리에 합류했다.

발가벗은 몸들이 물속으로 가라앉았다가 다시 올라왔다. 사람들은 개울 가장자리로 기어 나가 반대편에 있는 가축 떼와 잠시 교감한 후 풀밭에 벌러덩 드러누워 저물어가는 태양 빛에 몸을 말렸다. 물에는 맥주 캔이 떠다녔다. 나는 익숙한 외로움을 느꼈다. 무언가 대단한 일에 참여하고는 있지만 계속 그것과 동떨어진 기분을.

한참을 물속에 있던 나는 정신을 차리고 뭍으로 나왔다. 그리고 이안 옆자리에 수건을 깔고 앉았다. 이안 옆에는 중장년 남성들에게 포옹 서비스를 제공해 돈을 버는 지인이 다리를 꼬고 앉아 있었다. 그의 고환이 작은 야생화들 위에 축 늘어져 있었다. 나는 이안의 품으로 파고들었다. 그러곤 포옹 치료사가 진행하는 상담 세션에 대해 궁금한 것들을 물었다. 강렬한 갈망의 대상이 되는 기분은 어떤가요? 사람들이 울던가요, 아니면 비밀을 털어놓던가요? 부담스럽진 않나요? 책임이 막중하다고 느끼나요? 만약 상담받는 사람이 발기하면 어떻게 하나요? "발기하면 세션을 잠시 중단하죠." 포옹 치료사가 깊은 인내심을 발휘하며 대답했다. 이안은 태평하게 내 머리카락을 갖고 놀았다.

사람들은 농장에 와서까지 스타트업 이야기를 했다. 노아와 이안의 친구들은 마지못해서, 그게 아니면 불안정함에 지쳐서 테크 업계에 발을 들인 사람들이었다. 테크 업계는 대학을 졸업했으며 중산층의 맥락에 익숙한 사람들을 그렇게 흡수했다. 공립 초등학교의 교장이 일정 관리 소프트웨어를 만드는 교육 스타트업에 취직했다. 음악 평론가가 피트니스와 명상 서비스를 제공하는 앱의 카피라이터가 되었다. 기자들이 기업 홍보실로 자리를 옮겼다. 예술가들은 모두가 싫어하는 소셜 네트워크의 레지던시 입주 작가가 되었고, 영화감독들은 테크 대기업에 들어가 직원들의 자부심을 드높이는 사내 홍보용 콘텐츠를 찍었다.

모두가 치열하게 살아야 했다. 예술가, 음악가, 블루칼라 노동자, 공무원 등이 샌프란시스코를 떠나갔고, 그들과 전혀 다른 부류가 새로 정착했다. 밝은 원목으로 꾸민 카페들은 커피를 마시며 회의를 하고 싶어 하는 사람들을 위한 장소였는데, 그곳에서 일하는 바리스타들은 예전처럼 젊지도 않고 타지 출신도 아니었다. 예전보다 나이가 많고 패기가 덜했으며 당장은 월세 상한 규제로 보호받더라도 미래가 불안정한 사람들이었다. 코미디언들은 기업을 상대로 즉흥 연극 형태의 세미나를 열기 시작했고, 짓궂게 놀리기를 통해 스타트업 직원들 간의 관계를 돈독히 만든다는 워크숍을 진행했다. "코딩 부트 캠프에 대해선 어떻게 생각해요?" 포옹 치료사가 이안에게 물었다.

저녁이 되자 개조한 스쿨버스를 타고 서부 해안을 돌아다니며 공연하는 뮤지션들이 찾아와 과수원에서 캘리포니아에 관한 노래를 불렀다. 하늘이 어두워졌다. 이동형 화장실 중 한 곳에서 독거미 떼가 발견되어 한바탕 난리가 났다. 대여섯 명이 섹스를 하러 대형 냉장실로 들어갔다. 다른 사람들은 케타민[40]을 주입한 후 하우스 음악에 천천히 몸을 맡겼다. 아니면 돔 천막에서 인조 모피 담요를 덮고 누워 환각제를 흡입했다. 스팽글이 잔뜩 달린 발레 치마 차림의 여자가 장작 위에 걸터앉아 PCP[41]를 피웠다. "모든 게 아름다워 보여." 그녀는 동공이 확장된 채로 경외감을 연거푸 표출했다.

캐주얼한 나체주의, 유쾌한 난교, 공동 거주, 공동 식사, 공동 목욕까지, 모든 것이 1960년대와 1970년대 히피족에서 영감을 얻은 듯 보였다. 사람들은 멘도시노 땅을 공동으로 사들이자고 이야기하는가 하면, 자녀를 둔 사람이 아무도 없는데도 공동 육아를 계획했다. 나는 그런 모습이 불완전한 과거를 재현하는 것처럼 느껴졌다. 자유와 순수한 기쁨을 추구하던 과거를.

나는 1960년대식 대항문화를 적극 실천할 생각은 그다지 없었으나, 그 문화의 끈질긴 생명력에는 관심이 갔다. 스타트업

---

40. ketamine. 마취제의 일종이나, 진통과 환각 작용이 강력한 것으로 알려져 마약으로 분류되기도 한다.
41. 펜사이클리딘 또는 '천사의 가루'로 불리는 마약으로, 강력한 환각 작용을 일으킨다.

창업자들마저 회사 야유회 장소로 씨 랜치[42]를 골랐다. 대항문화는 지나간 과거인 동시에 코스튬 파티의 테마이자 키치 예술의 재료였다. 하지만 뉴욕에 있는 내 친구들에게는 그 이상의 의미를 띠었다. 친구들은 뉴욕 외곽의 허드슨에서 헛간을 개조해 야채를 직접 재배하고 빈티지 픽업트럭을 몰고 다니며 세라믹 싱크대를 설치하는, 일종의 시골 생활 판타지를 꿈꿨다. 이러한 유토피아주의는 사회 전반으로까지 확장되지는 않았다. 사람들이 현실을 냉철하게 인식해서인지 상상력이 부족해서인지는 알 수 없었다.

나는 자정이 다 되어서야 혼자 텐트로 가 침낭에 들어갔다. 그러곤 이안이 챙겨 온 양털 베개를 머리 밑에 욱여넣었다. 이 모든 것이 단순한 저항심에서 시작된 걸까. 테크놀로지는 모든 관계와 공동체, 정체성, 공유지를 갉아먹고 있었다. 노스탤지어란, 물질성이 이 세상에서 사라지고 있다는 위기감에서 비롯된 본능적 반응인지도 몰랐다. 나 또한 그 위기에 대비할 방법을 찾고 그것을 함께할 공동체를 발견하고 싶었다.

내 밑의 땅은 단단하고 차가웠다. 그리고 아주 깊은 곳까지 멈추지 않고 진동을 내려보냈다.

---

42. Sea Ranch. 캘리포니아주 태평양 연안을 따라 조성된 별장 단지. 1960년대 대항문화의 탈출구 역할을 했던 곳이다.

## 소셜 네트워크

테크 업계 바깥의 친구들은 모두가 싫어하는 소셜 네트워크의 심리 실험에 관한 기사를 그 소셜 네트워크에 공유하면서 당황스럽다는 반응을 보였다. 얼굴 인식 소프트웨어에 관한 뉴스나 차량 공유 스타트업이 사용자 추적에 사용한다는 '갓 뷰' 툴에 관한 뉴스를 듣고 와서는 내게 이메일을 보내기도 했다. '너도 알고 있었어? 혹시 이런 게… 흔한 일이니?' 인터넷 세계의 으스스한 구석을 발견할 때마다 그들은 내게 연락해 찝찝함 내지는 놀라움을 내비쳤다. 친구들이 인터넷으로 식료품을 구매하면 마이크로블로그 플랫폼이 곧바로 그 제품의 광고를 띄웠다. 지하철에서 오랫동안 연락이 끊겼던 지인을 만난 날에는 사진 공유 앱이 그 지인의 계정을 추천했다. 멀리 휴가를 가면 음식 배달 서비스 업체가 현지 맛집들을 제안했다. 음성 인식 스피커는 불쑥 끼어들어 묻지도 않은 정보를 말해줬다.

"이것 좀 봐봐." 하루는 함께 술을 마시던 친구가 자기 휴대폰을 들이밀었다. 휴대폰 앱에 그가 자주 방문하는 장소들이 기록되어 있었다. 집, 사무실, 헬스장, 전철역, 그리고 어딘지 모를 주택 한 곳. "내 휴대폰이 사설탐정처럼 내 행동을 기록하고 있었지 뭐야. 감동해야 하는 건지 배신감을 느껴야 하는 건지 모르겠네." 친구가 말했다.

내가 무덤덤하게 반응하거나, 자초지종을 설명하려고 하거나, 데이터 분석 스타트업에서 했던 일이 그런 것과 어느 정도 관련돼 있음을 인정할 때마다 친구들이 보인 반응은 마치 내가 소시오패스가 된 듯한 기분이 들게 만들었다. 나는 친구들과 이야기할 때 테크 업계 종사자로서 우월감이나 자신감 같은 걸 느끼지 않았다. 오히려 겁이 났다. 국가안보국 내부 고발 사건이 우리 시대 창업가와 테크 노동자에게 주어진 첫 번째 윤리 테스트였으며, 우리가 그걸 보기 좋게 차버린 것 같다는 불안이 생겨났다. 나는 똑똑하고 희망차며 아는 것도 많은 시민 사회의 일원들이 내 앞에서 알쏭달쏭한 표정을 짓고 있는 것을 보며 속으로 경악했다. 그들은 정말 아무것도 모르고 있었다.

한편 오픈소스 플랫폼의 한쪽 구석은 점점 더 악랄하고 기이하게 변해갔다. 서비스 약관 팀은 자칭 테러 조직 일원이 올린 콘텐츠나, 공무원의 신상을 털고 우리 회사 직원을 스토킹하고 있다고 주장하는 사람이 올린 콘텐츠를 감시해야 했다. 특정 직원을 겨냥한 살해 위협 콘텐츠가 발견되기도 했다. 그중 한 건은 꽤 심각한 수준이어서 회사 사무실을 하루 닫아야 했다.

　유대인 학살 게임을 개발하기 위한 코드 작업물을 어떻게 처리할 것인가를 두고 우리끼리 회의를 열었다. '호모는 호모일 뿐 퀴어가 아니다', '몸도 대줄 관종' 같은 말들로 해독되는 아스키 아트[43]의 저장소를 들여다보며 눈살을 찌푸리기도 했다. 유명 동물 캐릭터를 히틀러처럼 바꿔놓은 계정 아바타 사진이 채팅방에 올라오면, 다들 자신을 닮은 이모티콘을 채팅방에 올려가며 왜 저런 짓을 하는지 이해할 수 없다는 말을 했다.

　나는 거의 매일 저작권 및 상표권 침해 신고 건을 처리하느라 지루한 절차를 반복해야 했으나 거기서 얻는 만족감은 상당했다. 오픈소스 커뮤니티를 위해 일하는 준법률가가 된 기분이랄까. 그런 업무가 없는 날에는 사용자들에게 정중히 이메일을 보내 아바타에 사용한 나치 문양을 지워달라거나 저장소에 올린 반유대주의 만화를 내려달라고 부탁하는 것이 나의 일과였다.

　나는 종종 하던 일을 멈추고서, 내가 처리하는 것들이 오픈소스 플랫폼에서 극히 이례적으로 일어나는 일임을 스스로 유념해야 했다. 내가 다니는 회사는 그나마 형편이 나았다. 기존의

---

43. ASCII art. 알파벳과 특수문자를 조합하여 만든 그림.

소셜 네트워크처럼 폭력 행위를 실시간으로 노출시킬 일은 없었으니까. 집 공유 플랫폼이나 차량 호출 앱처럼 대면 거래에 의존하는 것도 아니었고. 회사 제품은 아주 실용적이면서도 온건한 디지털 시민 사회를 조성했다. 낙태나 지구 평면설에 관한 여론을 조성하려고 굳이 오픈소스 플랫폼에 가입하는 사람은 없었다. 세상 돌아가는 소식을 들으려고 오는 사람도 없었다. 대다수는 회사의 의도대로 플랫폼을 이용했다.

그럼에도 불구하고 나는 일할 때 실명을 감춘 지 오래였다. 외부와 연락할 때는 일부러 남자 이름을 썼다. 다행스럽게도, 근무하며 통화할 일은 아예 없었다. 내가 남자 이름을 고른 이유는, 맡은 일이 민감하기도 할뿐더러 악의적인 사람들에게 잘못 걸릴지도 모른다는 두려움 때문이었다. 우리 팀에는 나 말고도 가명을 쓰는 동료가 몇 명 더 있었다. 남자 이름은 갈등을 해소하거나 긴장을 완화하는 데 유용하기만 한 것이 아니었다. 평범한 업무를 할 때도 도움이 되었다. 내 진짜 모습은 제거해버리는 편이 가장 효율적이었다. 남자들은 남자들에게 다르게 반응했다. 남자 이름은 실제의 나보다 더 큰 권위를 행사했다.

여전히 소셜 네트워크가 지배하는 시대였다. 모두가 그 안에서 살아갔다. 혼자이면서, 또 다 함께. 소셜 네트워크 창업자들은 소셜 네트워크가 사람들을 연결해주고 정보를 공짜로 유통해주는 도구라고 주장했다. 공동체를 만들고 장벽을 허문다는 것이다. 숨겨진 애드 테크에 대해서는 입을 다문 채, 소셜 네트워크 덕분에 사람들이 더욱 친절하고 공정하고 정답게 살 수 있다고 그들은 주장했다. 소셜 네트워크는 빠르고 무한하게 확장하는 글로벌 경제를 위한 공공재였다. 혹은, 그렇게 될 운명이었다. 실리콘 밸리가 중국을 확실히 이길 방법을 알아내기만 한다면.

소셜 네트워크는 온 세계에 자유 민주주의를 가져다줄 것이다. 권력을 재분배하고 사람들을 해방시킬 것이다. 사용자들은 자신의 운명을 스스로 결정하게 될 것이다. 뼛속 깊이 권위주의적인 정부라 하더라도 디자인적 사고와 프로그래밍 언어를 이길 수는 없다. 창업자들은 이렇게 말하며 손을 들어 카이로, 모스크바, 튀니지를 가리켰다. 바로 옆의 주코티 공원[44]은 못 본 체하며.

소셜 네트워크의 혁명적 잠재력을 배반한 것은 플랫폼이 아니었다. 플랫폼은 무해해 보였다. 어차피 모두 똑같은 모습을 하고 있었으니까. 뻣뻣하고 납작한, 회색 또는 파란색의 플랫폼들은 차갑지만 친근하게 보이려 애썼다. 플랫폼들은 프로그래머들을 이해하는 프로그래머들에 의해 만들어졌고, 인프라를 중요하게 생각하는 사람들에 의해, 또 그들을 위해 만들어졌다. 그런 사람들은 데이터를 읽어내는 데 익숙했고, 코딩을 창의적인

44. 뉴욕 맨해튼에 있는 공원으로, 2011년 월가 점거 시위가 시작된 곳이다.

행위로 여기며, 좋은 코드란 읽기 쉬운 코드라고 믿었다. 그들은 개인화로 인해 알고리즘이 개발되었다고 생각하는 사람들이었고, 시스템이란 컴퓨터에만 존재한다고 믿었으며, 그걸 사회의 영역으로 확장시켜 생각하지 않는 시스템적 사고가들이었다.

소프트웨어는 거래의 형태를 띠었고 신속했다. 쉽게 확장되고 확산되었다. 인슐린 치료를 위한 크라우드 펀딩 요청은 안티백신 선동만큼이나 빠르고 효과적으로 퍼져 나갔다. 남용 사례는 지극히 소수로 간주되었다. 그런 건 스팸 필터나 콘텐츠 관리자의 개입에 의해, 또는 무보수로 활동하는 커뮤니티 회원들의 자정 작용에 의해 충분히 고쳐질 수 있다고 여겨졌다. 남용이 구조적으로 불가피하다는 사실을 인정하려는 사람은 없었다. 하지만 남용은, 사용자로 하여금 계속 머무르고 무언가를 증폭시키고 끊임없이 참여하도록 하는 데 최적화된 이 시스템이 건재할 뿐 아니라 의도한 대로 돌아가고 있음을 보여주는 증거였다.


봄에 극우 성향의 한 언론 매체가 우리 회사의 소셜 임팩트 담당 부사장에 관한 기사를 냈다. 테크 업계의 다양성 제고 노력이 백인 여성에게 편중되어 있다고 비판한 그녀의 과거 발언이 문제가 됐다. 기사에는 문어냥들의 이미지가 실렸고 그 위에는 '반反 백인 어젠다, 까발려지다'라는 제목이 붙었다.

기사는 즉시 격렬한 반응을 불러일으켰다. 댓글창에 수백 개의 댓글이 달렸다. 독자들은 매카시즘, 진보 진영의 피해의식,

역 인종차별, 글로벌리스트 등의 논제를 끌어와 음모론을 제기했다. 연방주의자의 논집을 인용하는가 하면, 베네수엘라의 침공이니 서양 문화의 몰살이니 유난을 떨며 장문의 글을 올렸다. 여기저기서 온갖 정치적 메시지들이 어지럽게 쏟아졌다.

댓글창은 엉망진창이 되었다. 소셜 미디어에서 회사 사람들을 향해 살벌한 독설이 쏟아졌다. 세일즈 팀에 폭언을 퍼붓는 전화가 끊이질 않았다. 정치 논쟁인 척하며 극우파 의견을 증폭시키려 작정한 세력이 이 논란의 기사를 계기로 모든 채널을 동원해 활동을 시작한 듯했다. 날이 저물 무렵에는 부사장과 CEO, 의견을 공개 표명한 몇몇 직원이 악랄한 인터넷 조리돌림의 대상이 되어 있었다. 회사 사람들에게 이런 일이 생긴 건 처음이 아니었다. 내가 알기로만 올해 들어 벌써 세 번째 있는 일이었다.

집중포화가 시작됐고 사태는 며칠간 계속되었다. 어떤 위협은 아주 구체적이어서 회사가 피해 직원들에게 경호원을 붙여주기까지 했다. 사무실 분위기는 뒤숭숭했다. 직원 출입문에 협박장이 붙기도 했다.

나는 인터넷 조리돌림이 마치 짜인 각본처럼 움직이는 것이 충격적이지 않으냐며 옆에 있던 동료에게 말을 걸었다. 극우 세력의 이러한 수법은 18개월 전 게임 업계 여성들을 겨냥한 트롤 집단의 수법과 놀랍도록 유사했다. 마치 모두가 인터넷 포럼의 스타일과 톤을 학습해 온라인상에서의 정치 정체성을 형성한 것만 같았다.

"원래 이런 거야?" 하고 내가 물었다. 내 눈에는 전혀 다른 두 집단이 똑같은 수사와 전략을 쓴다는 것이 이상하게만 보였다.

온라인 포럼과 게시판 문화에 일가견이 있는 동료가 안타깝다는 표정으로 나를 보더니 말했다. "아이고, 우리 철부지 아이님이 뭘 모르고 계셨네. 그 사람들 다 동일 인물이야."

# 부동산

 실리콘 밸리는 하나의 행동 양식이자 사상이었고, 팽창인 동시에 소멸이었으며, 축약된 세계이자 의미심장한 증상이었다. 꿈이었고, 어쩌면 신기루였다. 사람들이 샌프란시스코에서 실리콘 밸리로 퇴근하는 것은 아닌지, 아니면 그 반대가 맞는지도 모호했다. 양쪽 모두 사실인 듯했다.

 샌프란시스코의 전체 노동 인구 가운데 테크 노동자는 약 10퍼센트에 불과했지만 영향력은 그 이상이었다. 도시는 계속해서 변화했고 사람들은 끊임없이 밀려들었다. 미션 디스트릭트에는 갓 도착한 외지인들을 겨냥한 전단이 덕지덕지 나붙었다. '테크 일자리는 벼슬이 아닙니다. 공공장소에서 정중하게 행동하세요. 천박한 출세주의를 드러내지 마세요.'

집값이 치솟았다. 카페는 현금을 받지 않았다. 도로는 공유 차량으로 꽉 막혔다. 멕시코 식당이 문을 닫더니 고급 오가닉 타코 가게로 재탄생했다. 빈민가의 공동 주택이 사라진 자리에 공실이 남아도는 아파트가 들어섰다.

노동조합원들과 멕시코 출신 반제국주의자들의 이름을 딴 거리가 있는 동네 곳곳에 투기꾼들이 몰렸다. 그들은 그곳의 저렴한 집을 사들인 뒤 개조했다. 에드워드풍의 파스텔 톤 집들이 즐비한 동네에서 회색 페인트를 갓 칠한 그 집들은 칙칙하고 불길한 분위기를 풍기며 썩은 이처럼 튀는 존재감을 드러냈다. 온순하고 앳된 얼굴의 20대 집주인들이 난감하다는 표정으로 복잡한 건축법을 들먹이며 장기 세입자들을 쫓아내고 재건축에 착수했다. 초소형 아파트를 짓는 부동산 개발업자들은 단지 주말에 잠만 자는 공간을 짓는 것이 아니라 작은 집에서부터 시작해 차근차근 집을 넓혀가는 밀레니얼 거주 트렌드를 본인들이 이끌어가고 있다고 주장했다.

옛 공장 건물과 낡은 빅토리아풍 건물, 자동차 수리점과 게이 바 옆에 들어선 신축 건물들은 주위와 어울리지 못하고 겉돌았다. 그 건물들은 자동 잠금장치와 와이파이 냉장고를 설치하여 차별화했고, 스스로 스마트 아파트라는 이름을 붙였다. 단지 안에 보체[45] 연습장, 실내 암벽 등반 센터, 수영장 등을 설치했

---

45. bocce. 표적구에 최대한 가깝게 공을 던져 점수를 따내는 게임.

고, 요리 수업을 열었고, 경비 서비스를 제공했다. 어떤 곳은 입주민들을 모아 타호로 스키 여행을, 와인 산지로 주말여행을 보내주었다. 자전거 보관소, 목공 가게, 반려견 목욕 시설, 전기차 충전소 등을 갖췄다고 자랑하는 곳도 있었다. 절반 가까이가 테크 룸과 코워킹 스페이스를 운영했다. 집처럼 꾸며놓은 사무 공간을 사람들의 집에다 만들어놓았다.

어느 날, 내가 살던 집 밖의 나무가 후진하던 픽업트럭에 치여 쓰러지고 말았다. 나무가 있었던 그 자리에는 길거리에서 볼 수 있는 것과 똑같이 생긴 이동형 화장실이 설치되었다. 이동형 화장실은 갈수록 늘어나고 있는 일대의 노숙자들을 위한 것이 아니었다. 노숙자들 일부는 그 화장실을 쓰지 못해 선인장이 심긴 화분이나 남의 집 차고 지붕에다 어쩔 수 없이 볼일을 보곤 했다. 이동형 화장실은 맞은편 빅토리아풍 건물들 지하에 분리형 원룸을 지으러 매일 아침 현장에 나오는 건설 노동자들을 위한 것이었다. 그렇게 이 동네는 모든 것이 부동산 시장에 맞춰 돌아갔다.

이동형 화장실은 자물쇠로 잠겨 있었지만 침범 시도가 주기적으로 발생했다. 밤에 창문 아래 침대에 누워 있노라면, 자물쇠를 따려고 철컥거리는 소리와 플라스틱 문이 휙 열리는 소리, 다시 닫히는 소리가 들려왔다.

언제부턴가 머리를 꼼꼼하게 빗은 부동산 중개사들로부터

광택지에 손글씨 서체로 꾸민 전단이 도착하기 시작했다. 중개사들은 대형 욕조와 무광 수납장을 완비한 아름다운 보금자리를 소개해주었고, 색다른 인테리어와 아침 식사 공간이 있는 아늑한 방갈로를 보여주었다. 고속도로 접근성이 좋다는 점을 열심히 홍보했고, 회사별로 색깔을 달리해 셔틀버스 노선을 표시한 지도를 전단지에 끼워 넣기도 했다. '탐나는 위치', '월세 상한 규제 없는 멋진 투자처' 같은 글귀가 전단에 적혀 있었다. 건물 계단에 서서 전단지 속 중개사들의 사진을 들여다보고 있으면, 나도 치아 미백을 해볼까 하는 생각이 들었다.

샌프란시스코는 부동산 위기에 접어들고 있었다. 테크 회사가 증권거래위원회에 상장 신청서를 제출했다는 언론 보도가 나올 때마다 사람들은 세입자의 권리를 걱정했다. 내 회사 동료들은 다음 IPO가 있기 전에 부동산을 사두자고 농담을 나눴다. 재미있다기보다 터무니없어 실소가 나오는 농담이었다. 현실에서는 벼락부자가 된 사람들이 시가에 60퍼센트를 더 얹어 100만 달러가 훌쩍 넘는 가격에 생애 첫 주택을 사들이고 그것도 현금으로 지불하는 일이 일어나고 있었으니까.

내가 살던 건물은 월세 상한 규제로 보호를 받고 있었는데, 여섯 가구 중 네 가구가 중년 부부였다. 그들 중 일부는 지난번 테크 붐이 일었을 때도 그곳에 살았으며 테크 업계가 떠드는 혁신의 수사를 익히 들어본 사람들이었다. 직업적 모험의 낭만에 젖어 밀려드는 젊은이들과 그 뒤를 따라 들어온 자본의 물결은 그들에게 고무적이기는커녕 피로를 자아냈다. 우리 건물에 사는 사람들은 불로소득을 얻거나 100만 달러짜리 아파트를 사고파는 시장에 속할 생각이 없었다. 우리는 그저 지금 있는 곳에 계속 머물고 싶을 뿐이었다.

부동산 전단은 쉬지 않고 도착했다. 언젠가부터는 건물에 살지도 않는 건물주를 향해 혹할 만한 제안을 해왔다. '안녕하세요! 요즘 이 동네에서 팔린 집들의 소식을 전해드리고 싶어요.' 홍보지에는 이런 문구가 수다스럽게 적혀 있었다.

'이 동네에 투자하고 싶어 하는 바이어들이 있어요.'

'적당한 가격에 매각할 의향이 있으신가요?'

부동산 전단은 이 건물에 사는 우리가 얼마나 행운아인지를 상기시키는 동시에 그 행운이 얼마 못 갈 것임을 경고했다. 그렇게 우리를 유혹하고 한편으로는 놀리는 듯한 전단지들이 우편함 위에 차곡차곡 쌓여갔다.

이 무렵 사업가들 사이에서는 도시 건설에 대한 논의가 활발해졌다. 모두가 《파워 브로커》[46]를 읽거나 하다못해 요약본이라도 구해 읽었다. 또 모두가 《시즌 오브 더 위치》[47]를 읽었다.

---

46. 《The Power Broker》. 20세기 중반 뉴욕 기반 시설 구축을 책임진 도시 건설가이자 행정가 로버트 모지스의 일대기를 다룬 책. 1974년에 출간되었다.

47. 《Season of the Witch》. 웹매거진 《살롱·Salon》의 창립자 데이비드 탤벗이 2013년에 쓴 책으로, 샌프란시스코가 지금과 같은 대도시로 발전하기까지의 역사를 다루고 있다.

자칭 도시 계획 전문가들이 제인 제이콥스[48]에 관한 글을 인터넷에 올렸고, 오스만[49]과 르 코르뷔지에[50]에 관심을 가졌다. 헌장 도시[51]들이 낭만적으로 포장되었다. 사람들이 공유 차량의 창밖 세계에서 기회일지도 모를 흥미로운 가능성을 포착하기 시작했다. 도시 생활의 가치에 눈을 뜨기 시작한 것이었다.

어느 파티에서 한 남성이 숨결이 느껴질 정도로 가까이 다가오더니 비스듬히 몸을 기울인 채 말을 걸어왔다. 그는 얼마 전부터 흥미로운 도시 계획 프로젝트에 참여하게 되었다고 했다. 그의 티셔츠는 기하학적 문양을 내며 구겨져 있었다. 당일 배송된 티셔츠를 한 시간 전에 꺼내 펼쳐 입은 듯했다. 온디맨드 시대이기에 가능한 예술적 헝클어짐이랄까. 나는 그에게 시청에서 일하느냐고, 아니면 도시 계획 쪽에 있느냐고 물었다. 그는 기술 전문가들로 가득한 방을 대충 가리키며, 여기에 있는 사람들처럼 최근에야 그쪽 일에 뛰어들었다고 말했다. 그러면서 도시 계획에 관한 책을 좀 더 읽을 작정이라며 내게 책 추천을 부탁했다.

나는 대학 시절에 들었던 도시학 강의를 떠올리며 약간의

48. Jane Jacobs. 도시 계획 분야에 큰 영향을 끼친 언론인이자 활동가. 도시의 역사성과 다양성을 최대한 유지하는 방식의 도시 재생을 주장했다.
49. Haussmann. 프랑스의 행정관이었던 오스만 남작은 1853년에 시작되어 20세기 초엽까지 이어진 파리 재건설 사업을 주도했다.
50. Le Corbusier. 스위스 태생의 프랑스 건축가이자 도시 이론가. 근현대 도시 계획 분야에 지대한 영향을 미쳤다.
51. charter city. 별도의 헌장憲章을 가지고 있어 그 법에 따라 독립적으로 운영이 가능한 도시. 캘리포니아주 도시 가운데 약 4분의 1이 헌장 도시에 해당한다.

우쭐한 기분이 들었지만, 막상 추천을 하려니 책 제목이 전혀 떠
오르지 않았다. 나는 그에게 프로젝트의 내용을 자세히 물었다.
그는 망설였다. 술김에 비밀을 털어놓고 싶어 입이 근질거리지
만 그런 실수를 저지를 만큼 취하진 않은 상태였다. 나는 잠자코
기다렸다.

　"도시는 참 중요해요." 그는 열변에 시동을 거는 것처럼, 마
치 내가 은연중에 그 사실을 부정이라도 했다는 듯이 사뭇 진지
한 투로 입을 뗐다. "하지만 지금보다 더 스마트해질 필요가 있
죠. 더 스마트해져야 해요. 우리에게 백지가 주어진다면? 그러
면 우리는 어떤 문제를 해결할 수 있을까요?"

　남자들은 늘 우리의 문제에 대해 이야기했다. 도대체 우리
가 누구길래? "우리는 새로운 기술을 가지고 있어요. 자율주행
차, 예측 분석 툴, 드론 같은 기술 말이에요. 그것들을 가지고 어
떻게 완벽한 조합을 만들 수 있을까요?" 나는 사회주의식 중앙
집권 계획이 답이라고 농담하고 싶은 걸 꾹 참았다.

　나는 그에게 첫 번째 백지 도시가 어디냐고 물었다. 그 도시
가 캘리포니아주의 어느 곳이기를, 샌프란시스코의 숨 막히는
출퇴근 압박에서 자유로운 새크라멘토 외곽 어디쯤이기를 내심
기대하면서.

　그의 입에서 나온 지명은 중앙아메리카였다. 아마도 엘살바
도르일 것이라고 했다. "범죄 위험 없이 열심히 일하고 싶어 하
는 사람들이 있는 곳이죠." 나는 빈 맥주잔 바닥을 물끄러미 보

며 그의 말에 강한 흥미를 느꼈다. "린 스타트업[52] 방법론을 적용할 겁니다. 처음에는 100명 남짓한 고객을 관리하는 초창기 스타트업처럼 작은 규모로 조성할 거예요. 100만 명이 아니라요." 나는 그럼 어떻게 몸집을 불릴 계획인지 물었다. 그가 화물 컨테이너라고 대답했을 때 나는 질문한 것을 곧바로 후회했다.

"거기서 살라는 말이에요? 지역 사회는? 아무것도 없는데 사람들이 모일 리 없잖아요. 지역 경제는 또 어떡하고요?" 나는 조금씩 열이 받아 쏘아붙이기 시작했다. 그러자 그가 말했다. "이론상으로는 경제특구와 같아요. 중국 선전 시 알아요?" 물론 알았다. 화려하고, 모든 것이 감시당하는 도시 아니던가. 급속한 경제 성장이 고급 부동산 개발과 아동 노동 착취를 동시에 부추기는 곳. 독재 당국의 감시하에 현대 문물과 진보의 혜택을 누리는 시민들이 사는 곳. 독재 자본주의의 산물이라 할 수 있는 곳이었다. 과연 그가 선전을 제대로 알고 있기는 할까? 나는 막말이라도 할 수 있게 차라리 술에 진탕 취했으면 싶었다. 나는 짓궂은 의도로 그에게 시드 라운드 규모를 물었다.

외부 투자는 없다고 그가 답했다. 비용 대부분을 자체 부담하고 있으며 팀 규모도 아직 작다고 했다. 1500만 달러의 투자 유치가 필요한 상황이었다.

---

52. lean-startup. 단기간에 제품을 내놓은 뒤 시장 반응을 이후 공정에 반영하는 방식으로 성공 확률을 높이는 전략.

거액을 투자받은 사업가들이 도시 건설에 흥미를 갖는 것
은 자연스러운 일이었다. 자기 직원들이 베이 에어리어에 집을
구하지 못해 고생하는 걸 옆에서 지켜보고, 투자자와 벤처 캐피
털리스트로부터 스타트업 창업자란 세상을 변화시키는 데 그치
지 않고 구원해야 하는 존재라는 소리를 듣고 살았을 테니 말이
다. 도시 건설은 인간의 주거 문제를 제1원리[53] 사고로 해결할
수 있는지 가늠하는 시험대라 할 수 있었다.

제1원리 사고란, 아리스토텔레스의 자연학을 경영학에 접
목한 것이었다. 이 사고를 따라 기술 전문가들은 기존 인프라와
시설을 해체하여 그 안을 살피고 자신들의 방식으로 시스템을
재설계했다. 대학 중퇴자들이 대학을 뜯어고쳐 온라인 직업학
교로 축소시켰다. 벤처 캐피털리스트들이 주택 자금 융자를 제
공하는 스타트업들에 투자하여 서브프라임 모기지 사태 이후의
위험 부담을 분산시켰다. 창업가들이 다른 이들과 월세를 분담
해 살다가 쫓겨난 사람들을 위한 공동 거주 시설을 짓겠다며 투
자금을 모았다.

원래 멀쩡히 있던 상품과 서비스를 테크 업계가 조금씩 바

53. first-principle. 더 이상 소급할 수 없고 다른 원리를 갖지 않는 가장 근원적이
고 기초적인 원리. 아리스토텔레스는 어떤 사실을 반복해 관찰하면 그 안에 있는
제1원리를 발견할 수 있다고 했다. 테슬라 창업자 일론 머스크는 문제의 근원을 파
악해 그것의 해법을 제시한다는 '제1원리 사고'를 주요 경영 철학으로 삼고 있다.

꿔서 파는 것뿐이라는 우스갯소리가 나돌았다. 창업자들과 벤처 캐피털리스트들은 그런 말을 좋아하지 않았지만, 나는 그런 식으로라도 문제의 초점이 흐려지는 것을 그 사람들이 고맙게 여겨야 한다고 생각했다. 그런 농담 덕에, 대중교통과 주택과 도시 개발 같은 것을 애초에 탈 나게 만든 구조적 문제가 가려졌으니까.

미적 관점에서 보더라도, 사람들이 살고 싶어 하는 대도시를 사업가들이 만들 수 있을 것 같진 않았다. 그들이 샌프란시스코에 미친 영향은 그리 긍정적이지 않았다. 물론 그게 전부 그들의 탓은 아니겠지만 말이다. 미니멀리즘 찻주전자를 파는 가게, 새우 칩 위에 캐비아를 얹어주는 샴페인 바, 유칼립투스 향이 나는 헬스장에서 소규모 수업을 여는 회원 전용 코워킹 클럽하우스, 트러플 튀김을 제공하는 탁구장, 디지털 노마드족을 상대로 연필통과 도시락통을 파는 가게, 관절에 무리가 안 가게끔 가상 사이클링과 가상 서핑 프로그램을 제공하는 피트니스 스튜디오 등 샌프란시스코에는 돈을 쓰게 만드는 신생 사업들이 넘쳐났다.

제1원리 사고는 길고 지난한 과정을 거친 끝에 결국 처음의 방식으로 돌아가야 한다는 결론에 이르기도 했다. 벤처 펀딩으로 버티던 전자상거래 웹사이트들이 하나둘 오프라인 매장을 열기 시작했다. 제1원리 사고의 결과, 대면 소매야말로 고객 참여율을 끌어올리는 스마트한 플랫폼이었던 것이다. 온라인 안경 소매점은 소비자들이 구매 전에 안경을 직접 써보길 원한다

는 것을 깨달았다. 고급 실내 사이클링 기구를 파는 스타트업은
취미로 자전거를 타는 부자들이 다른 사람들과 함께 사이클링
을 하고 싶어 한다는 것을 알게 되었다. 매트리스 회사들이 쇼룸
을 열었고, 메이크업 스타트업이 오프라인 테스트 숍을 열었다.
대형 온라인 마트가 오프라인 서점을 열어 책 진열대마다 온라
인 고객 후기와 데이터 기반 수치를 표시해두었다. '온라인 독자
들이 사흘 안에 완독한 책들', '평균 별점 4.8점' 같은 것들을.

　　그러한 공간에는 언제나 특유의 느낌, 말하자면 약간의 불
편함이 깔려 있었다. 진열대는 먼지 하나 찾아볼 수 없고 살아
있는 식물이 전혀 어울리지 않는 공간이었다. 그런 가게들은 허
무함, 차가움, 질서 정연함을 공유했다. 물리적 공간이 하룻밤
만에 세워져 하얀 벽과 동그란 글씨체, 불편한 의자들로 꾸며졌
다. 자신이 대체한 물리적 세계를 무미건조하게 모방한 것만 같
았다.

　　6월, 그쪽 분야의 시드 액셀러레이터가 새로운 계획을 발표
했다. 백지상태에서 새로운 대도시를 건설하겠다는 계획이었
다. 나는 경악하며 블로그 글을 읽어 내려갔다. 모두가 이 계획
에 잔뜩 열을 올리고 있었다. '도시가 성공에 필요한 기회와 주
거 환경을 보장하지 않아 자신의 잠재력을 모르고 사는 사람들
이 너무나 많다. 이를 개선하기 위한 확실한 방법은 더 나은 도
시를 만들어 사람들의 어마어마한 잠재력을 끄집어내는 것이

다. 새로운 도시 건설은 그것의 복잡성으로 보나 야망의 수준으로 보나 궁극의 스타트업을 세우는 것과 같다.' 글은 다음과 같은 질문들로 끝맺음되었다. '그렇다면 우리는 도시의 효율성을 어떻게 측정해야 할까? 도시의 KPI[54]란 무엇인가? 도시 최적화의 목적은 무엇인가?'

KPI와 최적화라는 단어를 보자 데이터 분석 스타트업에 다녔던 시절이 떠올랐다. 그 데이터는 누가 소유하게 되고 어떻게 쓰이게 될까?

이 프로젝트의 대표는 유머 사진과 영상 저장소로 쓰이던 웹사이트의 전 CEO였다. 그 웹사이트에는 로봇 청소기에 올라타거나 햄버거 빵에 머리를 처박는 이상한 고양이 사진 따위가 주로 올라왔다. 대부분이 소셜 미디어에서 바이럴을 끌기 위한 것들이었다. 그 웹사이트는 벤처 캐피털로부터 4200만 달러 가까이를 투자받았었다. 그는 다른 사업가와 함께 프로젝트를 이끌 예정이었는데, 그 사업가는 온디맨드 청소 플랫폼을 설립했다가 빗발치는 소송에 못 이겨 회사 문을 닫은 사람이었다. 뻔뻔함이 이루 말할 수 없었다.

장점이라고는 왕성한 호기심뿐인 사람들에게 사회를 통제할 열쇠를 쥐여 주는 게 옳은 일일까. 기존의 산업과 기업을 옹호할 생각은 딱히 없지만, 그래도 역사와 맥락 그리고 신중한 결

54. Key Performance Indicator. 핵심 성과 지표.

정의 중요성을 무시해서는 안 되었다. 전문가가 전문가인 데에
는 이유가 있었다. 어차피 전문성을 내버릴 생각이라면, 내 친구
들에게 수백만 달러를 주고서 도시 건설 프로젝트를 맡기는 건
왜 안 되나 하는 생각도 들었다.

　　이 당시 내가 깨닫지 못한 것은, 기술 전문가들이 단순히 좋
은 도시를 만들고 대규모 시스템을 구축하고 싶어서 도시 계획
에 열광한 것이 아니었다는 사실이다. 물론 그에 대한 관심만큼
은 진지했겠지만 말이다. 그들이 내비친 관심은 일종의 준비 운
동이자, 거푸집이었고, 출입구였다. 새로운 정치권력을 거머쥐
기 위한 첫 단추였다.

# 지성주의

"자기 자신을 혐오하시나요?" 버클리에 심리 상담을 받으러 갔을 때 상담사가 물었다. 예비 세션치고는 센 질문인데, 라고 생각했다. 다음 날 나는 마이크로블로그 플랫폼에서 벤처 캐피털리스트들의 뒤꽁무니를 따라다니고 있었다. 확실히 나는 나 자신을 아끼지 않고 있었다.

벤처 캐피털리스트들은 보편적 기본소득을 논했다. 나로선 그냥 지나치기 힘든 주제였다. 또 그들은 도시 빈민층의 경제적 잠재력에 관심을 보였다. 빙하가 녹고 해수면이 빠르게 상승해 지구의 거주 불가능성이 높아지는 상황에서, 그들은 인공 지능이 제3차 세계대전을 일으킬까 걱정했고 구체적으로는 중국이 먼저 주도권을 잡을까 봐 염려했다. 그들은 자동화와 인공 지능이 이끄는 새로운 르네상스를 보고 싶어 했다. 기계가 모든 일을 대신하게 되어 할 일 없어진 인간들이 예술 활동에만 집중할 수 있기를 꿈꾸면서.

추측건대 벤처 캐피털리스트들은 국가사업에 손을 대기 위한, 혹은 인공 지능발 혁명을 대비해 총과 피넛버터가 쌓인 뉴질랜드의 벙커를 소유하기 위한 명분을 바라는 것 같았다. 나는 벤처 캐피털리스트들이 갑자기 도자기 공예 수업을 듣기 시작하고 자동화 여파로 그들의 일자리를 잃게 된다면, 그때야 진정으로 인공 지능 르네상스가 시작되었음을 믿기로 했다.

벤처 캐피털리스트들은 지칠 줄을 몰랐다. 그들처럼 쉴 새 없이 떠드는 사람을 나는 본 적이 없었다. 그들은, 자신의 저서를 홍보할 때도 더러 있었지만, 대개는 거창한 아이디어를 떠들어댔다. 가령 어떻게 계몽을 이끌 것인가, 복잡한 사회 문제에 어떻게 미시경제 이론을 적용할 것인가와 같은 아이디어를. 그들은 언론의 미래와 고등 교육의 쇠퇴에 관해, 문화적 침체와 창업가의 마음가짐에 관해 논했다. 더 많은 이야깃거리를 만들기 위해 직관적 아이디어를 샘솟게 하는 방법을 고민하기도 했다.

벤처계 사람들은 시장 개방과 탈규제와 끊임없는 혁신에 열광했지만 자본주의를 세련되게 옹호하지는 못했다. 그들은 스마트폰을 사용하면서 자본주의를 비판하는 것의 구조적 위선을 지적했다. 스마트폰을 쓰면서 자본주의를 옹호하는 것은 아주 떳떳하다는 듯이. 그들은 스타트업이라는 만화경을 통해 세상을 바라봤다. 한 시드 액셀러레이터의 창업자는 이렇게 적었다. '경제 불평등을 아예 없애자는 건 회사 창업을 금지하라는 것과 같다.' 어느 엔젤 투자자[55]는 '지금껏 내가 만나본 열렬한 반자본주의자들은 전부 다 실패한 창업가였다.'라고 비꼬았다. 또 어떤 벤처 캐피털리스트는 '오늘날 샌프란시스코 베이 지역은 고대의 로마 또는 아테네쯤 된다.'라는 글을 올렸다. 그러면서 '이 시대 최고의 학자들을 그곳에 보내자. 대가들에게 배우고 동시대의 최고로 걸출한 사람들을 만나게 하자. 지식과 네트워크를 쌓고 돌아가게 하자.'라고 제안했다. 이 사람들은 정녕 남의 시선 따위는 신경 쓰지 않는 걸까?

벤처 캐피털리스트들이 만들어내는 건 영감 주기 문화 정도였다. 그들은 책과 상품을 추천했고 팔로워들에게 겸손할 것을 조언했다. 건강하게 먹고 술을 줄이라고, 여행하고 명상하고 스스로 목적을 찾아가고 결혼 생활에 충실하라고, 절대 포기하지 말라고 격려했다. 주 80시간 노동을 예찬했고, '그릿'[56]을 최고의 가치로 받들었다. 그들이 워라밸을 유약한 소리로 폄하하며 스타트업 성공에 필요한 투지와 맞지 않는다고 주장할 때마다, 나는 그들 중 얼마나 많은 사람이 사무 비서와 개인 비서를 두고 있을까 생각했다.

55. angel investor. 초기 단계의 스타트업에 투자하는 개인 투자자.
56. grit. 열정적 끈기를 가리키는 말로, 동명의 베스트셀러 《그릿》을 통해 널리 알려졌다.

나는 1년에 수백만 달러를 벌면서 소셜 미디어에 허구한 날 헛소리를 늘어놓는 사람이 되고 싶진 않았다. 그 사람들의 인터넷 중독 증세는 딱할 지경이었다. 로그아웃해. 그냥 서로 이메일이나 주고받으라고. 나는 그들에게 이렇게 말해주고 싶었다.

하지만 한편으로는, 인터넷의 순기능이 있다고 한다면 바로 이런 게 아닐까 싶었다. 모든 것이 투명하게 드러나 업계 엘리트들의 마음속까지 들여다볼 수 있었으니 말이다. 어느 벤처 캐피털리스트가 정체성 정치가 생산성에 미친 영향을 지켜보며 초조해하는지, 실리콘 밸리 인근 부촌에서 스토아 철학을 어떻게 실천하고 있는지 파악하는 데 있어 그만한 방법이 없었다. 인터넷이 아니고서야, 어느 벤처 캐피털리스트가 과대망상증 환자를 실패한 사업가일 뿐이라며 비호하는지, 정당한 비판을 괴롭힘으로 오인하여 스스로를 디지털 폭력의 피해자라고 주장하는지 알 수 있었겠는가? 인터넷이 아니고서야 이 사회를 혁신시키는 사람들, 사실상 내가 조력해온 부자들의 정체성과 이데올로기와 투자 전략이 얼마나 의도적으로 부풀려졌는지 알 수 있었겠는가?

사고 리더십이니 사고 실험이니 하는 실리콘 밸리의 지적 문화는 결국 인터넷 문화였다. 인터넷 공간에서 일어나는 지성주의랄까. 자칭 경제학자부터 이성주의자, 효율적 이타주의자, 가속주의자, 신新원시주의자, 밀레니얼주의자, 객관주의자, 생존주의자, 원시미래주의자, 군주주의자, 퓨타키주의자[57]가 인터넷 공간에 출몰했다. 신반동주의자, 시스테더[58], 바이오해커, 생명 무한 확장론자, 베이즈 이론[59] 신봉자, 하이에크[60] 신봉자도 나타났다. 온갖 농담과 심각한 토론이 오갔다. 어떤 건 의도적으로, 어떤 건 무의식적으로 일어났다. 토론은 매번 찝찝하게 끝났다.

노이 밸리[61]에서 열린 파티에 갔다가 이성주의자들의 온라인 커뮤니티에서 열성적으로 활동하는 사람과 논쟁이 붙었다. 이성주의는 적어도 그걸 실천하는 사람들 사이에서는 진실을 추구하는 운동이었다. 세상을 또렷하게 보기 위하여 이성주의자들은 행동 경제학, 심리학, 결정 이론에 따라 표본을 뽑아냈다. 그들은 논증 기술과 인식 모형과 토론 전략에 관해 이야기했다. 그리고 과학과 철학의 언어를 구사했다. 이를테면 '상황을 감안한다'고 말하면 될 것을 '가능성의 한도를 고려한다'라고 말했고, 'n이 넷[62] 포지티브하다', 'n이 넷 네거티브하다', 'n이 과대평가되었다', 'n이 과소평가되었다'와 같은 표현을 썼다.

57. 퓨타키futarchy는 미래future와 정부archy를 합성한 말로, 예측 시장이 주요 정책을 결정하는 정부 시스템을 뜻한다.
58. seasteader. 특정 정부에 귀속되지 않는 해상 자치 국가 건설을 지지하는 사람.
59. 18세기 수학자 토마스 베이즈에서 유래한 확률 이론. 인공 지능의 작동 원리를 논할 때 자주 거론된다.
60. 자유 시장 경제를 옹호하며 20세기의 신자유주의 부흥에 기여한 경제학자.
61. 샌프란시스코 중부에 있는 신흥 부촌.
62. net. '순純-'이라는 뜻의 형용사. 가령 'net profit'은 순수익을 뜻한다.

나 또한 진실을 추구하고 싶었다. 적어도 내가 아는 한, 이성이란 자기계발에 가까운 생활의 틀을 제공해주었다. 이성주의는 분명 타당했다. 종교가 무너지고, 기업이 종교적 수준의 믿음을 요구하고, 정보가 범람하고, 사회적 관계의 장이 인터넷 공간으로 이전된 상황에서, 사람들은 누구나 의미 있는 무언가를 찾아 헤맸다.

하지만 이성주의는 거대한 권력의 불균형을 묵인하거나 용서하는, 역사적 무관심의 한 형태인지도 몰랐다. 자유의지와 도덕적 책임, 인지 편향, 투표 담합의 윤리 같은 주제를 다루는 유명 팟캐스트가 하나 있었다. 그 팟캐스트가 트랜스휴머니스트[63]·바이벌비건[64]·고전적 자유주의자라고 스스로를 정체화한 진화심리학자를 초대해 진행한 에피소드에서, 그 학자와 진행자는 디자이너 베이비[65]에 관해 이야기를 나눴다. 그런데 두 사람은 인종 문제나 우생학의 역사에 대해서는 아무 말 없이, 논의의 초점을 철저히 외모에만 맞췄다. 그렇게 실제 세상과 동떨어진 세상에 대해 열띠게 논쟁한다는 것이 내게는 다소 비도덕적으로 느껴졌다. 그것은 아무리 잘 포장해봤자 권력을 향한 수상한 아첨과 다를 바 없었다. 이러한 문화가 다 큰 어른들에게 먹혀들고

---

63. transhumanist. 첨단 기술을 통해 인간의 지능과 신체 능력을 개발하여 인간의 한계를 뛰어넘을 수 있으며 그래야 한다고 주장하는 사람.

64. Bivalvegan. 조개류와 같이 통각을 못 느낀다고 알려진 생명체를 먹는 비건.

65. designer baby. 부모의 요구에 따라 유전자 조작을 통해 태어난 아기.

있다니 놀라웠다.

　이 부분에 있어 나는 파티에서 만난 유쾌하고 호기심 많은 이성주의자와 의견 일치를 보지 못했다. 우리는 요즘 유행하는 에드워드풍 부엌의 아일랜드 바에 앉아 있었다. 얼마 전에 수리한 공간은 수납장도 벽도 매끄럽게 윤이 났다. 수납장에는 손잡이가 없었고 모든 게 스마트폰이나 태블릿처럼 하얀색이었다. 아일랜드 바 근처에 모인 사람들이 소프트웨어가 세상을 잡아먹고 있다고 생각하는 유명 벤처 캐피털리스트에 대해 이야기하고 있었다. 사람들은 그 사람에게서 얻은 유용한 깨달음을 서로 공유 중이었다. 나는 그 대화에 끼지 않았다.

　이윽고 대화의 주제는 자유주의 경제학자이자 보수 성향의 연구소장인 인물로 넘어갔다. 그 연구소는 우파 억만장자이자 석유 재벌로서 수십 년째 정치계에 영향력을 뻗쳐온 두 형제의 돈으로 굴러갔다. 이와 무관하게 연구소 소장은 늘 비주류 의견에 힘을 보태는 콘트래리언[66]을 자처했다. 그는 비상사태 시 바가지 가격이 정말 유익할까, 미국 내 인종차별 급증을 낙관적으로 설명할 수 있을까, 아프리카 대륙처럼 유망해 보이는 국가들을 스타트업으로 볼 수 있을까와 같은 주제의 글을 인터넷에 종종 올렸다. 또 그는 자선 사업이 '지나치게' 민주주의적으로 운영된다고 단언하는가 하면, 저소득층에서 대규모로 일어나는

---

66. contrarian. 주류 의견과 다른 목소리를 내는 사람.

모르몬교 개종이 경제적 신분 상승을 이끌 수 있고, 라고스 전 칠레 대통령의 실용주의를 본받아야 하며, 내셔널리즘의 건설적 면모에 주목해야 한다고 주장했다. 그는 실리콘 밸리의 자칭 콘트래리언들 사이에서 인기가 높았다. 나는 패트릭을 통해 그의 존재를 알게 되었는데, 애석하게도 패트릭마저 그 사람 블로그의 열성 독자였다.

나는 대화에 끼어들어서, 자칭 콘트래리언 경제학자가 제기하는 의견들, 즉 주류의 편견을 타파하는 유쾌한 사고 실험을 가장한 의견들의 상당수가 실은 그의 추종자들이 바라는 것보다 훨씬 더 음울한 사회상을 가리키는 것 같지 않으냐고 물었다. 실제로 그가 내놓은 의견은 그리 참신하지도 않았다. 지금껏 그러한 의견은 숱하게 있어왔다. 어쩌면 그 경제학자는 그냥 반동주의자가 아닐까? 나는 대수롭지 않은 척 질문을 던졌다.

내 옆에 앉은 이성주의자가 머리를 쓸어 귀 뒤로 넘겼다. 그녀는 콘트래리언들이 과소평가받고 있다고 주장했다. 그들의 지적 기여도는 '넷 포지티브'라는 것이었다. 어떤 의견이 타당한지 지금 당장은 판단하기 어려우니 오류를 범하더라도 되도록 많은 토론을 거치는 게 낫다고도 했다. "노예 해방론자들을 생각해봐요." 그녀가 말했다. 나는 자유주의 콘트래리언과 노예 해방론자가 무슨 관련이 있느냐고 지적했다. "내 말은, 가끔은 비주류 의견이 긍정적이고 폭넓은 지지를 얻기도 하고, 실제로도 더 좋다는 말이에요."

가치 중립적인 주장이었으니 딱히 반박할 거리가 없었다. 어떤 비주류 의견은 정말로 긍정적인 변화를 만들어내니까. 나는 그녀의 말을 그냥 눈감아주고 싶었다. 하지만, 지금 우리는 가치 중립적인 주장이 아니라 역사적 사실에 대해 이야기하고 있었다.

나는 아마도 내 것일 유리잔을 집어 들어 레드 와인을 한 모금 홀짝였다. 그리고 노예 폐지론은 애초에 비주류 의견이 아니었을지 모른다는 가능성을 제기했다. 일단 노예들이 노예 폐지론을 지지했음은 확실했다. 그들을 통계에 집어넣지 않는다고 해서 그들의 존재가 지워지는 것은 아니었다. 나는 분위기를 망치지 않으려 일부러 가볍고 부드럽게 말을 이어갔다. 하지만 분위기는 이미 돌이킬 수 없이 망가져 있었다.

그 이성주의자가 다른 사람들을 부러운 듯 쳐다보았다. 사람들은 어느새 거실에 왁자지껄 모여 음성 인식 스피커에다 신나는 음악을 틀어달라고 말을 걸고 있었다. 이성주의자는 한숨을 쉬며 말했다. "그래요. 하지만 논쟁의 편의를 위해 표본을 백인으로 한정할 순 없을까요?"

## 유대감

벤처 캐피털은 끊임없이 간섭하고 압박하려 들었다. 지난여름, 내가 몸담은 오픈소스 스타트업은 시리즈 B 투자를 유치해 2억 5000만 달러를 투자받았고 20억 달러의 기업 가치를 인정받았다. 새로 들어온 자본과 함께 새로운 요구 사항이 떨어졌다. 벤처 캐피털은 공짜 소프트웨어를 유통하는 것이 핵심인 우리 사업의 규모를 갑절로 불리라고 요구했다.

벤처 캐피털이 추구하는 가치는 성장과 속도, 무엇보다 빠른 투자금 회수였다. 그러한 가치들이 혁신과도 이어진다면 더 좋았다. 거대 검색 엔진이 세계 지식의 저장소에서 대형 광고 업체로 변신한 것도 이러한 가치 때문이었다. '허락이 아닌 용서를 구하라', '완벽함보다 실천이 낫다' 같은 말이 유행하는 것도, 그리고 실리콘 밸리에서 '소프트웨어 마진'이라는 말이 마력을 발휘하는 것도 마찬가지 이유에서였다. 오픈소스 스타트업은 다시 한번 성장해야 했다. 그것도 이번에는 좀 더 빠르게 성장해야 했다.

200명 규모였던 회사는 내가 들어온 이후 어느덧 500명 규모로 커졌다. 적어도 표면상으로는 여느 기업과 다를 게 없어 보였다. 출퇴근 시간 기록표와 성과 지표의 필요성이 대두되었다. 기업 경영에 경험 있는 사람들이 리더십 팀에 속속 합류했고 또 그만큼이 떠나갔다. 회사의 리더십은 회전문과 같았다. 몇 달 간격으로 엔지니어링 팀이 전면 개편되었다. 요즘 누가 어떤 일을 하는지, 누가 책임자인지 아무도 알지 못했다. 전략 담당자가 고위급 임원으로 들어왔다. 동료에게 저 사람이 회사에 들어와 무슨 일을 했는지 물으니 전략 회의를 만들었다는 답변만 돌아왔다.

이사회는 최고재무책임자CFO 자리를 새로 만들었다. 그간의 사내 복지와 몇몇 직책이 재점검되었다. 오벌 오피스가 없어지고 그 자리에 카페가 생겼다. 카페에 뿌리를 둔 채 탈중앙적 조직을 지향했던 회사의 이념을 기리는 공간이었다. 사내 카페는 사람들이 바리스타들과 시시덕거리거나 일하는 척하면서 소셜 미디어를 들여다본다는 점에서 보통 카페와 똑같았다. 모든 음료가 공짜인 것만 빼고는. 코더의 동굴은 개방형 사무실로, 공짜 자판기는 일반 자판기로 바뀌었다. 정책이 강화되고 예산이 삭감되었다. 소셜 임팩트 팀원들은 차 한 잔 제대로 마실 여유가 없었고 항상 지치고 어두운 표정이었다. 회사가 피인수 내지 엑싯[67]을 향해 가고 있다는 게 꽤 자명했다.

나와 동료들은 누가 우리의 새 주인이 될까 추측해보곤 했다. 현실적인 선택지는 두 곳뿐이었다. 거대 검색 엔진 회사, 아니면 시애틀에 본사를 두었으며 소송을 자주 걸기로 유명한 소프트웨어 대기업. 세간에 묻히긴 했지만 한때 그 소프트웨어 대기업은 오픈소스 소프트웨어 커뮤니티를 상대로 소송을 제기하려던 적이 있었다. 그런데 얼마 전, 그 회사가 잘나가던 프로젝트를 중단했을 때 우리 회사 창업자들이 거기에 대놓고 고소해하지 않은 것이 어딘가 미심쩍었다.

게다가 최근에는 회사 투자자가 그 소프트웨어 대기업 CEO와 우리 회사 CEO가 벤처 서밋에서 진지하게 대화하는 사진을 소셜 미디어에 올린 적도 있었다. 직원들은 그 사진을 몰래 공유했고 미제 사건을 파헤치는 탐정처럼 집요하게 살폈다. 엔지니어링 팀의 동료가 말했다. "벤처 캐피털리스트들은 기본적으로 과시욕이 있단 말이지." 그는 우리 회사가 시애틀 소재의 그 소프트웨어 대기업에 인수될 거라고 확신했다. "아무 이유 없이 그 사진을 올렸을 리 없어. 솔직히 말해 나는 찬성이야. 어쨌거나 언젠가는 그런 회사에서 일하게 될 거라 생각했어."

돈 냄새를 맡은 영업직 직원들이 몰려들었다. 그들은 알레

---

67. exit. M&A(인수·합병) 또는 IPO 등을 통해 투자금을 회수하는 출구 전략.

르기를 일으키지 않는다는 품종견을 데리고 매일 회사에 출근했다. 개들은 돌아다니다가 엘리베이터에 갇히거나 책상 아래에 배변 실수를 했다. 영업직 직원들은 어려운 약어를 써가며 바에서 콜드브루를 마시곤 했다. 그들은 3층의 음향 장치를 독점하다시피 하면서 최신 탑 40 유행가나 말랑말랑한 EDM을 크게 틀어놓았다. 엔지니어들은 그 아래층으로 자리를 옮겼다.

1층 바에서 남자들이 어설프게 탁구 시합을 하는 모습을 보고, 애프터 셰이브 로션 향기가 진동하는 엘리베이터에 타고, 영업팀 냉장고에서 커피에 타 마시는 우유 크림을 한가득 발견할 때마다, 나는 이런 모습을 언젠가 영화나 책에서 본 것 같다는 느낌을 받았다.

주변 테크 노동자의 절반 가까이가 사회주의에 관심을 갖기 시작한 것처럼 보였다. 또는 적어도 소셜 미디어에서는 사람들이 그것을 유머로 소비하며 고양이 짤(사회주의냥!)을 공유했고 다음 파괴 대상은 자본주의라는 농담을 즐겼다. 어떠한 변화가 생겨나고 있었다. 화이트칼라 노동자들이 서서히 정치에 눈을 뜨고 있었다. 인터넷에서 그들은 이론적 틀을 세우고 스스로를 '노동자'로 정체화했다. 회사 바에서 공짜 칵테일을 마시며 보편적 기본소득을 이야기했다.

소셜 미디어에서 동물 사진을 아바타로 쓰는 사람들이 저항의 말들을 말하기 시작했다. 엔지니어들이 일하다 말고 자신이 정성껏 쓴 마르크스주의적 논평을 온라인에 올렸다. 테크 기업들을 겨냥한 노동자들의 심판이 저 멀리 수평선에서부터 서서히 모습을 드러내는 듯했다.

노아는 데이터 분석 스타트업의 초창기 직원 한 명과 함께 직장 내 집단행동을 돕는 앱(정확히는 '애플리케이션')을 개발하고 있었다. "우리가 노조 조직으로 돈을 벌려고 한다는 게 비판받을 수 있는 부분이지." 버클리에서 만난 노아는 이렇게 말했다. 노아의 공동 창업자는 그런 앱이 있다면 자본주의가 더 잘, 더 효율적으로 기능할 수 있을 것으로 보았다고 했다. 여기서의 효율이라는 표현은, 당연히도 투자자들을 염두에 두고 쓴 말이었다. 노아와 그의 동료는 자신들이 아는 시드 액셀러레이터를 통해 개발을 이어 가볼까 하는 생각도 했으나, 더 많은 조사와 연구 끝에 그 생각을 접었다고 했다. 그 시드 액셀러레이터의 창업자는 마이크로블로그 플랫폼에 이런 글을 쓴 적이 있었다. '아직도 노조를 허용하는 업계가 있다면, 바로 그 분야에 스타트업이 터뜨릴 잠재력이 있는 것이다.' 그러나 그 액셀러레이터는, 시스템에 일격을 가할 사람들은 필요하지만 노동자를 결집시키는 툴은 시스템에 지나치게 가혹한 충격을 가할 수 있다고 주장했다. 그러니까 그런 건 애초부터 잘못된 협업 아이디어였다.

사무실에서 나는 엔지니어 동료에게 테크 노조에 대한 기대를 조심스레 내비쳤다. 경비원과 공동의 이해관계가 생긴다면 사람들이 경비원을 조금 더 존중해주지 않을까. 어쩌면 돈이 좀 더 고르게 분배될지도 몰랐다. 툴을 만드는 사람들이 그 툴의 쓰임새에 직접 의견을 낼 수 있을지도. 카리스마 있는 CEO에게 지나치게 감정을 이입하는 일도, 월급과 보너스와 일자리가 평생 그 자리에 있을 거라고 믿는 일도 없어질 것이다. 언젠가 우리도 나이가 들어 배제될 수 있음을 직시하게 될 것이다. 떼돈을 버는 사람들을 도우면서 우리는 여태껏 뭘 하고 있었던 거지? 억만장자의 탄생은 사회가 병들었다는 증거였다. 억만장자는 존재해서는 안 되었다. 이토록 어마어마한 부의 축적은 어느 형태의 도덕적 구조로 보나 불합리했다.

　"혹시 마르크스 얘기를 하려는 건 아니겠지? 우리가 생산수단을 차지해야 한다거나 뭐 그런 거." 엔지니어가 고개를 가로저으며 말했다. 그는 가난한 집에서 자랐다고 했다. 코드를 독학하기 전까지는 공장 조립 라인에서 몇 년간 일하기도 했다. "그 사람들한테 노조는 연대도 아니고 생명줄도 아니야. 그냥 개인이 이용하는 지렛대라고. 내가 석면에 노출됐을 때 아이비리그에서 컴퓨터공학을 한다는 사람은 코빼기도 안 보였어." 나는 말할 상대를 잘못 고른 셈이었다. 나는 이야기가 이런 식으로 흘러가리라고는 미처 예상하지 못했다.

　그 엔지니어 동료는 테크 노조가 공예 취미와 같은 유행일 뿐이라고, 역할 수행 게임이나 버닝맨 축제 같은 놀이일 뿐이라고 했다. "노동 계급 역할 수행이랄까. 우리는 취약 계층도 아닌데 말이지." 그의 쏘아보는 눈빛에 나는 기가 팍 죽었다.

내가 계급적 특권을 당연하게 누려왔다는 사실이 부끄러웠
다. 여태껏 내가 했던 육체노동 비스름한 일은 독립서점 지하실
에서 종이 상자를 분해하던 게 고작이었다. 나는 그와 내가 마실
오렌지맛 탄산수를 다시 채워 가져왔다. 그리고 그와 함께 테크
노조의 파업이 어떤 모습일지 상상해보았다. 인체공학적 키보
드를 요구하거나 반려견 동반 출근 정책을 확대해줄 것을 요구
하면서 파업을 할 수도 있겠다는 불편한 농담과 함께. 나는 기분
이 계속 찝찝했다. 그도 마찬가지였다.

"사람들은 안정감을 위해 노조를 바라잖아. 우리의 노조는
무엇으로부터 우리를 지켜줄까? 불편한 대화로부터?" 그가 말
했다.


원격 근무를 하는 직원들은 불만이 늘어갔다. 2등 시민이
된 것 같다며 볼멘소리를 할 때가 많았다. 회사가 대기업의 모양
새를 갖추게 되면서 사내 문화는 원격 근무 우대에서 원격 근무
친화적으로 바뀌었다. 초창기의 기술 유토피아주의는, 지키려
는 노력이 없지 않았음에도 더 이상 확산되지 않았다.

내부 회의 때 원격 근무 직원 몇몇이 보너스 확대를 요구했
다. 자신을 디지털 노마드라고 밝힌 한 여성이 샌프란시스코 사
무실에선 공짜로 간식과 음료를 제공하고 있다는 점을 언급했
다. 그러니 원격 근무 직원들에게도 간식과 음료 수당을 주어야
공평하다는 것이었다. '저는 커피숍에서 일합니다. 그곳에 있으

면 늘 무언가를 구매해야 해요. 커피를 마시지 않는 사람인데도 말이에요.'

또 어떤 직원은 사무실에만 청소부가 있다는 점을 지적했다. '가정부 고용 수당을 달라고 하면 당연히 거부당할 테지만요.' 그는 자신이 무엇을 원하는지 명확히 짚어 말했다.

한 엔지니어는 '홈오피스 개선을 위한 연간 수당을 조금이라도 준다면 좋을 것 같습니다.'라고 글을 올렸다. 그가 자비로 부담할 수 없다고 언급한 것들은 식물, 소형 냉장고, 벽 장식품, 그리고 가구 수리 비용이었다.

영업직 직원은 이런 글을 올렸다. '이동 시간이 네 시간 이상일 경우 비행기를 비즈니스석으로 예약할 수 있으면 좋겠습니다. 비행기에서 잠을 편히 잘 수 있다면 회사를 대표해 일을 잘할 수 있을 것 같습니다.'

누군가는 홈트레이닝 기구를 요구했다. 로드 바이크, 고급 러닝화, 서핑 보드, 스키 장비도 언급되었다. '간식 정기 배송을 받아보고 싶습니다.' 어느 고객지원 직원의 소박한 요구는 기특하게 느껴질 정도였다.

'피트니스 복지를 좀 더 유연하게 적용받고 싶습니다. 저는 헬스장에서 운동하는 것을 좋아하지 않습니다. 그래서 페인트볼 게임[68]으로 운동을 대신하는 편입니다. 관련 장비와 페인트

---

68. 야외에서 페인트가 든 탄환을 상대에게 쏘아 명중시키는 서바이벌 게임.

를 구매할 수 있게 수당을 받으면 좋겠습니다.' 또 다른 엔지니
어가 글을 올렸다.

　이러한 글들의 링크를 내게 보내준 이는 다름 아닌 그 엔지
니어 동료였다. '내가 말하던 게 바로 이런 거야. 한번 읽어봐. 그
리고 정말로 이런 사람들에게 권력을 쥐여 주고 싶은 건지 다시
한번 말해봐.'


　건너 건너 알게 된 소프트웨어 개발자 친구가 우리 회사에
점심을 먹으러 오겠다고 자청했다. 그는 우리 회사 내부를 무척
이나 궁금해했다. 엔지니어들에게 인기 있는 회사에서 일한다
는 이유만으로 나는 까닭 없이 그들에게 믿음직한 존재가 되었
다. 요즘 나는 늘어난 레깅스 차림으로 줄곧 집에서 일하고 있었
지만 그에게는 말하지 않기로 했다.

　회사에 도착한 개발자 친구는 평소와 달라 보였다. 잔뜩 멋
을 부렸달까. 원래도 과하지 않게 옷을 잘 입고 다니는 편이긴
했으나, 이날은 가죽 재킷에다 에비에이터 선글라스까지 챙겨
나왔다. 그는 비어 있는 스탠드 데스크들을 열심히 구경했고, 나
는 그런 그를 한눈팔지 않고 감시했다. "이런 데서 일하고 있었
구나." 그가 만족스럽다는 듯 고개를 끄덕였다. 나는 바깥 사람
들 눈에 이 오픈소스 스타트업이 얼마나 대단해 보이는지를 잠
시 잊고 있었다. 그는 대기업에서만 일했는데, 그곳에서 자신은
항상 기계의 톱니바퀴라고 했다. 이곳과는 전혀 다른 곳이었다.

우리는 점심거리를 들고 옥상으로 올라가 햇살이 비추는 곳에 자리를 잡았다. 작은 전구 줄이 2인용 의자 위에 주렁주렁 달려 있었고, 야자수 잎들이 의자를 둘러싸 벽 구실을 했다. 옆 아파트 단지 수영장에서 한 여성이 우아한 자태로 느긋하게 수영을 하고 있었다. 괜히 나른해지는 날이었다. 푹신한 하얀색 안락의자에 몸을 누인 채 소설을 읽고 싶었다. 선크림을 바르라고 잔소리하는 사람도 옆에 있으면 좋겠고.

친구와 나는 일본식 메밀국수를 먹으며 잡담을 나눴다. 30분쯤 지났을 때 그가 쓰고 난 냅킨을 접어 테이크아웃 용기에 집어넣었다. 그러고는 무심한 말투로 익명의 제보자가 폭로한 문건에 관한 뉴스를 기억하느냐고 내게 물었다. 몇 달 전의 일이었지만 며칠 내내 헤드라인을 장식할 만큼 큰 사건이었다. 그 문건은 고위 정치인, 재벌, 기업가 들의 개인정보를 폭로했고 최상위 부자들이 저지른 비민주적 행위를 까발렸다. 언론은 그 이후의 일들을 아직까지 보도하고 있었다.

나는 그에게 당연히 알고 있다며 왜 묻느냐고 물었다.

개발자 친구가 몸을 뒤로 젖히면서 히죽 웃었다. 그리고 두 엄지손가락으로 자신을 살짝 가리켰다.

나는 격한 반응을 보였다. 어떻게 받아들여야 할지 몰랐고 쉽게 믿기지도 않았다. 친구는 언론이 그 소식을 보도하는 양상에 실망했다고 했다. 그가 그 문건을 폭로한 이유는, 평범한 시민도 권력 남용을 폭로할 수 있다는 메시지를 주고 싶어서였다. 정보기관 출신도 아닌 그는 구조적 불평등에 관심이 있는 일개 시민일 뿐이었다. 그는 음모처럼 보이는 일들의 대부분이 실은 별것 아님을 보여주고 싶었다고 했다. 때로 역사는 그렇게 무작위와 우연의 힘으로 움직였다. 그는 자신의 이야기를 좀 더 생생하고 인상적으로 전해줄 사람을 찾고 있다면서 내게 혹시 뉴욕에 아는 기자가 있느냐고 물었다.

　내가 아는 뉴욕의 저널리스트들은 그 이슈가 더 이상 흥미롭지 않다는 말을 전해왔다. 그러나 나는 그 이야기를 계속해서 곱씹었다. 이 바닥에도 여전히 자신의 능력을 체제 전복의 가능성과 연관 지어 생각하고, 돈을 버는 것에만 관심 있는 게 아니라 그보다 큰 대의를 생각하는 엔지니어가 있다는 것이 반가웠다. 지난 10년을 통틀어 가장 가치 있는 회사로 손꼽히는 곳들의 개방형 사무실에서 20대와 30대를 보내고 있는 이곳 사람들은, 모이통에서 모이를 쪼는 새처럼 공짜 시리얼을 수북이 부어 먹고 다 마신 과일맛 음료 캔을 찌그러트리며 하루하루의 지루함을 못 견뎌 했지만 따박따박 꽂히는 월급을 포기하지 못했다. 그것을 포기한다는 것은 상상할 수도 없었다. 실리콘 밸리에는 어마어마한 잠재력이 깃들어 있었다. 그렇지만 너무 많은 잠재력이 인터넷 경제의 배수로와 같은 애드 테크 주위에만 고여 있었다.

　매일 길에서 마주치는 프로그래머 중에서도 이 바닥에 환멸을 느끼는 사람이 있을 것이라고 생각하니 기분이 좋았다. 그들도 나처럼 더 나은, 더 많은 무언가를 바라고 있을 것이라고, 자신이 일조하고 있는 글로벌 시스템의 실체를 정확히 이해하고 있을 것이라고, 또 바꾸고 싶어 할 거라고, 그리고 그 변화에 앞장설 의지가 있을 거라고 생각하면 실로 그러했다. 뭐든 잘 숨기지 못하는 나 같은 사람에게 이 같은 은밀한 유대감은 아찔한 동시에 기대와 희망을 불러일으켰다.

## 자각

캘리포니아 북부에서는 자연스러운 시간의 흐름을 느끼기가 힘들었다. 이국적인 식물들이 시간에 대한 감각을 흐렸고, 요거트는 툭하면 상했다. 일부러 기억하지 않으면 지금이 어느 계절인지도 헷갈렸다. 3년간 비를 구경한 적은 손에 꼽을 만큼 적었다. 샌프란시스코가 피터 팬의 도시라 불리고 그 안의 사람들이 영원히 현재에 머물려고 하는 것은 어찌 보면 당연했다. 그 속에서는 누구라도 나이 들고 있다는 느낌, 또는 그렇게 되리라는 예감을 망각하기 쉬웠다.

"10년째 20대로 살고 있는 것 같아. 조금 있으면 마흔인데. 일주일에 세 번씩 콘서트를 다니는 게 말이 돼? 이 나이면 자식이 있어야 하는 건 아닌가?" 나와 함께 사무실 바에서 빈둥거리던 동료가 대뜸 말했다.

한쪽에서는 다른 무리가 대낮부터 칵테일을 만들고 맥주를 따르고 있었다. 누군가는 핑크빛 스파클링 와인 병을 땄다. 똑같은 후드티를 입은 두 남자가 셔플보드에서 놀고 있고, 엔지니어들은 탁구대에서 착실히 공을 주고받고 있었다. 디제이 부스 뒤편의 전면 유리창 너머로, 바지를 허벅지까지 내린 채 인도에 드러누워 낮잠을 자는 남자가 보였다.

옆에 있던 동료가 또 말했다. "고향 친구들은 주택 담보 대출 때문에 부부 싸움을 하더라고." 그녀는 컴컴한 커피잔을 들여다보다 한숨을 푹 내쉬었다. "모두가 나이를 먹으면 지금 이런 모습이 어떻게 보일까? 다 재미없어질까?"

이런 게 아직도 재밌다는 건가? 재밌던 적이 있긴 했나? 여름에 스물아홉 살이 된 나는, 스물다섯 살 때는 원치 않았던 것들에 욕심을 내고 있었다. 나의 MBTI 유형에 어울리는 집과의 운명적 만남을 기다리기라도 하듯, 부동산 앱을 켜서 콜 밸리[69] 지역의 빅토리아풍 개조 건물을 열중해서 찾아보는 일은 언젠가부터 생긴 악취미였다.

또 나는 언제부턴가 길거리에서 아기들을 보면 마치 책 속에서만 보던 존재를 조우한 것마냥 유난스럽게 반응했다. "저기

69. 골든게이트 공원과 맞닿아 있고 빅토리아풍 건물들이 잘 보존되어 있는 샌프란시스코의 한 동네.

봐, 아기야!" 하고 나는 이안에게 소리치곤 했다. 마치 새를 발견한 것처럼, 별똥별을 목격한 것처럼.

　　패트릭이 생일을 맞아 뮤어 우즈[70] 근처에 있는 캠핑장, 정확히는 마구간 시설에서 조촐한 파티를 열었다. 초대장에는 '어떤 분이 자원하여 말을 관리해주기로 했으니, 말을 타고 오는 것을 적극 권장하는 바입니다.'라고 적혀 있었다.

　　주말에 이안과 나는 아웃도어 복장을 차려입고 캠핑장으로 향했다. 그리고 그곳에서 다소 어설프게 샐러드 그릇을 정리하고 있는 컴퓨터 과학자들을 만났다. 석쇠에는 연어 살덩이 몇 조각이 올라가 있었다. 말들이 있어야 할 울타리 안은 텅 비어 있었다. 양털 조끼를 걸친 쾌활한 사업가에게 말들은 어디 있느냐고 묻자 그가 말했다. "여긴 샌프란시스코잖아요. 말들도 별나다니까."

　　이안은 한 엔지니어와 말을 섞게 되었다. 그는 개념적이고 실험적인 사용자 인터페이스를 디자인한 인물로, 평소 이안이 존경하던 사람이었다. 이안의 입에서 컴퓨터 공학 이야기가 나오는 것을 나는 무척 오랜만에 보았다. 그는 일에 있어서만큼은 아주 과묵한 편이어서, 나는 이안이 수수께끼 같고 마법 같은 자신의 일을 얼마나 사랑하는지 종종 잊곤 했다. 나는 피크닉 테이

70. Muir Woods. 샌프란시스코 북부의 골든게이트 국립 휴양지에 있는 숲.

블에 자리를 잡고서 어릴 적 읽은 책들에 대해 이야기하는 두 엔지니어의 대화에 끼어들려고 노력했다.

　패트릭의 지인들과 자주 어울리는 편은 아니었으나 과학자, 사업가, 기술가가 태반인 그의 지인들과 내가 어울리지 않는다는 것쯤은 익히 알고 있었다. 그러한 무리 앞에서 고객지원 일을 한다고 말할 때마다 나는 부끄러움을 느꼈고, 부끄러움을 느낀다는 사실에 스스로 화가 났다. 불편한 상황에 놓이면 공격적으로 변하고 고집스러워지며 과잉되게 행동하는 나의 습관도 문제였다. 회사 창업자들과 이야기할 때마다 대화는 어김없이 크라우드 소싱 리뷰 사이트가 '문헌'으로서의 가치가 있는지에 관한 토론 따위로 이어졌다. 그리고 나는 매번 의도치 않게 민영화에 반대하는 주장을 펼쳐 분란을 일으켰다.

　모임의 분위기는 낙관적이면서 정중했다. 나도 행동을 조심했다. 대화는 이어지다가도 뚝뚝 끊겼다. 패트릭이 입을 떼면 멀리 있던 사람들까지 일순간에 말을 멈추고 마치 신탁을 듣는 듯 그의 말을 경청했다. 자연스럽게 나도 그의 말에 귀를 기울였다.

　우리는 피크닉 테이블에 둘러앉아 다 구워진 연어를 샐러드에 얹어 먹었다. 식사를 반쯤 마쳤을 때 아웃도어 옷을 입은 호리호리한 체격의 남자가 쇼핑백을 들고서 캠핑장에 나타났다. 패트릭은 반가워하며 벌떡 일어났다. 쇼핑백 안에는 디지털 리더기가 딸린 혈당 측정기 두 대가 들어 있었다. 그 측정기는 미국에서 구하기 힘든 제품이었고, 리더기도 따로 수입해 온 것이었다. 우리는 패트릭이 포장을 뜯어 제품 센서를 자기 어깨에 갖다 대는 모습을 지켜보았다. 나는 이안에게 의미심장한 표정을 지어 보였다. 패트릭은 당뇨 환자도 아니었다. 하지만 이안은 말했다. "뭐 어때? 멋져 보이는데. 나도 사봐야겠다."

잠시 후에는 누군가 작은 케이크와 양초를 꺼냈다. 모두가 생일 축하 노래를 불렀고, 패트릭은 얼굴을 붉혔다. 노래가 끝나고 다들 아무 말이 없을 때 패트릭이 입을 열었다. "그럼, 이제 모닥불을 끌까요?" 나는 불을 계속 피워두자고 제안했다. 텐트를 치고서 위스키를 마시며 수다를 떨다가 너무 추워지기 전에 텐트로 들어가자고 말이다. 나는 캠핑에서 그런 순간을 가장 좋아했다. 서로 친해지고 비밀을 털어놓으면서 천천히 밤에 취해가는 그런 순간을. 나는 한결 편안한 분위기에서 서로의 공통점을 알아가기를 들뜬 마음으로 기대하고 있었다. 그러나 패트릭은 당황한 눈치였다.

주위를 둘러보았다. 애초에 캠핑은 계획에 없었음이 순식간에 분명해졌다. 텐트를 가져온 사람은 이안과 나뿐이었다. 모두가 흩어져 10분 만에 종이봉투에 물건을 집어넣고 석쇠를 치우고 쓰레기를 분리수거 했다. 그리고 쓰레기와 냉장 박스를 들고 삼삼오오 차에 나눠 타더니 어둠 속으로 사라졌다. 차량 전조등이 어두운 길을 떠돌다 커브 길에서 사라졌다. 아직 10시도 안된 시간이었다.

"우리라도 텐트를 쳐야겠다." 이안이 주위를 둘러보며 말했다. 마구간 한복판에 텐트를 치고 단둘이 하룻밤을 보내야 한다니 어처구니가 없었다. 사방이 뚫려 있는 데다가 우스꽝스러우리만치 널찍한 공간이었다. 달빛에 울타리가 번득였다. 공원 경비원이 와서 말은 어디 있느냐고 추궁하면 어떡하나 걱정도 되었다. 벌금을 물게 될까? 게다가 이곳은 국유지였다. 우리가 법을 위반한 거면 어떡하지? 나는 왜 모든 사람이 다 함께 여기서 텐트를 치고 잘 거라고 생각했을까? 마치 모두가 다음 날 아무런 할 일이 없는 사람들인 것처럼? 내가 세운 주말 계획이라고는 초파리 트랩을 만드는 게 고작이었지만, 여기에 온 사람들은 저마다 중요한 할 일이 있었다는 사실에 한편으로 씁쓸했고 다른 한편으론 분한 감정도 느껴졌다. 위스키를 마시며 별자리 수나 떨고 싶었을 뿐인데, 생산적이지 못한 사람이 되어 이런 부끄러운 기분을 느끼고 있다니.

나는 그냥 돌아가자고 말했다. 하지만 이안은 고개를 가로저었다. 그는 맥주를 몇 캔 마신 상태였고, 나는 수동 기어 면허증이 없었다. 게다가 길은 가로등도 없고 구불구불했다. 결국에 우리는 텐트를 치고서 이를 닦고 맨바닥에 양칫물을 뱉은 뒤 침낭으로 들어가 나란히 누웠다. 바람에 삼나무 가지가 흔들리는 소리가 들렸다.

패트릭과 그의 친구들처럼 살고 싶은 것은 아니었다. 하지만 그들이 선택한 삶은 분명 흥미로웠다. 나는 그들의 몰입과 헌신, 스스로 뭘 원하는지 정확히 아는 분별력, 그리고 그것을 소리 내어 말할 줄 아는 당당함이 부러웠다. 나는 그런 것들을 늘 부러워했다. 그들은 이룬 것이 많았고 건강했다. 그들이 정확히 뭘 하고 있는지는 몰라도 어쨌거나 그들이 자신의 일을 잘 해내고 있다는 것은 분명했다.

　패트릭은 스물여덟 살의 나이에 체계적이고 꾸준히 성장하는 회사, 사랑받고 쓸모 있는 회사를 만들어냈다. 앞으로 그와 그의 친구들이 이 업계를 이끌어가는 모습을 상상해보았다. 충분히 일어날 법한 일이었다. 나는 만약 그렇게 된다면 우리 둘의 관계가 어떻게 달라질지 생각해보았다. 그와 나의 우정은 이미 어느 정도 각자의 삶에서 분리되어 있었다. 돈과 명예가 그를 변질시킬까, 내가 그의 골칫거리가 되는 것은 아닐까. 그와 같은 자리에 있는 사람들은 정해진 기대치에 순응해야 하는 경우가 허다했다. 그들이 이끌어가고 있는 시스템은 단순히 힘을 가진 무엇이 아니라 하나의 기계와도 같았다. 패트릭은 이상주의적이고 독립적인 사람이었지만, 이 구조 안에서 그에게 가해지는 직업적 요구와 사회적 압박이 그의 신념을 거스르는 행동을 그에게 요구할 수도 있었다. 그가 소셜 미디어에서 공인처럼 행동하는 것, 그에게 팔로워와 팬덤이 있는 것, 이따금 생뚱맞은 책이나 정책 또는 입장을 지지하는 것은 내게 늘 낯설게 느껴졌다. 사적인 자리에서 그는 유쾌하고 사려 깊고 개방적인 사람이었다. 하지만 공인으로서 그의 모습은 나와 자주 충돌했다. 그럼에도 그의 공적 존재감은 갈수록 증폭되고 힘을 얻고 있었다.

나는 이런 생각을 이안에게 슬쩍 털어놓았다. 헤드램프를 두르고서 책을 읽던 이안이 어깨를 으쓱했다. 흔들리는 불빛에 초파리가 잠깐 비쳤다가 사라졌다. "그 사람들에게는 없고 네게는 있는 걸 너 스스로 너무 과소평가하고 있는 것 같은데." 나는 몸을 돌려 이안을 보았다. "내게만 있는 거라면, 너?" 그가 다시 말했다. "그렇게 말해줘서 고맙긴 한데, 그것보다 더 중요한 거. 진지하게 고민할 가치가 있는 그런 거."

지금 생각해보면, 실리콘 밸리 남자들에게 없고 내게만 있는 그 무언가는 지난 4년간 내가 바꾸려고 무진장 노력했던 바로 그것이었다. 테크 업계에 있으면서 나는 감정적이고 공상적이며 지나치게 생각이 많은, 그래서 피곤한 나의 모습으로부터 벗어날 수 있었다. 모두의 감정을 일일이 신경 쓰고 진정성에 연연하는, 시장 가치랄 것이 아예 없는 나의 모습으로부터.

그러나 비경제적 관점에서 보자면 내게 있는 그러한 면들이 창업자들과 기술 전문가들이 우선시하는 가치보다 값어치 없지 않음을 비로소 나는 깨달았다. 물론 그렇다고 더 값어치 있는 것도 아니었다. 그저 다를 뿐이었다. 지금껏 내가 업계의 문제를 외면한 채 고분고분 순응해온 것은, 돈을 벌고 사회적으로 인정받고 안정감을 찾고 싶다는 지극히 현실적인 이유에서였다. 개인적인 이유도 있었다. 나는 일에서 의미를 발견하고 성취감을 느끼는 것이 여전히 가능하다고 믿었다. 그러한 믿음은 지난 20

년간 내게 주입된 교육과, 부모님의 가르침과, 사회경제적 특권과, 우리 세대의 낙관이 버무려진 결과물이었다. 다만 나는 그 남자들과 달리 원하는 것을 똑 부러지게 말하는 법을 배우진 못했다. 따라서 자신에게, 그리고 온 세상을 향해 스스로가 잘났다고 떠벌리는 그 남자들에게 묻어가는 것을 안전하다고 느꼈던 것이다. 그것이 내 안의 불확실성과 소외감과 불안정함을 잠재울 방법이었다.

하지만 그러한 동기 부여는 오래가지 못했다. 내가 잘 보이고 싶어 했던 사람들도 알고 보면 그리 우월하지 않았다. 물론 다들 똑똑하고 착하고 야심 찼지만, 세상에 많고 많은 게 그런 사람들이었다. 참신하다는 느낌이 잦아들었고, 업계에 만연한 이상주의가 점점 수상쩍어 보였다. 테크 산업의 대부분은 진보와 무관했다. 그냥 비즈니스일 뿐이었다.

나는 안도와 실망을 동시에 느꼈다. 내가 실리콘 밸리의 젊은 창업가들에게 감정을 이입해온 진짜 이유가 여기에 있었는지도 몰랐다. 창업가의 다수는 10대 시절 스스로 선택한 삶에 적어도 10년을 바친 사람들이었다. 그중에는 지금 하는 일을 그만두고 새로운 일을 궁리하는 사람도 있을 것이다. 도덕적·정신적·정치적 의구심을 품기 시작한 사람들도 더러 있을 것이다. 나는 앞으로의 일을 곰곰이 그려보았다.

결말은 어떠한 모습일까. 나는 기술 비전공 여성으로서 테크 업계에서 성공을 좇는 나의 미래를 상상했다. 중간급 관리자가 되고, 나중에는 임원, 또는 컨퍼런스 무대에 올라 여성들에게 영감을 주는 컨설턴트나 코치가 된 나의 모습을. 무대 위의 나는 억지웃음을 지은 채로 곱슬머리가 맥없이 가라앉는 것을 실시간으로 느끼며 한 손에는 프레젠테이션용 리모컨을 들고 있을지도 몰랐다. 직접 체득한 경영 철학을 주제로 블로그에 글을 쓰는 나의 모습도 상상이 갔다. 글의 제목은 '굴러 들어온 기회 차버리기', '협상 안 하기', '상사 앞에서 울기' 같은 것들이 되겠지. 나는 남자 동료들보다 두 배는 더 열심히 일하지만 인정은 그들의 절반만큼도 받지 못할 것이다. 그럼에도 마땅한 보상을 계속 바라며 시간과 에너지를 회사에 바칠 것이다. 나는 시장 원칙에 근거하여 결정을 내리고 보상받을 것이다. 그러면서 스스로 중요한 사람이 되었다고 느낄 것이다. 스스로 옳은 일을 하고 있다고 느낄 테니까.

나는 옳다는 느낌을 좋아했다. 나 자신이 옳은 일을 하고 있다는 감각을 사랑했다. 하지만 행복하고 싶기도 했다. 또 가능하다면, 내가 의미 있다고 느끼는 나만의 삶을 찾고 싶었다.

아주 오랫동안 나는 사업가들이 품은 야망의 근원에 일종의 갈망이 존재한다고, 아무도 인정하진 않겠지만 그 깊은 곳에 조금은 연약한 구석이 있다고 믿었다. 사내 요가 클래스와 명상 앱과 선별적으로 접목한 스토아 철학과 사색적 리더십의 유행 이면에는, 정신적 가치를 찾고 싶어 하는 바람이 어느 정도 깔려 있었다. 그렇지 않고서야 온갖 사내 의식과 모임, 컨퍼런스와 외부 활동, 기업 부흥회와 충성 서약, 광신도들, 그리고 현대화되고 맞춤화된 노동 복음의 존재를 어찌 설명할 수 있겠는가? 나는 연약함이 그 이유라고 확신했다.

영리하고 예민하며 쉽게 극단으로 치닫는 이 업계의 그런 남자들은, 자신이 바라는 걸 이룰 때까지 여기저기를 들쑤시고 다녔다. 아마도 그들은 누군가에게 잘 보이고, 부모님의 기대를 충족시키고, 형제보다 출세하고, 라이벌의 코를 납작하게 만들고 싶었을 것이다. 아마도 그들의 진짜 욕망은 관계 맺는 것, 이를테면 공동체를 만들거나 친밀한 유대감을 형성하는 것, 아니면 단순히 사랑받고 이해받는 것에 있는지도 몰랐다. 시스템을 세우고 작동하는 일은 그 자체로 만족감을 주었지만, 어쩌면 모두가 그 이상의 무언가를 바라는 것일 수도 있었다.

나의 경우는 늘 감정적 서사를 찾아 헤맸고 무언가를 심리학적으로 설명하거나 개인사적으로 풀어내려고 했다. 나는 마음껏 감정을 이입할 수 있게 해줄 이야기를 기다렸다. 단순히 성인기가 청소년기의 정신적 문제를 해결해가는 과정이라거나 과거를 다시 쓰는 노력이라고 믿고 싶기 때문이 아니었다. 내가 창업가 무리의 정신적·감정적·정치적 가능성에 매달렸던 것은, 세계를 착취하는 프로젝트에 참여하고 있다는 죄책감을 덜어내려는 무력한 시도였을 뿐 아니라 미래에 대한 바람의 투영이었다. 머지않아 그들은 차세대 파워 엘리트가 될 것이다. 나는 세대교

체가 일어나 그들이 경제와 정치권력을 거머쥐었을 때 그들 자신뿐 아니라 모두를 위해 지금보다 더 낫고 포용적인 세상을 건설하기를 바랐다.

그러나 결국에 나는 이러한 생각이 터무니없음을 깨달았다. 내가 꿈꾸던 모습의 미래는 원천적으로 불가능했다. 그렇게 독단적이고 무책임한 형태의 권력은 그것 자체로 문제적이었으니 말이다. 무엇보다 나는 똑같은 실수를 반복하고 있었다. 이번에도 나는 그저 이야기들을 찾아 헤맬 뿐, 구조적인 부분을 놓치고 있었다.

실리콘 밸리의 젊은이들은 아무 문제 없이 잘 해내고 있었다. 자신들이 몸담은 업계를 사랑했고 일을 즐겼으며 문제 해결을 재밌어했다. 그들은 거침없었다. 타고난 설계자들이었다. 적어도 스스로 그렇게 믿었다. 그들은 무엇을 보든 그 안에서 시장과 기회를 포착했다. 자신들의 아이디어와 잠재력을 무조건적으로 신뢰했다. 밝은 미래에 흠뻑 도취되었다. 그들에게는 권력과 부와 통제력이 있었다. 무언가를 갈망하는 쪽은 그들이 아니라 나였다.

# 겨울

이제 우리는 무지함을 변명으로 내밀 만큼 어리지 않았다. 자만심이라면 모를까. 혹은 무관심, 도취, 이상주의, 또는 지난 몇 년간 그럭저럭 괜찮게 살아온 사람들 사이에 파다하게 퍼진 방심이 문제였다. 우리는 모든 것이 지나가겠거니 생각했다. 바쁘게 일하느라 정신이 팔려 그냥 그렇게들 여겼다.

어쩌면 우리가 잘못 생각한 것일지도 모르겠다는 생각이 들 무렵, 그러니까 리얼리티 TV 쇼에 나오던 성공한 사업가이자 부동산 개발업자가 정말로 미국 대통령이 될 수도 있겠다는 위기감이 생긴 이후로, 모두가 마지막 지푸라기라도 잡는 심정으로 투표 참여를 호소하기 시작했다. 창업가들은 투표 격려 캠페인에 돈을 쏟아부었고, 모바일 앱과 소셜 네트워크의 타깃 광고를 이용해 밀레니얼 유권자들을 설득했다. 내가 다니는 오픈소스 스타트업은 대선 당일에 그날이 선거일임을 알리는 현수막을 걸겠다고 발표했다.

연안 도시에 거주하는 백인 중산층 미국인답게, 정치 위기와 사회 격변의 시대에도 나는 바깥일에 큰 관심을 두진 않았다. 선거 결과는 당연히 정해졌다고 생각했다. 실리콘 밸리는 멈추지 않는 기차였다. 나는 어느새 테크 업계 특유의 자신감에 물들어 모든 것이 잘되어가리라고 철석같이 믿고 있었다. 스스로 역사의 궤도를 바꿀 수 있다고 믿은 창업가 무리와 그들을 믿은 나. 둘 중 누가 더 무모했던 걸까.

11월 초엽, 일을 시작하려고 노트북을 열었는데 서비스 약관 팀의 대화 분위기가 심상찮았다. 워싱턴 D.C. 소재의 피자 가게에서 벌어진 성매매와 아동 성착취 조사 기록이 보관된 저장소 때문이었다. 나는 자초지종을 확인하러 이전 대화 내용부터 차근차근 읽어 내려갔다. 저장소에 보관된 내용물은 대선 캠프에서 유출된 이메일로 보였으나 모두 블러 처리되어 식별할 수 없었다. 뭔지는 몰라도 음모론의 냄새가 짙게 풍겼다.[71]

71. 2016년 미국 대선 당시, 힐러리 클린턴과 그의 선거대책본부장 등이 아동 성착취 조직과 관련돼 있으며 그 근거지가 워싱턴 D.C.의 어느 피자 가게라는 소문이 퍼지면서 큰 논란이 일었다. 해킹당한 선거대책본부장의 이메일에 '피자'라는 단어가 수차례 언급된 것이 발단이었는데, 결국 실체 없는 음모론으로 밝혀졌다.

나는 딱히 참견하고 싶지 않았다. 내가 보고 있는 게 뭔지도 모르겠고 알고 싶지도 않았다. 동료들 또한 조용히 넘기려는 분위기였다. 괜한 논란을 막으려는 동료들의 의지와, 인터넷의 지저분한 밑바닥을 보고도 적당한 거리와 유머 감각을 유지하는 그들의 태도는 인상적이었다. 나는 이내 평소처럼 카피라이트 업무에 매진했다. 단체 채팅방에는 빙글빙글 돌아가는 피자 조각 이모티콘이 마구 올라왔다. 이후로 나는 그 저장소의 존재를 까마득히 잊고 살았다. 별안간 모든 신문이 그 소식으로 도배되기 전까지는.

그 후로 나는 그 일을 두고두고 생각했다. 그날 그것을 무심코 넘긴 까닭이 결국 내가 테크 업계의 산물이기 때문은 아닌지 자꾸만 의심이 들었기 때문이다. 어쩌면 나 자신이 스스로 생각했던 것 이상으로 세상일에 무관심하고, 속도와 성장만을 중시하고, 근시안적이기 때문은 아닐까 하면서. 물론 이는 내가 원체 분석적이지 못하고 시스템적 사고가답지 못했기 때문인지도 몰랐다.

하지만 그럼에도, 내 주변의 시스템적 사고가들 또한 모두 그것에 침묵했다는 사실은 못내 찜찜함을 남겼다.


패트릭과 저녁을 함께했다. 그는 식당 안쪽에 앉아 잡지를 읽고 있었다. 그는 내가 외투를 벗을 때까지 기다렸다가 테이블 앞으로 몸을 내밀며 말했다. "테크 업계에 겨울이 오고 있는 걸까요?" 샌프란시스코의 겨울은 겨울도 아닌데, 그리고 어차피 매일매일이 겨울인걸, 하고 나는 생각했다. 알고 보니 그는 유명한 판타지 드라마의 대사를 읊은 것이었다. 겨울이 온다는 것은 피할 수 없는 일이 다가오고 있다는 의미였다.

선거철이 되면서 실리콘 밸리에 이목이 쏠리고 있었다. 불과 얼마 전까지만 해도 상장을 앞둔 테크 기업들의 사내 식당까지 자세히 분석해 기사를 싣던 매체들이 자신들의 역할을 되돌아보기 시작했다. 사람들이 반독점, 소비자 제품 안전 규정, 특허나 저작권법 등에 대해 관심을 갖기 시작했다. 또 인터넷 중독과 경제 불평등에 일조한 테크 기업들을 비판하기 시작했다. 소셜 네트워크에는 잘못된 정보와 음모론 콘텐츠가 퍼졌다. 테크 업계는 관심받는 일에 늘 익숙했지만, 이런 식의 관심은 아니었다.

테크 업계는 무사할 거라고, 나는 빵 조각을 올리브 오일에 적시며 대답했다. 테크 업계를 향한 심판이 정말로 시작된다면, 그 결과는 협업 소프트웨어를 만들거나 셔츠를 파는 스타트업이 줄어드는 정도일 테고, 아니면 헐값에 계약 노동자를 부리던 스타트업이 줄어드는 정도일 것이다. 그런다고 세상이 망하지는 않을 것이다. 나는 테크 업계를 걱정하지 않았다. 그보다 심각한 위험이 많았다. 패트릭이 고개를 끄덕였다. 그도 나처럼 지쳐 보였다. 실리콘 밸리의 가치를 두고 입씨름할 날은 아니었다.

나는 앞으로 일어날 일의 긍정적인 면이 궁금했다. 패트릭이라면 알고 있지 않을까? 그는 늘 대안을 이야기해주고, 날 기운 차리게 해주고, 미래를 새롭게 환기시켜주니까. 아주 생산적이고 효율적인 사람이니까. 그러면 분명 해법을 가지고 있을 것이다. 하지만 패트릭은 고개를 숙이며 말했다. "나도 잘 모르겠어요. 상황이 아주 안 좋아요."

식사를 마칠 즈음 그가 대뜸 미안하지만 업무 전화를 받아야 한다며 그리 오래 걸리지는 않을 것이라고 양해를 구했다. 그의 회사는 새로운 투자 라운드를 마무리하고 있었다. 그들의 미래가 조금 더 안전해졌다는 뜻이었다. 정치 상황은 앞을 내다볼 수 없이 불투명했지만 말이다. 우리는 밥값을 각자 지불한 후 검은색 외투를 여미고서 쌀쌀한 밖으로 나갔다.

폴솜 스트리트[72]를 걸어가는 내내 패트릭은 전화로 회의를 했다. 거리는 어둡고 황량했다. 그는 가방에서 태블릿을 꺼내 이메일을 확인했고, 손가락을 놀려 몇몇 서류에 전자 서명을 끄적였다. 그가 얼마나 안정적이고 당차게 앞으로 나아가는지가, 문자 그대로 길을 헤쳐 나가는지가 무척 인상적이었다. 가방 손잡이를 붙들고 있는 내 손에 자꾸만 힘이 들어갔다.

우리는 소마로 이어지는 고가도로 밑을 지났다. 패트릭은 완벽한 문장을 빠르게 구사하며 쾌활하게 대화하고 있었다. '정말로' 겨울이 온다면, 패트릭은 어떻게 될까. 이 판에 얼마큼의

---

72. 샌프란시스코 남쪽의 버널 하이츠에서 미션 디스트릭트와 소마를 지나 샌프란시스코만 인근까지 이어지는 거리.

이해관계가 얽혀 있는지, 우리 중 누가 판돈을 더 많이 걸었는지 나로서는 가늠할 길이 없었다.

그에 대한 답은 몇 주 후 검열이 철저한 온라인 게시판을 구경하다가 알게 되었다. 한 사용자가 패트릭네 회사에 관한 글을 올렸다. 패트릭네 회사의 최근 투자 라운드가 뉴스에 보도되었는데, 그 소식에 따르면 패트릭네 회사는 실리콘 밸리를 통틀어 기업 가치가 가장 높은 사기업 중 한 곳이 되었다. 그러니까 패트릭은 그날 밤 고가도로 아래의 은은한 조명을 받던 그 순간에, 자수성가한 최연소 억만장자 대열에 오른 것이었다.

고위 인사의 개인정보를 자신이 유출했다고 주장한 그 개발자 친구에게 전화를 걸었다. "네가 할 수 있는 건 없겠니?" 나는 떼를 쓰는 어린애처럼 물으며 발로 애꿎은 카펫을 긁어댔다.

그는 잠시 말이 없었다. "네가 원하는 게 뭔지 모르겠어. 금방 뭔가가 바뀔 수 있는 게 아니야. 몇 달이 걸릴 수도 있고, 무조건 성공한다는 보장도 없지." 사실 나도 내가 뭘 하고 싶은 건지 알 수 없었다. 유토피아적 신념이 여전히 유효하다는 증거, 아니면 점점 비대해지고 있는 네트워크에 대한 옹호를 바랐던 걸까. 그러나 이제 남은 시간은 몇 달이 아니었다. 불과 며칠뿐이었다.

대학 동창 두 명, 세일즈 팀에서 일하는 동료 한 명과 함께

리노[73]로 갔다. 우리는 할 일 없이 모인 미혼 여성 무리처럼 해저 테마로 꾸민 카지노에 들어갔다. 우리는 카지노 풀장에서 입을 수영복을 챙겨 오지도, 슬롯머신에 눈길을 주지도 않았다. 그냥 실내를 돌아다니면서, 카지노 안의 야자수와 화려한 인공폭포, 파란 조명이 감싸고 있는 인어와 돌고래 모양의 분수대 사진을 소셜 미디어에 올리며 우리가 느끼는 불편함을 공유했다. 그날 밤 우리는 한 침대에 두 명씩 누워 일찌감치 잠을 청했으나 다들 어둠을 말끄러미 쳐다보며 쉽게 잠이 들지 못했다.

다음 날 아침, 우리는 선거 운동 자원봉사 센터로 향했다. 캘리포니아 차량 번호판이 달린 전기차를 끌고서 우리가 도착한 곳은 센터 사무실이 있는 어느 쇼핑몰이었다. 클립보드를 받으러 기다리다가 문득, 우리가 어디에 와 있는지가 궁금해졌다. 우리는 샌프란시스코에서 이곳으로 오는 내내 그랬던 것처럼, 지도 앱에다 목적지 주소를 입력한 뒤 별생각 없이 그것이 가라는 대로만 움직였다. 그러니 이곳이 어디인지 알 턱이 없었다.

이후 꼬박 이틀 동안 교외 지역을 돌면서 선거 운동을 했다. 누가 봐도 튀는 모습으로 모르는 사람에게 말을 걸어야 한다는 게 끔찍이도 싫었다. 우리가 남의 집 현관에 우르르 몰려갈 때마다 주민들이 우리의 정체를 단박에 알아보는 것도 곤혹스러웠다. 노동 계층이 밀집한 동네는 한적하고 고요했는데, 주차된 차

---

73. Reno. 미국 네바다주 북서부의 도시.

량의 절반 정도가 차량 공유 스타트업이 배부한 스티커를 붙이고 있었다. 함께 온 회사 동료는 세일즈 팀이 인력 감축을 시작한다는 소문에 초조해했다. 공교롭게도 어느 차량에는 '인플레이션이 최대한 일어나지 않도록 기도합시다'라는 문구가 적혀 있었다.

선거 날, 불안과 희망이 동시에 들끓었다. 나는 자궁 모양의 에나멜 핀을 재킷에 꽂은 후 정찰 겸 아침 식사를 하러 방을 나섰다. 몇몇 남자가 슬롯머신 앞에 앉아 담배를 피우고 있었다. 나는 카지노 커피 바에서 일하는 여자에게 투표할 계획이 있느냐고 물었다. 아직도 완벽히 숙지하지 못한 선거 운동 각본의 첫 마디였다. "올해는 없어요." 여자가 고개를 가로저었다. 당황한 나는 부담을 주려는 건 아니었다고 황급히 둘러댔지만 내 말이 진심인지는 확신이 서질 않았다.

선거 당일 초인종 소리에 문을 열어주는 집은 거의 없었다. 우리는 터덜터덜 걷다가 도로 연석에 앉아 물과 과자를 나눠 먹었다. 대학 동창은 고양이 그림과 외설적 문구가 박힌 티셔츠를 입고 목에는 '내스티 우먼NASTY WOMAN'이라고 적힌 레터링 목걸이를 차고 있었다. 소셜 네트워크에서는 셀럽들이 빈티지 바지 차림의 매력적인 모습을 뽐냈고, 모르는 사람들이 여성 참정권 운동가의 묘비에 투표 인증 스티커를 붙인 뒤 인증샷을 공유했다. 어느 벤처 캐피털리스트는 보드카 병과 샴페인 병을 나란히 찍어 올리면서 의미심장한 흑백 필터를 덧입혔다. 친구들은 저마다 투표소 밖에서 찍은 셀카를 올렸다. 가을 햇살을 받은 그들의 얼굴에서 단호함과 희망이 엿보였다. 회사 채팅방은 평소답지 않게 차분했다.

관심 경제의 시대는 오히려 나를 무관심하게 만들었다. 내 소셜 미디어 피드는 페미니스트 슬로건과 도상학, 발가벗은 유방 모양의 도자기 화분이나 '여성이 미래다' 문구가 박힌 신생아복 같은 상품들로 채워졌다. 지난 몇 달간 내가 인터넷으로 보던 게 이런 것들이었다.

그러나 이런 것은 네바다주의 변두리 마을과는 전혀 무관했다. 집 안에 있는 여자들은 우리의 클립보드와 선거 유세 스티커와 해안 지역 연합 페미니즘을 강조하는 액세서리를 보며 고개를 가로저을 뿐이었다. 소형 SUV와 으리으리한 집이 즐비한 부자 동네의 막다른 골목에 다다랐을 때, 우리는 잠시 렌터카에 몸을 기댄 채 각자 휴대폰을 들여다보았다. 그런 뒤 나는 자궁 모양의 핀을 떼어내 주머니에 도로 넣었다. 모든 일이 가능해 보였고, 무슨 일이든 일어날 것만 같았다. 마치 슬로 모션에 걸린 듯, 서서히 방향을 트는 힘이 또렷이 느껴졌다.

투표가 얼추 끝나가고 있었다. 분위기는 점차 가라앉기 시작했다.

# 에필로그

선거 이후 몇 달 동안 친구들과 동료들은 잘 지내지 못했다. 복통과 불면증에 시달렸고, 점성학에 부질없이 매달렸다. 술을 진창 퍼마셨고 담배를 연신 피워댔다. 사운드 명상 스튜디오에 다니기 시작했다. 우울증을 쫓고 생산성을 회복하겠다며 소량의 마약을 하기도 했다. 이메일 인사말에 '상황이 이렇다 보니', '흉흉한 소식이 들려오긴 하지만'과 같은 문장이 따라붙었다. 모두가 무책임한 공상에 진지하게 몰두했다.

검열이 철저한 온라인 게시판에서는 합리성의 부활을 위한 새로운 계몽 운동의 필요성을 두고 토론이 벌어졌다. 소셜 미디어에서는 한 교육 소프트웨어 회사의 세일즈 팀장이 공화당 지지 지역에 개인 비행기를 띄워 반이민 행정명령의 실체를 알리는 전단을 뿌리자며 크라우드 펀딩을 제안했다. 데이터 분석 스타트업의 전 임원은 금괴 구매처를 추천해달라는 글을 올렸다. '암호화폐에 투자할 적기'라고 모두가 입을 모았다. 테크 업계에 종사하거나 그쪽 사정을 아는 사람들은 주변 사람들에게 암호화 커뮤니케이션 앱을 사용하라고 권유했다. 그러니까 우리 모두의 해법은, 늘 그랬듯, 더 많은 기술에 기대는 것이었다.

현실을 파악한 CEO들과 벤처 캐피털리스트들은 업계를 대표하여 새로 들어선 정부에 화해의 손길을 내밀었다. 그런가 하면 몇몇 사람들은 공항에서 시위를 벌였다. 적어도 카메라 앞에서는 그랬다. 그들은 코드를 다룰 줄 아는 이민자들을 우선으로 보호하는 관대한 이민 정책을 옹호했다.

모두가 늦게까지 잠 못 이루며 불안한 마음으로 인터넷에 탐닉했다. 그와 동시에 광고 알고리즘도 쉬지 않고 가동되었다. 친구들은 소셜 미디어의 맞춤형 광고에 넘어가 감각처리장애가 있는 사람을 위한 두꺼운 이불을 샀고, 그걸 덮고 가만히 누워 옥시토신이 분비되기를 기다렸다. 파시스트 이론과 피해망상 수준의 음모론이 나돌았다. 온라인 문화에서 유행하던 장난과 잘못된 정보와 각종 밈이 사회 전반으로 퍼져 나갔다. 이제 정치계에서 트롤링은 예삿일이 되었다.

나치 문양이 뉴스에 등장했다. 서비스 약관 팀의 메일함에도 나치스러운 내용의 메일이 도착했다. 우리가 하는 일은 여전히 새로운 영역이었고, 따라서 질서가 부족했다. 우리의 업무는 정책 혹은 커뮤니티 정책이라 불렸다. 또는 신뢰와 안전, 커뮤니티와 안전, 아니면 그냥 안전과 관련된 일로 규정되었다. 회사에 따라서 이러한 일을 맡는 팀은 6년 전에 만들어졌거나, 그게 아니면 6개월 전에야 신설되었다. 수백만 명이 활동하는 온라인 공간에서 그들의 발언 하나하나를 판단하기란 역부족이었다. 업계 바깥에서 수정 헌법 제1조를 놓고 논쟁이 벌어지는 동안, 업계 내부에서 우리는 표현의 위험성과 그 심각성을 가늠하여 최대한 신중하고 신속하게 대응하고자 부단히 노력했다. 그러나 사이버 폭력은 매 순간 빠르게 진화하여 늘 조금씩 우리의 손을 벗어났다.

　업계 사람들이 모인 자리에서 유명 스타트업의 고위 직원이라는 사람이 내게 말을 걸어왔다. 나와 그 사람은 테크 업계가 새로 짊어지게 된 책임감에 대해 이야기를 나누었다. 치즈와 과일이 놓인 종이 접시를 손에 든 채로, 우리는 불안을 주고받았다. 그러다 그가 의미심장하게 몸을 기울이더니 말했다. "백악관에는 어른이 없어요. 이제 우리가 정부 노릇을 해야 하죠." 그의 얼굴에 약간의 웃음기가 비쳤다.

　나는 이제 모든 것이 변할 거라 생각했다. 파티는 끝이 났다고, 테크 업계는 끝물에 다다랐으며 심판을 맞이하게 될 것이라고 말이다. 내가 샌프란시스코에서 경험한 것들은 타락 이전 시대의 최후였고, 우리 시대의 마지막 골드러시였으며, 지속 불가능한 과잉의 시기였다.

　그렇게 나는 떠났다. 마약에 찌든 사람과 조깅을 하는 사람이 더불어 살아가고, 요새처럼 생긴 유모차와 가죽 전문 부티크를 볼 수 있으며, 유칼립투스 나무가 바람에 휘날리는 그 세계를. 모든 것이 반짝이고 온전한 그 세상을. 크레인은 창고 건물에 새로 입주하는 회사들의 짐을 부지런히 옮겼다. 셔틀버스는 오르막을 올랐다가 브레이크를 밟아가며 다시 내리막을 내려갔다. 하나의 생태계로 얽힌 도시와 테크 업계는 그렇게 계속 순환하고 약동했다.

　나는 계속 일할 수 있었지만 이제 떠나야 할 때임을 직감했다. 돈과 안락한 라이프 스타일만으로는 일하면서 느끼는 감정적 스트레스를 떨쳐낼 수 없었다. 번아웃과 지겨움, 그리고 간헐적으로 느끼는 유해함 같은 것을 가라앉힐 수 없었다. 지금까지 보내온 나날이 뿌옇게 보였다. 공허함이 점점 자라나 방 안을 돌아다니고 의자 위를 굴러다녔다. 그래도 이제 내게는 그것을 해결할 용기는 아닐지언정 여유가 있었다.

　2018년 초, 오픈소스 스타트업을 퇴사했다. 나는 변화를 바랐다. 이제는 글쓰기에 집중하고 싶었다. 지난 몇 년간 나를 움직인 충동은 내 삶에서 나를 지우는 것, 주변부에서 관망하며 삶을 구성하는 틀과 받침대를, 구조를 관찰하는 것이었다. 심리학자들은 그런 걸 가리켜 해리DISSOCIATION라고 부르겠지만, 나에게 그것은 사회를 이해하는 과정이었고 동시에 불행으로부터 벗어나는 방법이었다. 그 덕에 삶이 조금 더 재밌어졌으니까.

재택 퇴사는 영 모양이 나지 않았다. 마지막 날, 나는 영상 채팅으로 60초 정도 퇴사 인터뷰에 응했다. 그리고 서비스 약관 팀의 채팅방에다 손을 흔드는 이모티콘을 띄운 다음 사내 게시판에 간략한 인사말을 올렸다. '이 회사에서 일하는지도 몰랐네요.' 누군가 댓글을 달았다. 나는 침대에 앉아 무릎에는 노트북을 올려놓은 채, 사내 플랫폼에 대한 접근 권한이 하나씩 사라지는 것을 지켜보았다. 건물 불이 하나씩 꺼지는 것처럼, 404 에러가 차례로 떴다. 모든 것이 마무리되었다. 간단히 시작한 만큼 간단히 끝이 났다.

입사하고 3년 반이 지났으니 스톡옵션의 대부분을 행사할 수 있었다. 나는 인수설이 나돈다는 것을 알고 있음에도 망설여졌다. 어찌 됐건 적은 양이 아니었고, 나중에 얼마큼의 가치가 될지 불확실했기 때문이다.

그래도 승부를 걸어보기로 했다. 옵션 행사는 퇴사 후 90일 이내에만 가능했다. 90일째 되던 날, 나는 수기로 작성한 예금 계좌 정보를 사무실에 제출하고 최대한 많은 양의 스톡옵션을 행사했다. 방문자 출입구에서 스톡 플랜 관리자가 서류 작업을 마치길 기다리는 동안, 나는 전 동료들이 사내 커피숍에서 신나게 수다 떠는 모습을 구경했다. 퇴사가 실수였던 것은 아닐까 하는 생각에 마음 한구석이 쓰라렸다.

　한때 내가 권력의 벽 뒤에서 안락함을 느꼈다는 것은 싫어도 부인할 수 없는 사실이었다. 세상은 바뀌었고, 어느덧 나는 제국의 일부, 기계의 안쪽에 있는 것에 더 익숙해져 있었다. 이제는 관찰당하는 편보다 관찰하는 편에 있고 싶었다.

　오픈소스 스타트업의 이전 직원들은 따로 채팅방을 만들어 계속 연락을 주고받았다. 우리의 스톡옵션이 휴지 조각이 될지 말지를 두고 열띤 토론이 벌어졌고, 중간중간에 자기네 스타트업으로 오라는 영입 제안이 잇따랐다. 온갖 헛소리와 투기에 가까운 재테크 정보가 오갔다. 사람들은 자신들의 홈오피스와 문어냥 인형 사진 등을 채팅방에 올렸다. 또 초창기 직원회의와 주말 근무, 사무실에서 열린 광란의 파티 등을 떠올리며 추억에 잠겼다. 팀 빌딩 활동으로 보물찾기를 하다가 스트리퍼와 셀카를 찍던 그 시절. 사무실에서 몰래 약을 흡입하던 그 시절. 그들의 추억은 공동의 신화로 굳어졌다. 내가 알고 있는 이야기, 입에서 입으로 전해지는 뒷이야기는 침묵 속에 묻혔다.

　6월, 내가 다녔던 오픈소스 스타트업이 시애틀에 본사를 두었으며 소송을 자주 걸기로 유명한 바로 그 소프트웨어 대기업에 인수되었다는 소식이 터져 나왔다. 인수가는 75억 달러에 달했다. 그 대기업은 1990년대만 해도 오픈소스 소프트웨어의 시대를 막으려 했었다. 그러나 새로운 시대가 도래한 지금은 모두가 그 판에 뛰어들어야 했다.

채팅방 사람들은 주가에 대해 주워들은 정보를 부지런히 비교했고, 자축하는 의미에서 문어냥 티셔츠를 입고 찍은 셀카 사진을 올렸다. 누군가는 '노후를 보장받은 기분'이라고 했다. 다른 누군가는 기대 이상의 횡재에 복잡한 심경을 드러냈다. '블러드 다이아몬드[74] 같네요. 귀중하긴 한데 이것 때문에 어마어마한 인력을 갈아 넣어야 했죠.'

그건 다이아몬드일 뿐 아니라 광산이기도 했다. 전 동료들의 상당수는 백만장자가 되었다. 창업자들은 억만장자가 되었다. 벤처 캐피털리스트들도 한몫을 두둑이 챙겼다. 나는 내 친구들, 특히 열심히 일한 말단 직원들을 생각하면 기뻤다. 몇십만 달러로 인생이 바뀔 그들의 가족을 생각해도 그랬다. 이제 회사에도 위계 구조가 생기려나 잠시 생각했지만, 그런 건 예전부터 존재했었음이 떠올랐다.

내가 스톡옵션을 행사한 주식의 가치는 세전 20만 달러 정도였다. 내 형편에는 충분히 많은 돈이었지만 업계 기준으로 보면 소박했다. 20만 달러면 모두가 싫어하는 소셜 네트워크의 평균 연봉에도 못 미쳤다. 고객지원을 담당했던 초창기 직원의 통장에도 60만 달러 남짓한 돈이 들어왔고, 동료들에게 민폐만 끼치는 것 같던 어느 직원도 수백만 달러를 벌었다고 했다. 나는 뿌듯하지는 않았지만 그래도 안심했고 한편으로는 죄책감을 느

74. blood diamond. 분쟁 지역에서 전쟁 비용 등을 충당하기 위해 생산되는 다이아몬드로, 분쟁conflict 다이아몬드 또는 전쟁war 다이아몬드라고도 불린다.

껐다.

　나는 운이 좋은 편이었다. 스톡옵션을 행사하기 위해 통장에 넣어둔 돈을 몽땅 걸 수 있었던 것은, 행여 상황이 잘못되더라도 가족이나 이안에게 돈을 빌릴 수 있다는 것을 알아서였다. 비기술직으로 중요한 일을 하면서도 전국에서 생활비가 가장 비싼 도시에서 여윳돈을 저축할 만큼의 월급을 받지 못하는, 대부분이 여자인 나의 전 동료들은, 퇴사하고 나면 권리를 행사할 수 없는 스톡 그랜트를 제안받았다고 했다. 또 소문에 의하면, 몇몇은 스톡옵션의 행사 기한을 연장해주겠다는 말을 듣고 입사했으나 이후 이사회가 연장을 승인해주지 않았다고 했다. 기업의 매각으로 큰돈을 얻게 되는 일은 일생에 한 번 있을까 말까 한 대박의 기회였다. 그 기회가 그들을 그냥 지나쳐버린 것이다.

　평면적인 구조, 능력주의, 일방적인 제안. 시스템은 여전히 설계된 대로 돌아가고 있었다.

　그해 봄, 데이터 분석 스타트업의 CEO가 사임했다. "쉬고 싶습니다. 마라톤 같았어요." 그는 경영지 기자에게 이렇게 말했다고 한다. 이후 그는 소셜 미디어에서 유명 인사가 되어 이른바 창업자 리얼리즘 장르를 유행시키는 데 일조했고, 이런저런 테라피와 커뮤니티를 추천했으며, 자신의 감정 상태를 실시간으로 공유했다.

　데이터 분석 스타트업의 예전 직원들이 모인 채팅방에선 모두가 CEO의 사임 결정을 칭찬했다. CEO를 채팅방에 초대해야 하는 것 아니냐는 우스갯소리도 나왔다. 또 CEO의 글을 퍼다 나르며 동의할 수 없다는 표정의 이모티콘을 함께 날렸다. 그들은 회사의 초창기 분위기를 추억하며 CEO에 대한 불평을 늘어놓았다. 또한, 비상장 회사의 이전 직원들이 으레 그러듯 우리의 스톡옵션이 휴지 조각이 되느냐 마느냐를 두고 열띤 토론을 벌였다. 나는 자신이 만든 회사를 떠나는 일이 CEO에게 트라우마를 남겼을지, 아니면 슬픔을 주었을지 궁금했다. 창업을 후회하고 있는지, 창업에 재도전하기까지는 얼마나 걸릴지 알고 싶었다.

CEO가 떠나고 1년이 채 되지 않아 CTO와 몇몇 엔지니어가 데이터 분석 스타트업에 복직했다. 그들이 회사 제품에 애정을 갖고 있었던 것인지, 아니면 문제를 완벽히 해결해야 직성이 풀리는 성격이었던 것인지는 알 수 없었다. 이전 회사로 돌아가는 게 구미 당기는 일이란 건 알았지만 나는 그럴 자신이 없었다. 테크 업계가 주는 안정감을 포기하고 마음이 끌리는 일을 하고 싶어서만은 아니었다. (물론 힘들더라도 마음이 이끄는 일을 계속하고 싶은 것은 사실이었다). 그보다는 순응하며 소모되는 삶을 더는 살고 싶지 않았기 때문이었다.

몇 달 후, 친구와 점심 약속을 앞두고 시간이 남아 미션 디스트릭트를 하릴없이 거닐었다. 발렌시아 스트리트에서 두 남자가 그리스 음식점의 야외 테이블에 앉아 대화에 몰두하고 있었다. 그들 앞에는 쓰고 난 냅킨 뭉치가 놓여 있었다. 거의 5년이 지났건만, 나는 데이터 분석 스타트업 CEO의 얼굴을 단박에 알아보았다. 젤을 바른 머리, 가느다란 안경테, 초록색 재킷. 그는 행복하고 여유롭고 성숙해 보였다. 평범한 사람이 되어 있었다.

동네에서 평일 점심을 먹는 삶이라. 그에겐 잘된 일이었다. 나는 급히 몸을 돌려 반대편으로 걸어갔다. 분명 그는 나를 보지 못했겠지만.

# 감사의 말

지적 관용과 탁월한 논평으로 도움을 준 대니얼 레빈 베커, 몰리 피셔, 헨리 프리드랜드, 젠 갠, 샘 맥클러플린, 만줄라 마틴, 에밀리 나카시마, 메건 오코넬, 해나 슈나이더, 테일러 스페리에 게 고맙다는 말을 전한다. 오래도록 심도 있는 대화 상대가 되어 준 닉 프리드먼에게도 고맙다. 우정과 지성을 나눠 주고 항상 내 게 큰 틀을 제시해준 모라 와이걸에게도 고맙고, 매 순간 친절함 을 잃지 않은 기드온 루이스-크라우스에게도 감사하다.

글을 멋지게 편집해주고 이 프로젝트를 처음부터 끝까지 지지해준 마크 크로토프에게도 고맙다. 2015년, 내게 샌프란시 스코와 스타트업 문화에 대해 글을 써보라고 권하고 이후로도 멋진 조언을 아끼지 않은 데이나 토르토리치에게도 감사의 마음을 보낸다. 내게 기회를 준《n+1》에도 큰 빚을 졌다.

나와 함께 이 책의 얼개를 짜고 지혜와 조언과 명료함, 유머, 응원, 믿음을 아끼지 않은 크리스 패리스-램에게 진심으로 고맙다. 냉철하면서도 관대하게 의견을 내준 사라 볼링, 그리고 해외 독자들이 이 책을 읽도록 힘써준 레베카 가드너, 엘런 굿슨 코트리, 윌 로버츠에게도 고마운 마음이다.

처음부터 이 프로젝트를 믿어주고 변함없이 내 편에 서준 담당 편집자 에밀리 벨에게도 정말 고맙다. MCD/FSG의 담당 부서, 특히 잭슨 하워드, 나오미 허프먼, 숀 맥도날드, 사리타 바르마에게 감사하다. 이 원고를 작업하는 내내 배려심과 침착함을 잃지 않은 레베카 카인, 그리고 관심 있게 나의 작업을 지켜봐준 그렉 빌픽, 찬드라 월레버, 카일리 버드, 캐슬린 쿡, 니나 프리드먼, 조너던 리핀코트, 그레천 어킬리스에게도 고맙다. 영국에 이 책을 홍보해준 애나 켈리, 카스피안 데니스, 사라 티켓에게도 고맙다.

내 책에 활기와 통찰력을 더해준 제이슨 리치먼과 그의 UTA 팀에도 고맙다. 늘 유쾌하고 솔직하고 열린 마음으로 나와 함께해준 조니 파리소, 앨리슨 스몰에게도 고맙다. 마이클 드 루카 프로덕션과 브라운스톤 프로덕션 측에도 고맙다. 솔직하게 필요한 조언을 해준 새라오 베리에게도 진심으로 고맙다는 말을 전하고 싶다.

이 책의 일부분을 꼼꼼하게 검토해주고, 현명하며 이해심 많은 독자가 되어준 에밀리 스톡스에게 고맙다. 테크 문화에 대해 계속해서 글을 쓸 수 있도록 기회를 준 마이클 루오, 패멀라 매카시, 데이비드 렘닉, 도로시 위켄덴에게 감사하다. 카를라 블루멘크란츠, 앤서니 리드게이트, 대니얼 잘레브스키에게도 고맙다. 편집을 통해 나의 실리콘 밸리 취재 기사들에 통찰력과 풍부함을 더해준 조슈아 로스먼에게도 고맙다.

　날 믿어준 친구들, 레아 캠벨, 다닐로 캄푸스, 패트릭 콜리슨, 파커 히긴스, 캐머런 스피커트, 카일 워런에게 고맙다. 데이비드 검비너에게도 고맙다. 데이터 분석 스타트업과 오픈소스 스타트업의 전 동료들, 특히 위험을 무릅쓰고 나와 이 프로젝트에 관해 이야기를 나눠준 동료들에게 고맙다. 캘리포니아와 뉴욕에 사는 나의 친구들, 일과 삶과 예술, 자본주의에 관한 내 생각을, 작품을 만들어가듯 함께 다듬어준 그들에게 진심으로 고맙다.

　따뜻한 격려를 보내준 셔먼의 가족과 나의 가족, 특히 데이비드 위너와 마리나 위너에게 감사하다. 열정적으로 내게 조언해준 댄 위너와 엘런 프로이덴하임에게도 고맙다. 마지막으로 날 사랑해주고, 나의 글을 변함없이 지지해주고, 늘 올바른 질문을 던져준 이안 셔먼에게 진심으로 고마움을 전한다.

옮긴이 송예슬

대학에서 영문학과 국제정치학을 공부했고 대학원에서 비교문학을 전공했다.
옮긴 책으로는《계란껍질 두개골 원칙》《예스 민즈 예스》《기이한 이야기》
《키스 해링의 낙서장》등이 있다. 바른번역 소속 번역가로 활동 중이며, 계간지
《뉴필로소퍼》번역진으로 참여하고 있다. 고양이 말리, 니나, 잎새와 살고 있다.

언캐니 밸리
Uncanny Valley

| 지은이 | 애나 위너 | 발행처 | 카라칼 |
|---|---|---|---|
| 옮긴이 | 송예슬 | 출판 등록 | 제2019-000004호 |
| | | 등록 일자 | 2019년 1월 2일 |
| 초판 1쇄 | 2021년 6월 21일 | | |
| 초판 2쇄 | 2021년 7월 26일 | 이메일 | listen@caracalpress.com |
| | | 웹사이트 | caracalpress.com |
| 편집 | 김리슨 | | |
| 디자인 | 윤그림 | Printed in Seoul, South Korea. | |
| 표지 | Rodrigo Corral | ISBN 979-11-965913-9-7  03320 | |